實 用 漢 語 課 本（第四冊）
PRACTICAL CHINESE READER

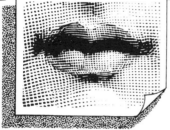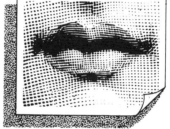

BOOK IV
(INTERMEDIATE COURSE)

北 京 語 言 學 院

劉珣　鄧恩明　劉社會　來思平　趙淑華　編著

趙 淑 華　　審 訂

THE COMMERCIAL PRESS LTD.

實用漢語課本（第四冊）

編　著 …… 北京語言學院
　　　　　劉珣　鄧恩明　劉社會
　　　　　來思平　趙淑華
審　訂 …… 趙淑華
出　版 …… 商務印書館 (香港) 有限公司
　　　　　香港筲箕灣耀興道 3 號東滙廣場 8 樓
　　　　　http://www.commercialpress.com.hk
印　刷 …… 中華商務彩色印刷有限公司
　　　　　香港新界大埔汀麗路 36 號中華商務印刷大廈
版　次 …… 1987年1月北京第1版
　　　　　1987年9月香港第1版
　　　　　2000年3月第5次印刷
　　　　　© 1987 商務印書館 (香港) 有限公司
　　　　　ISBN 962 07 4086 6
　　　　　Printed in Hong Kong

目　　录

第 十 六 课　乘小火车旅行 …………………………………………… 1
第 十 七 课　在中国食品展销会上 ……………………………… 18
第 十 八 课　教育世家 ……………………………………………… 37
第 十 九 课　农民科学家高培南 ……………………………… 55
第 二 十 课　厂长候选人 ………………………………………… 70
复 习（四）　…………………………………………………………… 90
第二十一课　天安门——中国近百年历史的见证 ………… 95
第二十二课　秋瑾 ………………………………………………… 112
第二十三课　故宫里的故事 …………………………………… 132
第二十四课　万里长城 …………………………………………… 151
第二十五课　从唐僧取经说起——唐朝中外文化交流 …… 172
复 习（五）　…………………………………………………………… 191
第二十六课　端午节和屈原 …………………………………… 194
第二十七课　参观杜甫草堂 …………………………………… 212
第二十八课　蛐蛐儿 ……………………………………………… 232
第二十九课　痛苦的重逢 ……………………………………… 250
第 三 十 课　茅盾和《子夜》——帕兰卡的一次报告 ……… 269
复 习（六）　…………………………………………………………… 288
词汇表 ……………………………………………………………………… 292
词语例解索引 ………………………………………………………… 367
词语例解词汇表 ……………………………………………………… 376

第 十 六 课

一、课　文

乘小火车旅行

　　哈尔滨的儿童公园，有一段两公里长的小铁路。布朗夫妇听说，这里有孩子们自己管理的儿童火车，觉得很有意思，于是决定去坐坐。

　　星期日，天气好极了。他们高高兴兴地来到这里。一走进儿童火车站的大门，就看见一群孩子，穿着铁路员工制服，系着红领巾，跑过来欢迎他们。孩子们把客人领进"北京站"候车室，那里已经有不少中外旅客在候车了。小站长请大家坐下以后，向旅客们介绍说："小铁路的一切工作，都由我们少先队员来担任。"布朗先生问道："这不影响你们的学习吗？"小站长笑着说："不影响，我们是利用课余时间来工作的。"布朗太太问他："你们都多大了？"小站长回答："最大的十二岁，最小的九岁多。"他接着介绍说："自一九五六年六月一日通车以来，在这条铁路上，已经有近万名少先队员服务过了，运载旅客四百多万人次，安全行车五万多公里。"旅客们听到这里，有的鼓掌，有的叫好。这时候，坐在布朗先生身旁的一位中国旅客跟他说："我是一个火车司机，现在三十多岁了，已经做了父亲。二十多年前，我也象这些孩子一样，在这条小铁路上服务，那时我还是一名很不错的小司机呢！"布朗先生听了，惊奇地说："是吗？"他立刻把这位旅客介绍给大家，很多人都过来跟这位司机热烈握手。小站长走到他面前，恭敬地行了一个举手礼，请他，也请大家乘完车多提意见。小站长介绍完以后，售票员给旅客发票，检票员开始检票，站台服务员照顾大家进站，小铁路员工都开始工作了。

走进站台，首先见到的是一列非常漂亮的小火车，它有七节车箱。小司机已经坐好，等待发车信号。列车员在车厢门口忙着请旅客上车。

一声汽笛，小火车隆隆地向着"哈尔滨站"跑去。窗外的景色不断变化，一会儿是美丽的花坛，一会儿是绿色的树丛，一会儿是高大的楼房，旅客们真好象是在中国的大地上作一次远途旅行。

火车开到哪里，哪里就响起一阵孩子们的掌声和欢呼声。忽然，列车长的声音使整个车厢活跃起来：“旅客们，请把车票准备好，现在开始查票了。”列车长走到布朗先生身旁，客气地说：“请问，您的票呢？”布朗先生因为忙着拍照，竟忘了车票放在哪儿了，一下子不知道怎么办才好。翻翻衣服口袋，没有；翻翻裤子口袋，也没有。布朗夫人问列车长：“要是没有车票就上车，应该罚款吧？”大家听了她的话都笑起来。列车长也笑着说：“实在找不着，就再补一张吧。”查完票，列车长又告诉大家：“下车时，车票不收了，留给大家做个纪念。”

火车到达“哈尔滨站”停了下来。旅客们到站台上参观。有一位外国客人来到车头，他想亲眼看看开车的孩子。当看到小司机的时候，他情不自禁地把孩子从车上抱了下来，举得高高的，说："真可爱！真可爱！"然后让小司机骑到自己肩上，向朋友们喊："喂！这就是我们的司机！"

儿童火车在公园里飞跑，往返一次十二分钟。火车开回"北京站"以后，很多旅客热情地和小员工们谈话，互相签名留念。布朗先生还跟夫人一起向列车长和检票员表示感谢。离开的时候，布朗夫人笑着说："你可不要再把车票弄丢了。"布朗先生意味深长地说："这已经不是一张普通的车票，而是中国孩子送给我的一件珍贵礼物了。十年以后，我们再来中国，也许就要乘坐他们开的火车或者飞机呢。"布朗夫人听了他的话，也不禁停下来，深情地看着那漂亮的小火车和孩子们的笑脸。

二、会　话

坐　火　车

（一）

旅　客：请问，从北京到上海的特快每天有几趟？

售票员：每天有三趟：13 次、21 次和 45 次。

旅　客：哪一趟是晚上从北京开出的？

售票员：21 次是晚上 21 点 08 分从北京开出，第二天下午 16 点 27 分到达上海。

旅　客：这个时间很合适，上车就睡觉，第二天醒来正好看看江南景色。不知道明天的 21 次车还有卧铺票没有。

售票员：硬卧已经卖完了，现在还有软卧。

旅　客：那就买两张软卧吧。还有一件事要问一下，我有一个很大的箱子要托运，该怎么办手续呢？

售票员：您明天提前点儿送到行李托运处去，凭火车票托运，下车的时候可以去取。

旅　客：谢谢。

售票员：别客气。

（二）

旅　客：请问，下一站是什么地方？

列车员：下一站是南京。列车在南京站停12分钟。在站台上可以买到南京有名的盐水鸭。

旅　客：好，一会儿我下去看看。您这一说，我倒有点儿饿了。什么时候可以去餐车吃午饭？

列车员：现在就可以。您往前走两节车厢就是餐车。

注　释：

＊ 少先队　少先队是中国少年先锋队的简称，是中国少年儿童的群众组织。

"少先队" is an abbreviation for "the Chinese Young Pioneers", a mass organization of Chinese children.

三、生　词

1．儿童　　（名）értóng　　child(children)

2．段　　　（量）duàn　　*a measure word*, section

3. 公里	（量）	gōnglǐ	kilometre
4. 铁路	（名）	tiělù	railway
5. 管理	（动）	guǎnlǐ	to manage, to run, to administer
6. 群	（量）	qún	*a measure word*, group
7. 员工	（名）	yuángōng	staff, personnel
8. 制服	（名）	zhìfú	uniform
9. 系	（动）	jì	to wear, to tie
10. 红领巾	（名）	hónglǐngjīn	red scarf(worn by Young Pioneers)
11. 领	（动）	lǐng	to lead, to take
12. 候车室	（名）	hòuchēshì	waiting room(in a railway or bus station)
候车		hòu chē	to wait for the train(or bus)
13. 旅客	（名）	lǚkè	passenger
14. 站长	（名）	zhànzhǎng	stationmaster, manager or head of a station
15. 少先队员	（名）	shàoxiānduìyuán	Young Pioneer
16. 担任	（动）	dānrèn	to act as, to hold the post of
17. 自	（介）	zì	from, since
18. 通车		tōng chē	(of a railway, etc.) to be open to traffic
19. …以来		…yǐlái	since
20. 运载	（动）	yùnzài	to transport, to carry
运	（动）	yùn	to transport, to carry
21. 人次	（量）	réncì	person-time, here: measure for attendance or passenger volume

6

22. 安全	（形）	ānquán	safe, secure
23. 行车		xíng chē	to drive
24. 惊奇	（形）	jīngqí	surprised
25. 握手		wò shǒu	to shake hands
26. 恭敬	（形）	gōngjìng	respectful
27. 行礼		xíng lǐ	to salute
28. 乘	（动）	chéng	to ride (on a train or bus)
29. 检票员	（名）	jiǎnpiàoyuán	the station worker who
			punches passengers' tickets
检票		jiǎn piào	to have one's ticket punched
30. 站台	（名）	zhàntái	platform
31. 首先	（副）	shǒuxiān	first, first of all
32. 列	（量）	liè	a measure word
33. 节	（量）	jié	a measure word
34. 车厢	（名）	chēxiāng	carriage, coach
35. 等待	（动）	děngdài	to wait
36. 发车		fā chē	departure (signal)
37. 列车员	（名）	lièchēyuán	train(or car)attendant
列车	（名）	lièchē	train
38. 汽笛	（名）	qìdí	steam whistle, siren
39. 隆隆	（象声）	lónglóng	onomatopoeia, rumble
40. 变化	（名、动）	biànhuà	change; to change
41. 花坛	（名）	huātán	flower bed, flower terrace
42. 树丛	（名）	shùcóng	grove, thicket
43. 楼房	（名）	lóufáng	building
44. 大地	（名）	dàdì	land, earth, mother earth
45. 远途	（形）	yuǎntú	long distance
46. 阵	（量）	zhèn	a measure word, burst (of

			applause)
47. 掌声	（名）	zhǎngshēng	applause
48. 欢呼	（动）	huānhū	to cheer, to hail, to acclaim
49. 列车长	（名）	lièchēzhǎng	conductor, guard
50. 活跃	（动、形）	huóyuè	to enliven, to liven up; brisk, active
51. 查票		chá piào	to check (or examine) ticket
52. 口袋	（名）	kǒudài	pocket
53. 罚款		fá kuǎn	to fine, to impose a fine
54. 实在	（形、副）	shízài	really, indeed
55. 纪念	（动、名）	jìniàn	to commemorate, to mark; souvenir
56. 到达	（动）	dàodá	to reach, to arrive, to get to
57. 情不自禁		qíngbùzìjīn	cannot help, cannot refrain
58. 抱	（动）	bào	to take (or carry) in one's arms, to embrace
59. 往返	（动）	wǎngfǎn	(of a train, etc.) to travel to and fro, to journey to and fro, to go there and back
60. 签名		qiān míng	to sign one's name
61. 意味深长		yìwèi shēncháng	to have deep or profound meaning, significant
62. 深情	（名）	shēnqíng	deep feeling (or love)
63. 特快		tè kuài	express (train)
64. 趟	（量）	tàng	*a measure word*
65. 卧铺	（名）	wòpù	sleeping berth, sleeper
66. 硬卧		yìng wò	hard berth

67.	软卧		ruǎn wò	soft berth
68.	托运处	（名）	tuōyùnchù	(baggage) check office, consignation office
	托运	（动）	tuōyùn	to check, to consign
69.	凭	（动）	píng	by
70.	取	（动）	qǔ	to get, to fetch, to take
71.	盐水鸭	（名）	yánshuǐyā	pickled duck
72.	餐车	（名）	cānchē	dining car

专　名

| 哈尔滨 | | Hā'ěrbīn | Harbin |

四、词语例解

1. 有一段两公里长的小铁路

"数量词①*＋形容词②"比如"一里长""八米高"，意思是"有一里那么长""有八米那么高"。数量词表示程度③。这个结构④可以作定语⑤也可以作宾语⑥或谓语⑦。

(1) 这两个小城市之间有一条一百公里长的铁路。

(2) 候车室前边一个四米宽、六米长的花坛。

(3) 这座楼大概（有）三十米高。

(4) 在乘小火车以前，我想，一个十一二岁大的孩子怎么能当火车司机呢？

要注意的是：在这种结构里，量词多是表示度量衡⑧的。

2. …以来

"…以来"表示从过去的某⑨一个时间到现在的一段时间，有

● 词语例解生词的译文均见本书第376——381页"词语例解词汇表"。
For the translation of the new words and expressions in the Notes see "Vocabulary for the Notes" on pp. 376 - 381.

"从…到现在"的意思。在句子里多作状语⑩，也可以作定语。"以来"前面可以是一个时间名词⑪，也可以是一个动词⑫或者动词结构⑬，主谓结构⑭。

(1) 一九八〇年以来，这个中学每年都有二百多个学生毕业。

(2) 三年以来，中国的对外贸易发展得很快。

(3) 这就是张老师十年以来的教学情况。

(4) 解放以来，中国的工农业有了很大的发展。

(5) 展览会开幕以来，每天都要有近万名观众来这里参观。

"以来"前面如果不是表示一段时间的名词，如："三年""两个月"……。我们也可以说"自…以来""自从…以来"。

(6) 自去年开始学习汉语以来，他每天早上都要听半小时录音。

(7) 自从到儿童铁路上工作以来，我们一直非常愉快。

词组⑮：

两个星期以来	住院以来
从工厂退休以来	本书出版以来
自七七年以来	自参加编辑工作以来
自从开学以来	自从他开始集邮以来

3. 人次

"数词＋人次"后面不能再有名词⑯。

(1) 这个展览会非常吸引人，每天来参观的都要有两万人次左右。

(2) 这个电影刚演了三场，观众大概有四千多人次。

4. 火车开到哪里，哪里就响起……

疑问代词⑰有时并不表示疑问，只代表特定⑱的人或事物⑲。这样用时，同一个疑问代词出现在两个分句⑳里，指同一个人或

10

事物。在第二分句里常常有"就"。

(1) 哪里有困难，我们就到哪里去工作。

(2) 这几种葡萄看样子都不错，哪种最好吃，我就买哪种。

(3) 我很想跟您学学中国的武术，您什么时候有空儿，就什么时候教我，好吗？

(4) 您怎么教，我就怎么学，我想一定能把这套太极拳学会。

5. 阵

"阵"可以是动量词㉑，用来说明延续㉒一段时间的动作或状态。

(1) 风刮了一阵，又停了。

(2) 听到大家的批评，他的脸红一阵白一阵，心里想：实在应该好好认识这些错误啊！

(3) 我们干一阵，休息一阵，所以一点儿也不累。

"阵"也可以是名量词㉓，用来说明延续一段时间的事情、现象。

(4) 几阵小雨过后，树丛更绿了。

(5) 礼堂里传出来一阵阵热烈的掌声。

词组：

聊了一阵　　　　　哭了一阵

冷一阵　　　　　　热一阵

得意了一阵　　　　疼了一阵

一阵笑声　　　　　一阵歌声

下了两阵雨　　　　跳了一阵舞

6. 实在

(1) 他看着站台上那几个穿着铁路员工制服、系着红领巾的孩子，情不自禁地说："实在太可爱了！"

（2）你如果实在想去游览儿童公园，就自己去吧，我最近实在没有时间，不能陪你去了。

（3）我实在不想参加这次远途旅行。

7. 举得高高的

"形容词重叠㉔ + 的"这个结构可以作补语㉕，也可以作谓语用来说明一种状态㉖，也表示程度深。

（1）列车员们把每节车厢都收拾得干干净净的，准备迎接旅客。

（2）小站长站得直直的，向我们行了一个举手礼，然后，就领着我们去参观了。

（3）这个小女孩儿眼睛大大的，脸红红的，非常可爱。

8. 不是…而是…

（1）在安全问题上，他首先考虑的不是自己而是别人。

（2）我感到，他已经不是孩子，而是一个很有经验的火车司机了。

（3）她送给我们的不是一件普通的礼物，而是中国人民对我们的深厚友情（友好感情）啊！

五、练　习

课文部分

1. 根据课文内容讨论下列问题：

（1）布朗夫妇为什么对儿童公园里的小铁路非常感兴趣？

（2）你觉得少先队员参加管理小铁路，对他们的学习有影响还是有帮助？为什么？

（3）布朗先生为什么说他的车票不是一张普通的票，而是孩子们给他的一件珍贵礼物？

2．看图说话：

（1） 　　　　（2）

会话部分

1．根据所给的语言情境进行对话：

（1）买飞机票

地点：飞机票售票处。

人物：售票员、旅客三、四人。

谈话的主要内容：去哪儿的票？什么时候的票？多少张
票？什么时候起飞？多少钱？

北京 — 南京	123.00元
北京 — 上海	150.00元
北京 — 广州	244.00元
北京 — 杭州	150.00元
北京 — 成都	226.00元
北京 — 桂林	232.00元

（2）在火车上聊天

地点：在卧铺车厢里。

人物：一位外国旅游者跟一位中国列车员。

谈话的主要内容：下一站是什么地方？几点到达终点站？

那儿有特产卖吗？哪儿有名胜古迹？现在广播的是哪个地方的戏剧？列车员请旅客提意见。旅客对列车员表示感谢。

2．参考下面的短文，向你的朋友谈谈中国的铁路情况：

地点：在你家里。

人物：你和你的朋友。

你朋友的问题：中国是什么时候有铁路的？解放以前，铁路建设发展得怎么样？现在有什么变化？对外国旅游者乘车有哪些照顾？

中国的铁路建设，自一八七六年第一条铁路—吴淞（Wúsōng）铁路建成以来，到现在已经有一百多年的历史了。解放前，中国的铁路建设发展得很慢，全国通车的铁路还不到两万公里。新中国成立以来，国家非常关心铁路建设，现在通车的铁路已经达到五万多公里。除西藏（Xīzàng，Tibet）以外，从北京坐火车可以到全国各省、市、自治区（zìzhìqū，autonomous region），快车可以到达全国主要城市和旅游中心。

坐中国国内的火车，对外国人是有照顾的。如果旅行团有十五个人，可以只买十四张票。要是三十人，就可以有两人不买票。另外，还有一些别的照顾。

词语部分

1．将下列各组词语扩展成句子：

(1) 铁路管理	(2) 担任站长	(3) 注意安全
管理人员	由谁担任	安全生产
生活管理	担任历史课	安全到达
(4) 等待客人	(5) 利用课余时间	
耐心等待	利用这个机会	
等待机会	利用…的条件	

14

2. 按照例句，用所给的词语完成对话：

例(1)

A：您想托运一件多重的行李？

B：我想托运一件五十公斤重的行李。（五十公斤）

　1) A：您有一个多大的木箱子？

　　 B：＿＿＿＿＿＿＿＿＿＿＿（一米长　半米宽
　　　　　一米二高）

　2) A：那段铁路有多长？

　　 B：＿＿＿＿＿＿＿＿＿＿＿（一百公里）

　3) A：小站长有多高？

　　 B：＿＿＿＿＿＿＿＿＿＿＿（一米五）

例(2)

A：您到哪里去买那样珍贵的礼物？

B：哪里有就去哪里买。（哪里…哪里…）

　1) A：咱们去餐车吃点什么呢？

　　 B：＿＿＿＿＿＿＿＿＿。（什么…什么…）

　2) A：大家都要去提意见吗？

　　 B：＿＿＿＿＿＿＿＿＿。（谁…谁…）

　3) A：学过的生词你都能记住吗？

　　 B：＿＿＿＿＿＿＿＿＿。（多少…多少…）

例(3)

A：乘儿童火车有意思吗？

B：实在有意思极了。（实在…极了）

　1) A：小站长介绍小铁路的情况介绍得怎么样？

　　 B：＿＿＿＿＿＿＿＿＿。（实在…极了）

　2) A：你今天有时间跟我一起去整理花坛吗？

　　 B：＿＿＿＿＿＿＿＿＿（对不起　实在…）

　3) A：要是找不着车票，怎么办呢？

B：_____。（实在… 就补…）

例（4）

A：这条小铁路，有多少孩子在这儿服务过？

B：自一九五六年通车以来，有近万名少先队员在这儿服务过。（通车以来）

　1）A：你们那儿，现在已经建设了多少工厂？

　　 B：_____。（解放以来）

　2）A：已经有多少人来参观展览会了？

　　 B：_____。（开幕以来）

　3）A：他最近身体怎么样？

　　 B：_____。（春节以来）

3．把下面的对话改写成短文：

　A：请问，怎样托运行李？

　B：旅客凭车票托运行李。

　A：每张车票能托运几次？

　B：只能托运两次。

　A：行李太大太重了不行吧？

　B：每件行李最重五十公斤。

　A：行李上要写些什么？

　B：行李上要写上从什么车站到什么车站。不但要写上托运人的姓名和地址，而且还要写上收行李人的姓名和地址。

　A：谢谢。

写作练习

给你国内的同学写封中文信，介绍你的一次参观活动。

注意中文信的格式：

1．在第一行直接写称呼。称呼可以是"王老师""敬爱的张老师""尊敬的院长先生""亲爱的黄先生""丁女士""华光兄""美英姐"等。

2．结尾常写"祝你健康""祝你愉快""祝学习进步""祝工作顺利"。给长辈写"祝您健康""敬祝安好""敬祝健康"等。一般也可以用"此致敬礼"。

3．最后写上自己的名字和日期。如果是给长辈或亲友写信，可以在名字前边加上"学生""儿""女"等；如果给不太熟悉的人或是给机关团体写信，就需要把姓名都写上。日期写在名字的下一行（按"年、月、日"的顺序）。

4．如果觉得还要补充几句，可以写上"还有""另外""又"等，然后写上要补充的内容。

敬爱的张老师：

………………………………………

………………………………………

………………………………………

………………………………………

……………………祝您

健康

学生………

84．6．7．

又，……

第 十 七 课

一、课　文

在中国食品展销会上

中国食品、饮料展销会，是上月五号到十一号在展览馆举行的。有很多外国客商来参观和洽谈贸易。为了提高工作效率、及时答复外国客商提出的要求和问题，举办展销的几家中国进出口公司，跟有关厂家组成了交易团，一起参加同外国客商的洽谈。展销会还请客商们参观了有关工厂。一方面使他们了解出口商品的生产情况，另一方面，也可以请他们把对一些商品的意见提给

生产的厂家。外国客商对这次展销会是比较满意的。

为了使外商更好地了解各种出口产品的质量和特点，展销会还举办了几次品尝会。在一次中国名酒品尝会上，客商们都很称赞中国红葡萄酒。展销会的举办者，还请来了这个酒厂的厂长，给大家作介绍。他说："中国生产红葡萄酒已经有两千多年的历史了。传说汉武帝时，陇西生产的葡萄产量高，品种好，每年都有人把陇西的葡萄送到皇宫里来。一次，有些葡萄被忘在缸里，过了好长时间，开缸一看，葡萄竟变成了美酒！武帝以为是天赐的，于是举行了盛大的宴会，并且把葡萄酒赐给参加宴会的人喝。这个传说虽然不一定真实，但是却可以说明，早在汉朝，中国就有葡萄酒了。现在爱喝葡萄酒的人越来越多了。为了满足人民的需要，我们厂正在努力提高产品的产量和质量。中国红葡萄酒，是用中国传统技术结合现代工艺生产的，所以它一直保留着自己的特点。有什么特点呢？各位都是专家，请大家自己品尝吧！"

客商们喝着甜美的葡萄酒，听着这有意思的小故事，对中国红葡萄酒更感兴趣了。

在中国茶的品尝会上，有两位经营茶叶的外国客商，谈起了饮茶的好处。一个说："大家都知道，茶叶、咖啡、可可是世界上的三大饮料，这些饮料都能兴奋神经，解除疲劳。但是，这三大饮料比较起来，以饮茶为最安全。因为茶叶对人只有温和的兴奋作用，很少产生副作用。"另一个说："最近，在我们那里，茶叶生意特别好。因为很多人听说喝茶可以减肥。有的怕自己太胖了，会得心脏病，有的小姐和年轻夫人们，为了保持自己美丽的身材，都想用饮茶的办法来减肥，所以茶的销售量很大。这次我准备同中国方面签订一项进口茶叶的贸易合同。"他的朋友接着说："说到饮茶的好处，我从报上看到一篇文章，说饮茶不但对牙有好处，而且清洁口腔。它的作用简直跟口香糖差不多。"听到这里，跟他们一起品茶的一位中国工作人员笑着说："以前看小说《红楼梦》，里面写到用茶水漱口，那时我还觉得很奇怪，因为我家里从来没有人用茶漱口。后来我才知道，茶可以清洁口腔，是早就被人认识到了的。"这时，旁边的一位日本客商走过来，说："你们谈了不少饮茶的好处。我也要说一句，茶叶可以说是'原子时代的饮料'！""这是什么意思？"大家奇怪地问。日本朋友说："在第二次世界大战中，日本广岛、长崎因为原子弹爆炸，很多人得了原子辐射病。但是，有长时间饮茶习惯的人，辐射病就比较轻，死亡率也比较低。后来，有的国家进行了试验：把受到原子辐射的动物分成两组，一组喂茶，一组不喂。结果，前者大多数活下来了，后者全部死亡。科学家还研究出了茶能防辐射的道理。茶被叫做'原子时代的饮料'，你们不会再觉得奇怪了吧？"

品尝会的气氛很热烈，有的朋友称赞中国产品，有的畅谈同中国发展贸易的前景，也有不少人，要求立刻同中国公司签订贸易合同。

　　大家都说：这是一次有意义的品尝会，也是一次成功的展销会。

二、会　话

洽　谈　贸　易

（一）

A：您是从日本来的三木先生吗？

B：对。您是……

A：我是中国粮油食品进出口公司的代表，我姓张。公司委托我跟你们洽谈有关业务。

B：那太好了。我们能有机会来参加这次展销会，非常高兴。在洽谈中，还要请张先生多多关照。

A：好说，好说。贵公司是我们的老朋友了，我们已经有了很好的合作经验。我相信我们之间的生意会越作越多。

B：这也是我们的希望。

（二）

A：合同已经写好了，请再看一下，您还有什么意见吗？

B：没有了。我们洽谈的内容都写进去了。

A：那好。是不是现在就签字呢？

B：好。这次能顺利地签订合同，我们非常高兴。

A: 我们也很满意。

B: 非常感谢张先生的帮助。

A: 不客气。不周到的地方，还请多多原谅。

三、生　词

1. 展销会　　　　zhǎnxiāo huì　　exhibition
   展销　　（动）zhǎnxiāo　　　　to exhibit and sell
2. 饮料　　（名）yǐnliào　　　　　drink, beverage
   饮　　　（动）yǐn　　　　　　　to drink
3. 客商　　（名）kèshāng　　　　　travelling trader
   商人　　（名）shāngrén　　　　trader, businessman
4. 洽谈　　（动）qiàtán　　　　　to hold (trade) talks,
   　　　　　　　　　　　　　　　to talk over with
5. 为了　　（介）wèile　　　　　for, for the sake of,
   　　　　　　　　　　　　　　　in order to
6. 效率　　（名）xiàolǜ　　　　　efficiency
   率　　　（尾）lǜ　　　　　　　rate, ratio, proportion
7. 答复　　（动）dáfù　　　　　　to answer, to reply
8. 要求　　（名、动）yāoqiú　　　demand, requirement;
   　　　　　　　　　　　　　　　to demand, to require
9. 举办　　（动）jǔbàn　　　　　to hold, to run, to
   　　　　　　　　　　　　　　　conduct
10. 进出口　　　　jìn chū kǒu　　imports and exports
    进口　　　　　jìn kǒu　　　　to import
    出口　　　　　chū kǒu　　　　to export
11. 公司　　（名）gōngsī　　　　　company, corporation
12. 厂家　　（名）chǎngjiā　　　　factory, firm

13. 组成	（动）	zǔchéng	to form, to compose, to make up
14. 交易团	（名）	jiāoyìtuán	trade delegation
交易	（名）	jiāoyì	deal, trade, business
15. 产品	（名）	chǎnpǐn	product
16. 品尝会		pǐncháng huì	exhibition (allowing attendants to sample the products exhibited)
品尝	（动）	pǐncháng	to taste, to savour, to sample
17. 厂长	（名）	chǎngzhǎng	factory manager
18. 产量	（名）	chǎnliàng	output yield
19. 品种	（名）	pǐnzhǒng	variety, assortment
20. 皇宫	（名）	huánggōng	imperial palac-
21. 缸	（名）	gāng	vat jar
22. 以为	（动）	yǐwéi	to consider, to think
23. 天	（名）	tiān	God
24. 赐	（动）	cì	to bestow, to grand
25. 盛大	（形）	shèngdà	grand, magnificent
26. 朝	（名）	cháo	dynasty
27. 工艺	（名）	gōngyì	technology
28. 保留	（动）	bǎoliú	to retain, to keep
29. 经营	（动）	jīngyíng	to engage, to manage, to run
30. 茶叶	（名）	cháyè	tea leaf
31. 好处	（名）	hǎochu	good, benefit, advantage
32. 可可	（名）	kěkě	cocoa
33. 兴奋	（形）	xīngfèn	exciting, excited

34. 神经	（名）	shénjīng	nerve
35. 解除	（动）	jiěchú	to relieve, to get rid of
36. 疲劳	（形）	píláo	weary, fatigued
37. 温和	（形）	wēnhé	mild, temperate, moderate, gentle
38. 副作用	（名）	fùzuòyòng	side effect, by-effect,
39. 生意	（名）	shēngyi	business, trade
40. 心脏病	（名）	xīnzàngbìng	heart disease
41. 身材	（名）	shēncái	frame, figure stature
42. 销售	（动）	xiāoshòu	to sell, to market
43. 量	（名）	liàng	(sales) volume
44. 签订	（动）	qiāndìng	to sign (a contract)
45. 项	（量）	xiàng	a measure word
46. 合同	（名）	hétong	contract
47. 清洁	（形．动）	qīngjié	clean; to clean
48. 口腔	（名）	kǒuqiāng	mouth, oral cavity
49. 口香糖	（名）	kǒuxiāngtáng	chewing gum
50. 漱口		shù kǒu	to rinse the mouth, to gargle
漱	（动）	shù	to rinse, to gargle
51. 原子	（名）	yuánzǐ	atom
52. 时代	（名）	shídài	age, epoch, era, times
53. 原子弹	（名）	yuánzǐdàn	atom bomb
54. 爆炸	（动）	bàozhà	to explode
55. 辐射病	（名）	fúshèbìng	radiation sickness
辐射	（动）	fúshè	to radiate
56. 轻	（形）	qīng	(of sickness) not serious
57. 死亡率	（名）	sǐwánglǜ	death rate, mortality

	死亡	（动）	sǐwáng	to die
58.	试验	（动、名）	shìyàn	to experiment, to test; experiment, test, trial
59.	分	（动）	fēn	to divide
60.	结果	（名、副）	jiéguǒ	result, outcome; as a result
61.	全部	（名）	quánbù	all, whole
62.	气氛	（名）	qìfēn	atmosphere
63.	畅谈	（动）	chàngtán	to talk freely and to one's heart's content, to speak glowingly
64.	前景	（名）	qiánjǐng	prospects, future, vista
65.	意义	（名）	yìyi	meaning, significance
66.	委托	（动）	wěituō	to entrust, to trust
67.	业务	（名）	yèwù	business, vocational work
68.	关照	（动）	guānzhào	to look after, to keep an eye on
69.	好说	（形）	hǎoshuō	It's nothing. With pleasure.
70.	贵	（形）	guì	your (company); expensive
71.	合作	（动）	hézuò	to co-operate
72.	顺利	（形）	shùnlì	smooth, successful

专　名

1.	汉武帝	Hàn Wǔdì	name of the sixth Emperor Liu Che (156-78 B.C.) of the Han Dynasty
2.	陇西	Lǒngxī	name of a prefecture in ancient China (now in

present-day Gansu Pro-
vince)

3. 汉朝　　　　　Hàn Cháo　　　the Han Dynasty
4. 第二次世界大战　Dì'èrcì Shìjiè Dà Zhàn

the Second World War

5. 广岛　　　　　Guǎngdǎo　　　Hiroshima
6. 长崎　　　　　Chángqí　　　　Nagasaki
7. 中国粮油食品进出口公司

Zhōngguó Liáng Yóu Shípǐn Jìn Chū Kǒu Gōngsī

China National Cereals,

Oil and Foodstuffs Import

and Export Corporation

四、词语例解

1. 一方面…另一方面…

"一方面…一方面…"表示两件事情同时进行，或者说明一件事物的两个方面。在表示一件事物的两个方面时，也可以说成"一方面…另一方面…"。

(1) 我这次到中国来，打算一方面学习，一方面工作。

(2) 小李对布朗夫妇说："我一方面给你们作翻译，另一方面也要照顾你们的生活。"

(3) 我们这次到学校来参观、听课，一方面想了解一下老师们的教学方法，另一方面也想了解一下学生的学习情况。

2. 给大家作介绍

动词"作"后面可以有某些双音节①动词作它的宾语，这时"作"没有实际②的意思。比如："作一下介绍"就是"介绍一下"的意思。

26

（1）我们去参观展销会的时候，那里的工作人员给我们作了详细的介绍。

（2）明天我们就要动身去参加广州交易会了，今天晚上还要作作准备。

（3）这个工程为什么没有按照原来的计划完成，我需要作一点儿说明。

要注意的是：双音节动词自己不能再带宾语，不能说"作一些说明这个问题""作准备这件事"，而要说"对这个问题作一些说明""为这件事作准备"。

词组：

没作回答	不作答复
没有作出什么表示	对…需要作一些改进
对…要作一些批评	向…作汇报
为…作准备	

3．以为

"以为"常常用在这种情况下：开始觉得是这样，但是以后发现原来的想法不对。"以为"后面的宾语常常是主谓结构或动词结构、形容词结构③ 等。

（1）我以为开儿童火车的是一位很有经验的司机呢，原来是一个十二岁的孩子。

（2）我们以为这次来参观展销会的人不会很多，没想到它竟吸引了这样多的外国客商。

（3）布朗先生笑着对小列车长说："我以为把车票丢了要罚款呢！"

（4）外边很暖和。出来以前，我还以为会很冷呢！

有时候，"以为"就是"这样想"的意思，用来表示自己的看法和意见。但口语里不常用。

（5）我以为要学好一种语言，必须首先打好发音基础。

(6) 我以为，这条新建的铁路要在六月一日以前通车是有一定困难的。

4．保留

(1) 他会把全部经验介绍给你们，不会有一点儿保留。

(2) 这两种菜只有这个饭馆作得好，一直保留着它的传统风味

(3) 她保留自己的意见，不同意我们的主张。

5．三大饮料

"大"有时有"重要""主要""著名"等意思。和数词一起作定语，不需要量词。

(1) 饮茶有四大好处。你知道吗？

(2) 我住的地方风景很美，是这里著名的八大风景区之一。

(3) 这是他的一大缺点，我们应该帮助他克服。

(4) 我们工厂今年要解决的两大问题，现在已经解决了一个。

词组：

一大特色	几大特点
两大发现	五大名胜
十大新闻	

6．以…为…

"以…为…"是"把…做为…"的意思。多用在书面语④里。

(1) 以张大力为团长的中国贸易代表团，今天上午乘飞机离开北京，前往法国进行友好访问。

(2) 这个饭馆以附近工厂的工人和中，小学老师为主要服务对象。

(3) 三个月来，他们以学医学为主(主要专业)，同时也学习一点儿汉语。

在"以…为…"中，"为"的后面是形容词时，表示比较起来怎么样。

> (4) 陇西生产的葡萄品种很多，能用来作葡萄酒的，以这几种为最好。

> (5) 最近发表的小说，以描写农村的为最多。

7. 用…来…　用来

"用…来…"用在连动句⑤中，"来"后面的动词结构表示目的⑥。

> (1) 公司的领导说："我们可以用这个办法来解决提高工作效率的问题。"

> (2) 我们可以用茶水来漱口，清洁口腔。

> (3) 他们用举办品尝会的办法来帮助外商更好地了解各种出口产品的质量和特点

上面例句中的"用…来…"也可以换成"用来"，但用"用来"时，要把"用"后面的宾语提到句子前面作主语⑦，整个谓语是说明主语的用途⑧的，全句是一个意义上的被动句⑨。因此并不是用"用…来…"的句子都可以一个字也不改变地换成"用来"。上面三句可以说成：

> (4) 公司的领导说："这个办法可以用来解决提高工作效率的问题。"

> (5) 茶水可以用来漱口，清洁口腔。

> (6) 举办品尝会的办法，可以用来帮助外商更好地了解各种出口产品的质量和特点。

8. 听到这里

结果补语⑩"到"在这里有"达到"的意思，"动词＋到"后面的宾语是表示处所⑪或时间的名词，整个动宾结构⑫表示动作进行到哪里或者动作持续⑬到什么时间。

> (1) 在这课练习里一共要翻译十个句子，今天你们翻译

到第五句，明天把后面的五句翻译完。

(2) 酒厂的厂长最后说："关于酒厂的发展情况，我就谈到这里。下面请大家到各个车间去参观。"

(3) 为了签订一项贸易合同，他们从上午九点一直谈到下午两点多。

(4) 昨天晚上，招待会的气氛非常热烈，一直开到十点还没有结束，大家都称赞主人的热情、周到。

9. **里面写到用茶水漱口**

(1) 在那次品尝会上不少客商谈到了饮茶的好处。

(2) 昨天老张问到的几个厂家要组成交易团的事，结果怎么样了？

(3) 很多客商来信提到要进口中国茶叶，并且希望来中国洽谈或签订贸易合同。

10. **分**

(1) 上体育课时，练习打篮球，老师把我们班分成两个队，进行比赛。

(2) 到工厂以后，领导把我分在业务组工作。

(3) 兄弟俩长得一样高，谁是哥哥谁是弟弟你分得出来吗？

(4) 妈妈对小红说："只有一个桔子了，你和弟弟分着吃吧！"

(5) 他把带回来的葡萄酒分给大家喝了。

(6) 这里的葡萄有十几个品种，你能把它们分开吗？

11. **结果**

"结果"是名词。

(1) 虽然大家作了多方面的努力，可是结果并不很理想。

(2) 他们争论了很久，可是仍然没有结果。

(3) 化验的结果出来了吗？她的病能不能最后确诊？

30

"结果"也是副词⑭。

> （4）虽然遇到了很多困难，但是由于得到了领导和同志们的支持，结果，他们还是成功了
>
> （5）客商们态度很积极，公司方面也很关照，结果，签订的几项合同，大家都非常满意。

12．前者大多数活下来了

复合趋向补语⑮"下来"可以表示动作从过去继续⑯到现在，或者从开始继续到最后。

> （1）中国古代传下来的针灸止痛法，已经被很多国家的医学专家接受并且使用了。
>
> （2）他们把老一辈俭朴的生活习惯保持下来了。
>
> （3）那次参加义务劳动，虽然比较累，可是大家都坚持下来了。

五、练　习

课文部分

1．根据课文内容回答下列问题：

> （1）外国客商对这次中国食品、饮料展销会满意吗？为什么？
>
> （2）在中国名酒品尝会上，关于中国红葡萄酒，客商们听到了一个什么传说？
>
> （3）饮茶有哪些好处？

2．看图说话：
关于葡萄
酒的传说

1. 分角色朗读下面的对话并改写成短文：

　　A：这是我新从中国买来的茶叶，你尝尝怎么样？

　　B：真香啊！这是什么茶？

　　A：这是花茶。你看，茶叶里还有不少小白花呢！

　　B：这香味就是花香吧？

　　A：是的。中国的名茶很多，因为作茶的方法不同，才有了花茶、绿茶、红茶等各种茶。

　　B：我听说，在中国，不同地方的人有不同的饮茶习惯，是吗？

　　A：是啊。北方人爱喝花茶，南方人爱喝绿茶。你喜欢喝什么茶？

B：以前我没有喝茶的习惯。现在，从中国进口的茶越来越多了，听说饮茶除了能消除疲劳以外，还能减肥，我也开始喝茶了。花茶、绿茶我都喜欢。

A：那好，你就多喝几杯吧！一会儿你带回去一点儿茶叶，给夫人尝尝。

B：那我先替她谢谢你了。

A：不客气。

2．根据所给的语言情境进行会话：

(1) 在服装展销会上

内容：在一次服装展销会上，一个商店的代表和举办者洽谈业务，举办者向他介绍产品的特点、质量。

要求：注意用上以下词语：

举办 …以来 一方面…（另）一方面… 产量
质量 销售量 有关 签订合同 签字 委托

(2) 一个贸易代表团访问中国

内容：中国粮油食品进出口公司的张同志向代表团简单介绍一下活动内容（如：什么时候参观酒厂，什么时候参观茶叶厂，什么时候举办展销会，在展销会上将举办中国名酒和茶叶的品尝会，什么时候签订合同等），代表团负责人杜米先生表示感谢，提出想买啤酒、红葡萄酒、白葡萄酒、茅台酒，想买红茶、绿茶、花茶，希望生意越作越多等。

要求：注意用上以下词语：

有机会 在…中 关照 洽谈 满意 经营
特点 好处 分 下来

词语部分

1. 按照例句，用所给的词语完成对话：

例(1)

A：你这次到北京来有什么打算？

B：我想一方面和中国粮油食品进出口公司签订贸易合同，一方面参观几个工厂。（一方面…一方面…）

1) A：孩子们管理小火车有什么好处？

B：＿＿＿＿＿＿＿＿＿＿。（一方面…一方面…）

2) A：中国食品、饮料展销会的举办者作了哪些工作？

B：＿＿＿＿＿＿＿＿＿＿。（一方面…一方面…）

例(2)

A：你知道吗？茶还可以清洁口腔呢！

B：不知道，我以为喝茶只有解除疲劳的作用呢。（以为）

1) A：火车就要开了，你怎么才来？

B：＿＿＿＿＿＿＿＿＿＿。（以为）

2) A：你找什么？你的火车票在我这儿呢！

B：＿＿＿＿＿＿＿＿＿＿。（以为）

3) A：同志，你不是到展览馆吗？还有一站路呢，你怎么下车了？

B：＿＿＿＿＿＿＿＿＿＿。（以为）

例(3)

A：为什么不把这些葡萄拿到商店去卖？运到酒厂去作什么？

B：他们要用这些葡萄来做酒。（用…来…）

1) A：你知道可以用矿泉水做什么吗？

B：＿＿＿＿＿＿＿＿＿＿。（用…来…）

2) A：开学以来，我身体不太好，看一会儿书就觉得很累，人又越来越胖，你能告诉我一些好的办法吗？

B：＿＿＿＿＿＿＿＿＿＿。（用…来…）

例(4)

34

A：今天有中国书法展览，请你参观完提出宝贵意见。

B：太对不起了，我不懂书法，哪个写得好，哪个写得不好，我都分不出来，提不出什么意见。（分）

1）A：这是两种不同的葡萄酒，你尝尝哪种好？

　B：＿＿＿＿＿＿＿＿＿＿＿＿＿＿。（分）

2）A：你知道茶叶有几种？

　B：＿＿＿＿＿＿＿＿＿＿＿＿＿＿。（分）

2．用以下词语完成下面的短文：

　　分　以…为…　用…来…　作　一方面…另一方面…　大

　　来洽谈农产品的贸易代表团就要到了，这个代表团是＿＿＿＿我们的老朋友刘先生＿＿＿＿＿＿团长的。在签订合同以前，＿＿＿＿他们要参观展销会，＿＿＿＿＿＿他们要参观有关工厂。希望贵厂能给刘先生他们多＿＿＿＿一些介绍，把你们厂产品的几＿＿＿＿特点告诉他们。如果半天看不完，可以＿＿＿＿上午和下午两个时间参观。要＿＿＿＿参观车间＿＿＿＿主。他们希望＿＿＿＿参观的办法＿＿＿＿＿＿了解产品的质量。我们还要请他们留下宝贵的意见，希望我们和刘先生他们之间的生意越作越多。

写作练习

　　写一份合同，内容是你接受某学院邀请，担任教学工作，时间是一年。

　　合同包括以下几个部分：首先写立合同的双方（单位或个人），并分别用甲方和乙方来代表，然后写为什么要签订这个合同。再下面是合同的主要部分即双方商定的条件。正文的右下方，写上双方的单位全称（盖章）和负责人或代表的名字（签字），最后是签订合同的日期。

文 化 合 同

立合同人：…………（以下简称甲方）
　　　　　…………（以下简称乙方）

为了…………………………，经双方商定，
立文化合同如下：

1. …………………
2. …………………
3. …………………
…………………

…………………（盖章）
代表…………………（签名）
…………………（盖章）
代表…………………（签名）

年　　月　　日

第 十 八 课

一、课　文

教　育　世　家

九月，在北京正是鲜花盛开葡萄飘香的季节。朱老师家的小院子里，今天来了很多客人：有教育局的领导，有学校的校长，还有和她一起工作的老师。院子中间，一群中年人唱起了小学生的歌儿，跳起了儿童舞。这是怎么回事呢？

原来，今天是朱老师从事教育工作四十周年，客人们来向她表示祝贺，那群中年人是她二十多年前的学生。他们的表演让人看到了他们的童年，也让朱老师想起了自己的过去。

四十年前，朱老师从北京师范大学毕业后，当了一名小学语文教师。她热爱自己的工作，关心孩子们的成长，把自己的全部心血都用在教育事业上。一九五六年，朱老师被评为特级教师①。从那以后，她在教学实践中对教育理论更加努力地进行钻研、探索，积累了非常丰富的教学经验，为教育事业的发展作出了重要贡献。

教育局的领导是朱老师的老朋友。他站起来朝院子的四周看了看，对大家说："朱老师夫妇在这儿住了几十年。他们搬到这儿来的时候，还是两个刚刚走上讲台的青年人。院子里的树啊、花啊都是他们亲手种的。现在这里真象花园一样。你们看，树也都长大了。人们常说：‘十年树木，百年树人②’。他们两位都象园丁一样，在教育园地上辛勤地工作，培养了几千名学生。说他们桃李满天下，是一点儿也不夸张的。”

小学校长接着说：“今天我们来到这里，一方面是向朱老师表示祝贺，另一方面是想请她介绍经验。现在朱老师教的班里有四十六名学生，暑假前的考试中，全班学生语文平均分数是94分，有四十个人的作文被评为一类文章。这个成绩是非常突出的。更让人惊奇的是，三年前，当朱老师刚开始教这个班的时候，学生程度很不齐，学习成绩也不太好，在朱老师和一位青年教师的共同努力下，经过短短的三年，这个班就发生了这么大的变化。”这时，校长转向朱老师：“有人说，您教课有秘诀，就请您谈谈吧。”

朱老师谦虚地说：“哪里有什么秘诀！不过，我倒愿意谈两条自己的体会：第一条是，向课堂四十五分钟要质量。也就是说，上好每一节课，是提高教学质量的关键。第二条是，语文课既要加大学生的阅读量，又要减轻学生的作业负担，这样学生才能得到全面发展。”

一位教师问道：“既要加大阅读量，又要减轻学生负担，这不是一个很大的矛盾吗？请问您是怎样解决这个矛盾的呢？”跟朱老师合作的青年教师说：“我常常听朱老师的课，对她的教学法有点体会。就拿我们班来说吧，在这三年时间里，每学期的教学内容都比正常的教学量多很多。比如上学期，她教了课本上的几十篇教材，课堂上又补充了三、四十篇课文和短诗，而学生的家庭作业，每天只用半小时就能作完。请看，这就是既加大了阅读量，又减轻了学生的课外负担。"

教育局的同志说："这两条经验很宝贵。现在很多人对小学教学有意见，说学生负担太重。看来，朱老师已经很好地解决了这个问题。"

朱老师接着说："我还有一条体会，就是，作教师，不但要热爱自己的工作，而且要热爱每一个学生……"

她的话还没说完，那群中年人里站起来一个人，他笑着说："我是当年的'小淘气'，叫高辉。我可真让朱老师费心啦!"说得大家都笑了。高辉的一个同伴说："高辉现在可不淘气了。他已经是一个有些名气的书法家了。"高辉激动地接着说:"那时候,我不爱学习。有一次上作文课,我的字写得乱七八糟。下课以后,朱老师耐心地帮助我。她说,一个人作事一定要认真。那些著名的作家、学者离开了'认真'两个字,就不会有后来的成功。以后朱老师常常给我们讲古人刻苦学习的故事。至今我还记得她讲的大书法家王羲之刻苦练字的故事。从那以后,我也开始学习书法。春去秋来,二十几年过去了。今天我在书法上有了一点点成绩,这是和当年朱老师对我的教育分不开的。"大家听了他的话,都非常感动。

这时候,朱老师的老伴儿带着两个年轻人,从外边回来了。他姓赵,在中学教数学,也是全国闻名的特级教师。进了门,赵老师向大家说:"对不起,我来晚了。我去送几个学生,他们已经考上大学,今天走了。"说着,他拉过一起来的两个青年介绍道:"这是我的儿子和女儿,他们也都是教师。"教育局领导说:"朱老师全家都是作教育工作的。"校长笑着补充道:"还有,朱老师的母亲在南京,也是一位退休教师。"大家异口同声地说:"这真是光荣的教育世家啊!"高辉请朱老师的儿子准备好笔墨,当众写下了四个大字:"教育世家"。

二、会 话

了解进修班的情况

A:你们学校的短期汉语进修班,今年暑假招生吗?

B：招生。我们每年办三期：春季、暑假、秋季各一期。
每期五到六个星期。

A：每天上几节课？

B：四节。一个星期上五天课。

A：对报名学生的汉语水平有什么要求？

B：没有什么特别的要求。我们有A、B、C、D四种不同程度的班。刚开始学习汉语的，可以上A班，汉语水平比较高的，可以上D班。

A：进修班主要上些什么课？

B：进修班主要是提高听和说的能力，所以开了口语课和听力课。水平高的班还开翻译课、报刊课等。除了上课以外，还有很多语言实践活动，象参观名胜古迹、访问工厂农村、看文艺演出什么的。学习结束以后，还组织去外地旅行。

A：那太好了。我妹妹想报名。她现在还没来中国，不知道应该怎么提出申请。

B：你可以让她向中国大使馆提出申请。

A：申请以后就可以办签证吗？

B：不，要等接到学校的通知以后才可以办。

A：好，谢谢你！

注　释：

①　特级教师　中国幼儿园、小学、中学教师的最高级别，同时也是一种荣誉称号。

"特级教师"（teacher of a special classification）is the top-rank for teachers in the kindergardens, primary schools and middle schools in China. It is an honourable title for them as well.

② 十年树木，百年树人　培植树木需要十年，培养人才需要百年。意思是，培养人才是长远的事业，培养人才很不容易。

"It takes ten years to grow a tree but a hundred years to bring up a generation of good people." It means that it is a great long-term cause to bring up qualified personnel and it is, therefore, no easy job.

三、生　　词

1. 世家	（名）	shìjiā	old and well-known family
2. 鲜花	（名）	xiānhuā	fresh flower
3. 盛开	（动）	shèngkāi	(of flowers) to be in full bloom
4. 飘	（动）	piāo	(of fragrance of ripening grapes) to float in the air
5. 教育局	（名）	jiàoyùjú	education bureau
局	（名）	jú	bureau
6. 季节	（名）	jìjié	season
季	（名）	jì	season
7. 校长	（名）	xiàozhǎng	headmaster, principal
8. 中年	（名）	zhōngnián	middle age
9. 从事	（动）	cóngshì	to be engaged in, to go in for
10. 童年	（名）	tóngnián	childhood
11. 语文	（名）	yǔwén	Chinese (as a subject of study)
12. 教师	（名）	jiàoshī	teacher

13.	热爱	（动）rè'ài	to love, to have deep love for
14.	成长	（动）chéngzhǎng	to grow, to grow to maturity
15.	心血	（名）xīnxuè	painstaking care (effort or labour)
16.	事业	（名）shìyè	cause
17.	特级	（形）tèjí	special grade (or class)
18.	理论	（名）lǐlùn	theory
19.	钻研	（动）zuānyán	to intensively study, to make an assiduous study of
20.	探索	（动）tànsuǒ	to explore, to probe
21.	积累	（动）jīlěi	to accumulate
22.	四周	（名）sìzhōu	all around
23.	搬	（动）bān	to move (house)
24.	讲台	（名）jiǎngtái	lecture platform, dais, rostrum
25.	园丁	（名）yuándīng	gardener
26.	园地	（名）yuándì	garden plot, field, scope
27.	辛勤	（形）xīnqín	industrious, hardworking
28.	桃李满天下	táolǐmǎntiānxià	(of well-known teachers) to have pupils everywhere, to have students all over the world
	满	（动、形）mǎn	to fill; full, filled
29.	平均	（动、形）píngjūn	to average
30.	分数	（名）fēnshù	mark, point

	分	（名）	fēn	mark, point
31.	作文	（名）	zuòwén	composition
32.	类	（量）	lèi	class, grade, *a measure word*
33.	突出	（动、形）	tūchū	to project; outstanding, prominent
34.	程度	（名）	chéngdù	level, degree
35.	齐	（形）	qí	even, uniform
36.	共同	（形）	gòngtóng	common, joint
37.	秘诀	（名）	mìjué	secret (of success), key (to one's success)
38.	谦虚	（形）	qiānxū	modest
39.	倒	（副）	dào	but, actually
40.	体会	（名、动）	tǐhuì	understanding, experience
41.	课堂	（名）	kètáng	classroom
42.	关键	（名、形）	guānjiàn	key; crucial, critical
43.	加大		jiā dà	to add, to increase, to broaden
44.	减轻	（动）	jiǎnqīng	to lighten, to reduce
45.	负担	（动、名）	fùdān	to burden; burden
46.	拿…来说		ná…láishuō	to take… as an example
47.	比如	（动）	bǐrú	for example, for instance
48.	课本	（名）	kèběn	textbook
49.	补充	（动）	bǔchōng	to supplement, to complement, to add
50.	而	（连）	ér	and, but, whereas
51.	宝贵	（形）	bǎoguì	precious, valuable
52.	当年	（名）	dāngnián	in those years (or days)

53.	淘气	（形）	táoqì	naughty, mischievous
54.	费心		fèi xīn	to give (or devote) a lot of care, to take a lot of trouble
55.	同伴	（名）	tóngbàn	companion
56.	名气	（名）	míngqì	reputation, fame
57.	乱七八糟		luànqībāzāo	in a great mess, in a muddle, at sixes and sevens
58.	学者	（名）	xuézhě	scholar
59.	至今	（副）	zhìjīn	up to now, to this day, so far
60.	数学	（名）	shùxué	mathematics
61.	异口同声		yìkǒutóngshēng	with one voice, in unison
62.	光荣	（形）	guāngróng	glorious
63.	当众	（副）	dāngzhòng	in the presence of all, in public
64.	短期	（形）	duǎnqī	short, short-term
65.	进修班	（名）	jìnxiūbān	class for advanced studies
	进修	（动）	jìnxiū	to engage in advanced studies, to take a refresher course
66.	招生		zhāo shēng	to enrol new students, to recruit students
67.	什么的	（助）	shénmede	and so on, and what not
68.	报名		bào míng	to enter one's mane, to sign up
69.	听力	（名）	tīnglì	listening ability, aural comprehension
70.	报刊	（名）	bàokān	newspapers and periodicals, the press

71．活动　　（动、名）huódòng　　activity
72．申请　　（动、名）shēnqǐng　　to apply for

专　名

北京师范大学　　Běijīng Shīfàn Dàxué

　　　　　　　Beijing Teachers' University

四、词语例解

1. 有…，有…，还有…，

连用①两个或者两个以上的"有"，表示全部中的各部分或全部中的几部分，最后一个"有"前，常有副词"还"或"也"。表示全部的词语②在第一个"有"前或在前一分句里。

(1) 参观展览会的有工人，有农民，还有学生等。

(2) 招待会上，主人准备了很多酒，有茅台酒，有啤酒，有红葡萄酒，还有白葡萄酒。

(3) 院子里花儿都开了，有红的，有白的，也有黄的，实在好看极了。

2. 这是怎么回事呢

"怎么回事"常用来问事情发生的经过或原因。量词"回"前也可以加上数词"一"。

(1) 有人说茶是原子时代的饮料，这是怎么回事呢？

(2) 天赐武帝葡萄酒的故事是怎么一回事，你知道吗？

(3) 这是怎么回事？缸里的葡萄都变成了酒！

3. 从事

动词"从事"后面必须带宾语，宾语不能是单音节③词。

(1) 她从四十年代起就开始从事文艺创作了。

(2) 老张从事教育事业已经四十年了，是一位很有经验的教师。

(3) 他从事这种研究工作已经三十多年，为祖国为人民曾经作出过很大贡献。

4. 平均

(1) 在这座桥上平均每三分钟有一辆汽车经过。

(2) 这本书一共十六课，平均每个星期学两课，八个星期可以学完。

(3) 小明在幼儿园里给小朋友分糖，每个人五块，他分得很平均。

5. 哪里有什么秘诀

疑问代词在句子里也可以表示反问④，常用的有"哪里（哪儿）""怎么""谁"等。句尾⑤有时有语气助词⑥"呢"或"啊"。反问句⑦的作用是，肯定形式强调⑧否定⑨意义，否定形式强调肯定意义。

(1) 解放以前，我们一家人吃、穿都很困难，哪里还有钱让我上学啊！

(2) 我只学了半年多的汉语，哪儿能当翻译啊！

(3) 我们学校谁不知道朱老师啊！她是一位从事教育工作三十多年的特级教师。

(4) 他是我中学时代的老同学，我怎么会不认识他呢！

6. 倒

"倒"表示跟应该出现的结果相反⑩。

(1) 昨天刮那么大的风，可是并不觉得冷，今天风停了，倒冷起来了。

(2) 上次他们让我出主意，我想了半天也没想出一个好主意来；这次他们没让我出主意，我倒想出一个好办法来。

有时"倒"有"却"的意思。

(1) 经验我实在谈不出来，不过倒可以说说自己的看法。

（2）这个作家的作品，小说我读得不多，诗倒读了不少。

7. 拿…来说

当我们要用具体⑪的例子来说明一个问题时，就可以把要举的例子放在"拿……来说（吧）"这个结构里，后面分句说明具体的情况。

（1）这里夏天常常下雨，拿上个月来说吧，一个月就下了十六天。

（2）这个班的学生学习成绩很好，就拿语文课来说吧，上次考试的平均分数是 94 分。

（3）我的小弟弟作什么事情都不能坚持，拿学外语来说吧，他只学了两个月就不想学了。

8. 补充

（1）她介绍完自己的教学经验，停了一会儿又说："我还要再补充一条。"

（2）在我们的课本里，每课平均有二十多个生词和五六个补充生词。

（3）那位青年教师对朱老师说："我讲完了，请您补充。"朱老师说："好，你先讲，然后我作补充。"

（4）我们篮球队里有一个人要去作阑尾炎手术，最好给我们补充一个队员。

9. 而（一）

连词⑫"而"多用于书面语，可以连接⑬意义相反或意义有转折⑭的两个分句，用在第二分句的开始。

（1）现在北方的天气还比较冷，而南方已经是鲜花盛开的季节了。

（2）他只会说英语，而我不懂英语，我们只好通过翻译来谈话了。

（3）父亲主张他学数学，而母亲又主张他学外语，所以他一直拿不定主意学什么专业。

(4) 要加大学生的阅读量，而又要减轻他们的课外负担，这个问题，确实不太容易解决。

10. **什么的**

(1) 客厅的桌子上摆着糖、点心、水果、汽水什么的，大概是母亲要招待客人吧！

(2) 他不喜欢打球什么的，只喜欢打太极拳，练太极剑。

(3) 除了上课以外，还有很多语言实践活动，象组织汉语节目表演会什么的。

"什么的"一般不能用于人，不能说"有朱老师、赵老师、老张、小李什么的"。如果用上，就有轻视⑮的意思。

五、练 习

课文部分

1. 根据课文内容和下面的提示讲一段话：

(1) 朱老师从事教育工作四十周年活动。时间、地点。

(2) 谁参加了？谁讲话了？主要内容。

(3) 介绍经验。

(4) 教育世家。

2. 参考下面的内容举行一次纪念会，分角色发言。

校长：今天是朱老师从事教育工作四十周年，为了向她表示祝贺，我们举行了这个纪念会。参加纪念会的，有教育局领导，有教师代表，还有学生代表。首先，请领导讲话。

领导：朱老师从事教育工作四十周年了。她热爱自己的工作，关心孩子们的成长。早在五十年代，她就被评为特级教师。人们常说："十年树木，百年树人"，四十年

来,朱老师培养了几千名学生,真是桃李满天下。我祝
朱老师身体健康,为人民的教育事业,作更多的贡献。

校长:请教师代表讲话。

教师代表:同志们,我代表青年教师讲几句话。朱老师对我
们青年教师特别关心。她跟我们一起研究教材,帮助
我们改进教学方法,把自己宝贵的教学经验,全部介
绍给我们。她不但是孩子们的好老师,也是我们的好
老师。希望朱老师永远跟我们青年人生活在一起,越
活越年轻!

校长:请我们的书法家,朱老师以前的学生高辉同志讲话。

高辉:在老师面前,我哪里是书法家,我永远是学生。二十
多年前,我是咱们学校最有名的小淘气。今天,我在
书法上有了一点成绩,这是和朱老师当年对我的教育
分不开的。我写了"教育世家"这四个字,送给朱老师
留作纪念。

校长:最后,请朱老师讲话。

朱老师:对大家的热情祝贺,我表示感谢。我做得还很不够。
我决心把自己的一切都贡献给祖国的教育事业,贡献
给孩子们。我们大家都要热爱他们,培养他们,因为
他们是我们祖国的希望和未来。

3. 朗读从新疆打来的贺电(祝贺的电报)。

亲爱的朱老师:在您从事教育工作四十周年的今天,您
的学生,在离首都三千多里的新疆,向您表示祝贺。我去年
发表了几篇小说,在这些小说里有一篇《我的老师》,曾经被
评为优秀作品。我就把它作为一件小小的礼物送给您。祝老
师健康、愉快。

会话部分

谈谈中国电视大学。

内容：根据下面的短文，你和几位关心中国业余教育的朋友，从看电视谈到中国电视大学。

中国电视教育最近几年发展很快，一九八二年全国电视大学有九万多名毕业生。考试通过以后，国家发给文凭（wénpíng, diploma），享受大学毕业生待遇(dàiyù, treatment, pay)。办电视大学，国家花钱少，招生多。它适合中国的情况，是培养人才(réncái, a talented person)的好办法。到一九九○年，电视大学计划在全国招生二百万。

词语部分

1. 将下列各组词语扩展成句：

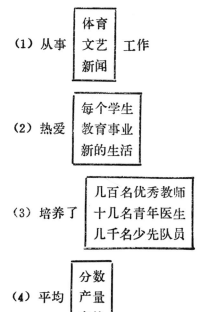

（1）从事　体育／文艺／新闻　工作

（2）热爱　每个学生／教育事业／新的生活

（3）培养了　几百名优秀教师／十几名青年医生／几千名少先队员

（4）平均　分数／产量／产值

2. 按照例句，用所给的词语完成对话：

例(1)

A：到机场欢迎贸易代表团的有谁？

B：(到机场欢迎贸易代表团的)有进出口公司的经理，有各厂家的代表，还有翻译。（有…，有…，还有…）

1) A：你去商店买了些什么东西？

B：(我去商店买的东西)＿＿＿＿＿＿＿＿＿＿

＿＿＿＿＿＿＿＿＿＿＿。（有…，有…，还有）

2) A：箱子里放了很多东西吗？

B：对，箱子里放了很多东西，＿＿＿＿＿＿＿

＿＿＿＿＿＿＿＿＿＿＿。（有…，有…，还有…）

3) A：星期六晚上有汉语节目表演会，你们准备了一些什么节目？

B：＿＿＿＿＿＿＿＿＿＿＿＿＿＿＿。（有…，

有…，还有）

例(2)

A：大家都说你学汉语有秘诀，给我们介绍介绍好吗？

B：我哪里有什么秘诀，谈点儿体会倒可以。 （哪里…

体会）

1) A：听说你很会唱京剧，是吗？

B：＿＿＿＿＿＿＿＿＿＿＿＿＿＿＿。（哪里…

喜欢欣赏）

2) A：《茶馆》是谁的作品，你知道吗？

B：＿＿＿＿＿＿＿＿＿＿＿＿＿＿＿。（老舍

谁不…啊）

3) A：人家都说你作中国菜作得好，能不能给我们作一个尝尝？

B：＿＿＿＿＿＿＿＿＿＿＿＿＿＿＿。（连…没吃

52

过　怎么…呢)

例(3)

A：中国的瓷器是世界闻名的。

B：是啊! 拿景德镇生产的瓷器来说吧，每年都有大量的产品出口。（拿…来说吧)

　1)A：中国很多旅游中心都有不少名胜古迹，是不是?

　　B：＿＿＿＿＿＿＿＿＿＿＿＿。（拿…来说故宫　颐和园)

　2)A：中国有些体育项目，在国际比赛中成绩非常突出。

　　B：＿＿＿＿＿＿＿＿＿＿＿＿。（拿…来说吧　冠军)

　3)A：作家老舍有不少作品在世界上很有名。

　　B：＿＿＿＿＿＿＿＿＿＿＿＿。（拿…来说吧)

例(4)

A：系主任介绍了中文系的情况以后，还说了些什么?

B：他介绍了中文系的情况以后，又补充了今年招生情况。（补充)

　1)A：你看，这篇文章改得怎么样?

　　B：这次改得不错，＿＿＿＿＿＿＿＿＿＿＿。（补充)

　2)A：大家都谈了自己的看法，您还有什么新的意见?

　　B：大家说的我都同意，＿＿＿＿＿＿＿＿＿。（补充)

　3)A：他们车间的生产任务很重，人员不够怎么办?

　　B：如果人员不够，＿＿＿＿＿＿＿＿＿＿＿。（补充)

3. 用适当的词语填空：

　　王教授＿＿＿古代汉语的研究工作已经四、五十年了。他

_____自己的工作，在教学实践中，他_____探索，是一位教学经验_____理论水平很_____的国内外_____的语言学家。

写作练习

写两张请假条：

　　1．你因为病了，不能到校上课，请假一次。（给你们老师）

　　2．你因为有事，不能上班，下午请假半天。（给你们经理）

　　注意：

　　请假条的格式跟信差不多，只是要更简单明白，而且必须写清楚请假的原因和天数。如"我因为……，不能……，请准假……天。"最后不写"祝……"等。如果前面不写称呼，最后可以写"此致张老师"等。

第 十 九 课

一、课　文

农民科学家高培南

　　一九八一年十月的一天上午，一位中国农民在国际农业会议的讲台上，向十六个国家的九十多位专家、学者，作关于小麦高产稳产低成本的学术报告。他就是中国著名小麦专家高培南。在大会主席向大家介绍了这位农民科学家和他在研究小麦栽培上所取得的成就以后，会场响起了热烈的掌声。

按照大会的规定，每人只能讲三十分钟。可是高培南的报告刚作完，就有十几只手举起来，提出了各种问题。比如：中国农民怎样使用有机肥，他的经验是怎样推广的等等。高培南都热情而认真地一一作了回答，一共讲了七十分钟。他的报告得到了各国专家、学者的称赞，大家异口同声地说他是"大会上最有经验的人"。

高培南五十多岁。他的家乡是中国北方的一个农村，那里人多地少，平均每人只有半亩地，而且自然条件很差，年年收成都不好。小时候他家里很穷，只上了三年学，当然更谈不上有什么科学知识了，但他是一个喜欢钻研的人。解放后，高培南有了学科学的机会，他对种小麦产生了极大的兴趣，决心改变家乡小麦生产的落后情况。有一次他到一个地方去参观，看到那里的小麦长得好，就带回四个麦穗作种子，经过培育，三年后这种小麦就在全公社推广，提高了那里小麦的单位面积产量。为了观察小麦的生长情况，他有时在麦田里一蹲就是一个多小时。有人说他是"小麦迷"，有人说他是"麦大夫"，能给小麦看病。麦苗"饿"了，"渴"了，他一看就知道。他从实践中总结了丰富的经验。

有一年冬天，他给萝卜地浇水，水流到了旁边的麦田里，后来，这块地的小麦长得特别好。经过多次试验，他发现小麦冬天灌溉可以增产，打破了"人活一百，没见过冬天浇麦"的老习惯。农村春天有许多庙会，成千上万的人走来走去，常常把附近的麦田踩得象光光的操场一样，可是一场春雨过后，麦苗还是返青了，而且长得又矮又壮。高培南看到这个现象，经过仔细研究，终于明白了它的科学道理，并且利用这个道理，提高了麦子的产量。更有意思的是，为了推广农业生产知识，他把看苗管理的经验总结成"三个耳朵"。他说，麦叶象猪耳朵那样垂下来是肥料过多，需要控制；麦叶象马耳朵那样竖起来是瘦弱，需要多加肥料；麦叶象驴耳朵那样肥而不垂，那就说明肥料用得正好。

在高培南的帮助下，他家乡的农民把传统的小麦生产经验跟现代科学技术结合起来，使小麦产量一年比一年提高。五十年代平均亩产四百多斤，六十年代提高到六百多斤，七十年代达到八百多斤。进入八十年代，一直稳定在八百到九百斤，一部分麦田超过一千斤。生产每一斤小麦的成本也从过去的六分钱降低到二分多钱。就这样，高培南总结了小麦大面积高产稳产低成本的一整套经验。

高培南的家乡从五十年代起就推广他的增产经验，省农学院的教授和讲师们每年都要到他的家乡研究、学习，帮助总结经验。高培南也刻苦学习科学知识，他读完了农学院的课程，在专家们的帮助下写出了好几本小麦栽培的著作。每年有上万人到他们这儿来学习，他们生产大队也常派人到各地去介绍生产小麦的技术。过去这个省的小麦产量很低，推广高培南的经验以后，现在有几千万亩小麦亩产超过五百斤，有上百万亩小麦亩产超过八百斤。小麦已经成了这里增产最快的主要作物。

高培南由一个普通农民经过刻苦钻研成了一个农业

科学家，并且当上了省的农业领导干部。每年从小麦种子下地到收获，他都要到全省小麦产区去检查好几次，及时发现问题，并跟大家一起研究解决。三十年来，他为增产小麦不知道用了多少心血。今天，他又在进行新的探索，人们在期待着他取得更大的成就。

二、会　话

在 农 贸 市 场

A：咱们到农贸市场去走走，顺便买点儿什么吧。

B：好，我正想去看看呢。

A：同志，鱼多少钱一斤？

C：一块八。

A：能便宜点儿吗？

C：没跟您多要。您看看这鱼多好，作汤、红烧都行。

A：好吧，来两斤。要新鲜点儿的。

C：没问题，都是活的，今天早晨刚打上来的。

B：我也要两斤。多点儿也行。

C：好。

B：这鱼是你们自己养的吗？

C：是啊，我们就是附近生产队的。

B：你们在队里还种地吗？

C：种。我们家五口人，有四个劳动力，种了队里九亩地，还有半亩自留地。家里劳动力多，我们就跟另外两家人合起来养鱼。

A：你们家又种地又养鱼，生活一定不错吧？

C：可不，这几年日子是越过越好了，我们三家正在打算合买拖拉机呢！

三、生　词

1. 家	（尾） jiā	a nominal suffix, equivalent to "-er, -or, -ist", etc.
2. 小麦	（名） xiǎomài	wheat
3. 高产	gāo chǎn	high yield (or production)
4. 稳产	wěn chǎn	stable yield (or production)
5. 成本	（名） chéngběn	cost
6. 报告	（动、名） bàogào	to report; report
7. 栽培	（动） zāipéi	to cultivate, to grow
8. 取得	（动） qǔdé	to achieve, to obtain
9. 会场	（名） huìchǎng	meeting-place, conference (or assembly) hall
10. 规定	（动、名） guīdìng	to formulate, to make a rule; rule, regulation
11. 有机肥	（名） yǒujīféi	organic fertilizer (or manure)
12. 推广	（动） tuīguǎng	to popularize, to spread
13. 家乡	（名） jiāxiāng	native place, hometown
14. 亩	（量） mǔ	mu, a unit of area (= 0.0667 hectares)
15. 自然	（名、形） zìrán	nature; natural
16. 差	（形） chà	poor, not up to standard
17. 收成	（名） shōucheng	harvest

18.	极	（副）jí	extremely
19.	落后	（形、动）luòhòu	backward; to fall behind, to lag behind
20.	穗	（名）suì	the ear (of wheat)
21.	种子	（名）zhǒngzi	seed
22.	培育	（动）péiyù	to cultivate, to breed
23.	单位	（名）dānwèi	unit
24.	生长	（动）shēngzhǎng	to grow
25.	田	（名）tián	field
26.	蹲	（动）dūn	to squat
27.	苗	（名）miáo	seedling, young plant
28.	渴	（形）kě	thirsty
29.	总结	（动、名）zǒngjié	to summarize, to sum up; summary
30.	萝卜	（名）luóbo	radish
31.	浇	（动）jiāo	to water, to pour (or sprinkle) water on
32.	流	（动）liú	to flow
33.	增产	（动）zēngchǎn	to increase production
34.	庙会	（名）miàohuì	temple fair
35.	成千上万	chéngqiānshàngwàn	tens of thousands (of people), thousands upon thousands (of people)
36.	踩	（动）cǎi	to tread, to step on
37.	光	（形、名）guāng	bare; light
38.	返青	fǎn qīng	(of winter crops) to turn green

39. 壮	（形）	zhuàng	strong
40. 现象	（名）	xiànxiàng	phenomenon
41. 猪	（名）	zhū	pig
42. 垂	（动）	chuí	to hang down, to droop
43. 肥料	（名）	féiliào	fertilizer, manure
44. 控制	（动）	kòngzhì	to control
45. 竖	（形、动）	shù	vertical, upright; to prick up (one's ear)
46. 瘦弱	（形）	shòuruò	thin and weak, emaciated
47. 驴	（名）	lǘ	donkey
48. 亩产		mǔ chǎn	per *mu* yield
49. 稳定	（形、动）	wěndìng	stable, steady; to stabilize
50. 超过	（动）	chāoguò	to surpass, to outstrip, to exceed
51. 降低	（动）	jiàngdī	to reduce, to decrease
52. 省	（名）	shěng	province
53. 讲师	（名）	jiǎngshī	lecturer
54. 课程	（名）	kèchéng	course, curriculum
55. 著作	（名）	zhùzuò	works, writings
56. 生产大队		shēngchǎn dàduì	production brigade
57. 作物	（名）	zuòwù	crop
58. 收获	（名、动）	shōuhuò	harvest; to harvest
59. 产区	（名）	chǎnqū	(wheat-producing) area
60. 期待	（动）	qīdài	to expect, to await, to look forward to
61. 农贸市场		nóngmào shìchǎng	agricultural produce show
市场	（名）	shìchǎng	market, marketplace, bazzar

62.	顺便	（副）	shùnbiàn	in passing
63.	斤	（量）	jīn	*jin*, a unit of weight (= 0.5 kilogram)
64.	红烧	（动）	hóngshāo	(of fish, pork, etc.) to be braised in soy sauce
65.	新鲜	（形）	xīnxiɑn	fresh
66.	打	（动）	dǎ	to catch (fish)
67.	劳动力	（名）	láodònglì	labour (or work) force, manpower
68.	自留地	（名）	zìliúdì	family plot, private plot
69.	合	（动）	hé	to join, to combine, to unite
70.	可不		kě bù	That is just the way it is That's it.
71.	拖拉机	（名）	tuōlājī	tractor

专　名

| 高培南 | | Gāo Péinán | *a personal name* |

四、词解语例

1. 而（二）

连词"而"可以用来连接并列①的形容词或描写性的词语。有时还可以在"而"后用上一个"又"。

(1) 我们的生活紧张而愉快。

(2) 他详细而认真地给我们讲了他的收获和体会。

(3) 这是一座古老而美丽的建筑。

(4) 他介绍的是一个简单而又效率高的办法。

2. 高培南都热情而认真地——作了回答

"——"在句子里用作状语，意思是"一个一个地"。多用于书面语。

    （1）毕业前老师对我们讲的话，我们都一一记在心里了。

    （2）时间不多，我不能一一介绍，请大家自己参观吧！

    （3）他跟我们一一握手告别，并且说："欢迎你们到我们那里去！"

    （4）这些问题，我们一定会在短期内一一解决。

3．一蹲就是一个多小时

"一…就是…"这个结构中，"一"后面是动词，"就是"后面是带数量词的名词结构②，有"只要…就达到…"或"一下子就达到…"的意思。

    （1）他每天下班回家，吃了晚饭就看书，而且一看就是三个小时。

    （2）他最喜欢喝矿泉水，一喝就是两大瓶。

    （3）我五岁那一年，父亲离开家乡到外面去找工作。他一去就是十年，直到解放才回来。

4．从…中

"从…中"有"从…里面"或"从…过程③里"的意思。

    （1）我们从社会生活中学到了很多在学校里学不到的东西。

    （2）从试验中，可以看出我们的技术水平还不高，工作经验也还不够，我们还需要不断努力。

    （3）老师们从教学实践中总结了不少经验，这些经验推广以后，对提高教学质量会起很大的作用。

5．…来…去

在"…来…去"这个结构中的"来""去"之前用上同一个动词，可以表示动作向往返两个方向不断反复④。

    （1）他在田边（旁边）走来走去，考虑着怎样使小麦高产稳产的问题。

(2) 孩子们在花坛、树丛中间跑来跑去，玩儿得非常高兴。

(3) 这本词典又大又重，每天上课带来带去，实在太麻烦了。

词组：

拿来拿去	搬来搬去	推来推去
传来传去	扔来扔去	转来转去
踢来踢去	抛来抛去	

6. 有上百万亩小麦

"上"可以表示达到一个较大的数目⑤。如"上百""上千""上万""上百万""上千万"等"上＋百/千等＋量词"作定语时，后面可以有"的"。

(1) 今天来参观这个服装展销会的人大概上万。

(2) 他是一位多产的作家，十几年来，发表了上百篇的著作。

(3) 上千株小树苗送到我们学校里来，我们要及时把它们种上。

7. 不知道用了多少心血

"不知道…多少…"这个结构可以用来强调多得没有办法计算⑥。

(1) 他们不知道用了多少时间，作了多少次试验，才把提高单位面积产量的问题解决。

(2) 每天不知道有多少人在这块麦田里走来走去，把小麦都踩光了。

(3) 他们几个人不知道走了多少路，爬了多少山，最后才回到家乡。

8. 顺便

（1）他作完有关小麦稳产高产低成本的报告之后，又顺便提了几个问题，让大家讨论。

（2）我家就在东风市场附近，你们去买东西时，顺便到我家来坐坐。

（3）你去农贸市场的时候，顺便给我买几条活鱼来。死的也可以，只要新鲜就行，我准备红烧着吃。

五、练 习

课文部分

1. 根据课文内容回答下列问题：

（1）高培南的学术报告为什么比规定时间多讲了四十分钟？

（2）举例说明高培南怎样对种小麦产生了极大兴趣，成了"小麦迷"。

（3）高培南是怎样打破"人活一百，没见过冬天浇麦"的老习惯的？

（4）高培南总结的"三个耳朵"是怎么回事？

（5）高培南的经验对他家乡的小麦生产有什么影响？对全省的小麦生产有什么影响？

2. 谈谈高培南是怎样从一个普通农民成为一个农业科学家的。

提示：（1）高培南小时候家里很穷。

（2）他的家乡自然条件很差。

（3）解放后他有了学科学的机会。

（4）高培南是"小麦迷"。

要求用上以下词语：

谈不上 对…产生了… 在麦田里 一…就是…

成千上万 …来…去 三个耳朵

1. 读下面一段对话，然后以第一人称叙述这件事：

   A：听说你们村有一个退休的老工人叫张生民，你认识他吗？

   B：认识，您找他有什么事？

   A：我是晚报的记者，我想访问访问他。

   B：您来得太好了！老张自从退休以来，就办了个家庭黑板报(hēibǎnbào, blackboard newspaper)，他的黑板报对我们来说，跟您的晚报一样重要呢！

   A：您能谈谈黑板报的内容吗？

   B：能，我们天天看。老张的黑板报有天气预报(yùbào, forecast)，还有农业科学小知识，介绍农业新技术。别看黑板报不大，已经登过好几千篇小文章了。

   A：听你这么说，我更要快点儿见到老张同志了。

   B：我带您去吧。

   A：那好极了！

2. 根据所给的语言情境进行会话：

   (1) 参观人民公社

       内容：参观者向公社代表提出一些问题，公社代表一一回答。

       (这个公社以种菜为主，另外也生产水果。这里自然条件不太好，冬天冷，春天雨水少，常刮风。原来产量比较低，后来他们改进了技术，产量提高了。)

   (2) 访问农民家庭

       内容：了解农民生产和生活情况。

       (这家人主要种棉花。全家人非常注意学科学、用科学，常常参加县里举办的技术学习班。他们还向别的人推广新技术，介绍自己在实践中总结的经验。他们种的棉花产量高。他们家里还养了猪，种了菜。去年一年全家收入一万多元。一个儿子结婚，盖了五间新房子。)

词语部分

按照例句形式，选择括号中适当的词语完成每组对话：

例(1)

A：你家乡夏天的天气怎么样？

B：我们那儿夏天常常下雨，而且树也多，所以不太热。

(而且　而　不是…而是…)

1) A：高培南种的小麦怎么样？

   B：＿＿＿＿＿＿＿＿＿＿＿＿＿＿＿。

2) A：高培南家乡的条件怎么样？

   B：＿＿＿＿＿＿＿＿＿＿＿＿＿＿＿。

3) A：布朗先生怎样看小列车长给他的车票？

   B：＿＿＿＿＿＿＿＿＿＿＿＿＿＿＿。

4) A：天安门是一个什么样的建筑？

   B：＿＿＿＿＿＿＿＿＿＿＿＿＿＿＿。

例(2)

A：朱老师什么时候开始从事教育工作的？

B：朱老师大学一毕业，就从事教育工作了。

(一…就…　一…就是…)

1) A：朱老师在那个小院住的时间长吗？

   B：＿＿＿＿＿＿＿＿＿＿＿＿＿＿＿。

2) A：报名参加短期汉语进修班的人什么时候可以办签证？

B：_____。

3）A：你们那儿夏天常下雨吗？下雨的时候一次能下几天？

B：_____。

例（3）

A：朱老师的小院里有什么？

B：朱老师的小院里长满了花和树。经过他们几十年的栽培，现在树都长大了。（生长　长　成长）

1）A：为什么让儿童管理小火车？

B：_____。

2）A：为了增加小麦的产量，高培南除了刻苦学习科学知识以外，还注意做什么？

B：_____。

3）A：在纪念朱老师从事教育工作四十周年的那天，朱老师看着那些跳舞唱歌的学生，想了些什么？

B：_____。

写作练习

就下列两件事，分别写出"通知"。

1．书法小组邀请书法家来学校作报告。希望小组组员准时到会，也欢迎同学们参加。

2．通知全班同学：去颐和园的游览活动改在下星期六举行。

通知的格式，一般是第一行中间写"通知"两个字，第二行开始写通知的内容。必须把时间、地点、参加的人、怎么做等等写清楚。最后常写上"欢迎大家参加""请按时出席""请互相转告"等。发通知的单位及年、月、日写在最下边。

通　　知

　　订于……月……日……点在……（地方）举行……（活动）欢迎同学们参加。

学　生　会

年　月　日

第 二 十 课

厂 长 候 选 人

兴华仪器厂有职工三千多人，是国家的一个重点企业。这个厂正在开职工代表大会，民主选举厂长。在几个候选人中，最引人注意的是三十六岁的销售科长李文。

李文当销售科长还是半年前的事。他原来是技术科的技术员，在业余大学企业管理系念三年级。有一天，他正在值班，当时的销售科长老刘来找他，说："小李，东北来人看样机。他们要买十台，你来跟他们谈谈。"

"什么？买十台？"李文吃了一惊。看样机的人已经进了门，老刘热情地招待他们："二位请坐，请吸烟。"

李文看了看两位客人，问道："你们不是搞电子专业的吧？"

"我们是采购员。国家给我们研究所一笔款子，所里派我们俩到你们厂来买仪器。"

"你们研究所应该派懂电子技术的人来！"

老刘觉得这话说得很不礼貌，连忙向客人道歉说："他这个人说话就是这样，二位看我的面子，可别介意。"

"看你的面子？你和人家有面子，还这样办事；要没面子，会怎么样呢？"李文又转过身来对两位客人说："你们看过这种仪器的说明书没有？那上面写着，本产品在低温情况下还没有达到设计要求。东北的冬天那么冷，买一台，就得花几万块钱盖恒温室，你们一下子买十台，行吗？"

这时，两位客人才明白过来。他们非常感激地说："同志，你批评得对，我们马上退货。要是买回去就糟糕了。谢谢你啊！"

客人一走，刘科长就指着小李的鼻子问："人家愿意买，我愿意卖，有什么不对？你是咱们厂的人，不替厂里说话，倒去帮别人。产品销售不出去，你负责吗？"

"销售问题为什么我负责？你找厂长去！"

"当然要去找厂长！"老刘气得话都说不出来，一抬腿就走了。

一会儿，厂长把李文叫到办公室，问他为什么不同意卖这批货。李文说："明明知道咱们厂的这批仪器质量没有过关，还要往东北卖，这样，国家要受多大损失！而且卖出去的仪器坏了要返修，光往返的托运费，咱们厂就得花多少钱？这样作不但害了人家，也害了咱们自己。您知道，发展市场靠新产品，巩固市场却要靠质量。不解决产品质量问题，我们厂要关门的。"

　　厂长听了李文的批评，不但不生气，反而很高兴。他觉得李文的看法有道理，有远见，就问他："如果让你当销售科长，怎么样？"

　　"我可以试试。不过你要答应我两个条件：第一，解决生产和销售的矛盾。以前车间不问销售情况，只管生产。结果产品销售不出去，而能销售的东西又生产不出来。从现在开始，计划中要销售的产品，如果车间再生产不出来，罚他们；产品销售不出去，罚我。第二，分配给我几个懂专业的技术员，让他们跟我一起参加展销会，直接与买方见面，了解市场的情况。这样，我保证每月完成销售任务！"

　　"好！"厂长满意地笑了。

　　三天以后，李文当上了销售科长。他抓的第一件事，就是去广州参加全国电子工业产品展销会。

　　在展销会上，各厂家之间的竞争十分激烈。推销员们为了推销本厂的产品，都在想各种办法作宣传。有的把广告贴到了旅馆、饭店，甚至买方的床头。可是李文却不这样，他带着技术员和推销员在展销会上转来转去，不是看名牌产品，就是跟采购员们谈话。两天过去了，大家都很着急，怕生意都被别人作了。

到了第三天，李文才召集大家开会。他说："这两天买方都在了解产品情况。你们也都看到了，很多广告和说明书，印得很漂亮。但是你们注意到没有，虽然看的人不少，可是订合同的不多。为什么呢？"他拿出几份产品说明书给大家看，接着说："宣传要了解买方的心理，象这些说明书，连技术参数、价格都没有，谁敢下决心买？咱们要争取让更多的人来买，就得先让人家放心，把实际情况写清楚，还要请技术员帮助人家解决疑难问题。"

"科长，"一位推销员说，"如果把技术参数都拿出去，别人也生产这种产品，比你的价格低，咱们怎么办？"李文说："经过这几天了解情况，我觉得咱们的产品有特点、有长处，是会受到欢迎的。我们的长处并不怕别人学去，我们也要向人家学习啊！大家一起提高质量，降低成本，这才是社会主义竞争的目的呢！"

推销员们听了，有的同意，有的怀疑。

李文让大家立刻把样机摆出来，把有技术参数和价格的广告贴出去。他还让技术员作销售前的技术服务工作。在展销会上转了几天的买方，现在看到兴华厂的名牌产品确实是物美价廉，很多人都来签订合同。在这次展销会上，李文签订了一千八百万元的销售合同。

从那以后，职工们都在议论："李文真是个难得的人才，懂生产技术，会企业管理。他心里不只想着工厂，还想着整个国家。"

这样，在选举厂长的时候，年轻的销售科长李文，就成了最有希望当选的候选人。

二、会　话
参　观　汽　车　厂

A：这次参观给我留下了很深的印象。有些问题还想了解一下。你们汽车厂的生产现在已经达到年设计能力了吗？

B：年设计能力是十万辆，现在已经达到年产八万辆的水平。

A：刚才参观车间，看到你们已基本上实现了自动化。这些设备都是中国制造的吗？

B：我们厂是中国自己的专家和工程技术人员设计建成的，设备主要是国内生产的，但也从国外进口了一些技术比较先进的设备。对有的进口设备我们还进行了技术改造。

A：谈到技术改造，您能举个例子吗？

B：您看看那边的机床。经过改造，这台机床把原来的十道工序变成一道，效率提高了十倍。

A：真了不起！产品的销售情况怎么样？

B：产品主要是满足国内的需要。这几年我们的汽车已经开始进入国际市场了。

A：相信再过几年以后，你们的产品在国际市场上一定有很强的竞争能力。

B：到那时候欢迎您再来参观。

三、生　词

1. 候选人　（名）hòuxuǎnrén　candidate
2. 仪器　（名）yíqì　instrument, apparatus
3. 职工　（名）zhígōng　staff and workers, workers and staff members
4. 重点　（名）zhòngdiǎn　key, priority, main
5. 企业　（名）qǐyè　enterprise
6. 民主　（名、形）mínzhǔ　democracy; democratic
7. 科长　（名）kēzhǎng　section chief
8. 值班　zhí bān　to be on duty
9. 样机　（名）yàngjī　prototype, sample
10. 台　（量）tái　*a measure work*
11. 搞　（动）gǎo　to be engaged in, to do
12. 电子　（名）diànzǐ　electron
13. 派　（动）pài　to send, to dispatch
14. 采购员　（名）cǎigòuyuán　purchasing agent
    采购　（动）cǎigòu　to purchase, to make purchases for an enterprise
15. 所　（名）suǒ　(research) institute
16. 笔　（量）bǐ　*a measure word*, a sum (of money)
17. 款子　（名）kuǎnzi　a sum of money
18. 礼貌　（名、形）lǐmào　courtesy, politeness; courteous, polite
19. 别介意　bié jièyì　don't take offence, don't

mind

20. 说明书　（名）shuōmíngshū　(technical) manual, directions

21. 低温　（名）dīwēn　low temperature

22. 盖　（动）gài　to build

23. 恒温室　（名）héngwēnshì　house with heating controlled by thermostat

24. 感激　（动）gǎnjī　to feel grateful (or indebted), to be thankful

25. 退　（动）tuì　to return (merchandise)

26. 货　（名）huò　goods, commodity

27. 负责　（动、形）fùzé　(of a person) to be held responsible for, to take the responsibility for; responsible

28. 批　（量）pī　*a measure word*

29. 明明　（副）míngmíng　obviously, undoubtedly, plainly

30. 过关　guò guān　(of the quality of a product) to reach a standard, up to standard

31. 损失　（动、名）sǔnshī　to lose; loss, damage

32. 返修　（动）fǎnxiū　to repair low-quality instrument or machine etc. over again

33. 靠　（动）kào　to rely on, to depend on

34. 巩固　（形、动）gǒnggù　to consolidate, to strengthen, to solidify

76

35. 反而	（副）	fǎn'ér	but, on the contrary
36. 远见	（名）	yuǎnjiàn	foresight, vision
37. 答应	（动）	dāyìng	to promise, to agree
38. 直接	（形）	zhíjiē	direct, immediate
39. 买方	（名）	mǎifāng	the buying party (of a contract, etc.), buyer
40. 保证	（动、名）	bǎozhèng	to guarantee, to ensure; guarantee,
41. 任务	（名）	rènwu	task
42. 抓	（动）	zhuā	to pay special attention to, to take charge of, to grab, to seize
43. 竞争	（动）	jìngzhēng	to compete
44. 十分	（副）	shífēn	very, rather, extremely
45. 推销员	（名）	tuīxiāoyuán	salesman
推销	（动）	tuīxiāo	to promote sales, to market
46. 宣传	（动）	xuānchuán	to propagate, to conduct propaganda
47. 甚至	（连）	shènzhì	even
48. 名牌	（名）	míngpái	famous brand
49. 召集	（动）	zhàojí	to call together, to convene
50. 印	（动）	yìn	to print
51. 心理	（名）	xīnlǐ	psychology, mentality
52. 参数	（名）	cānshù	parameter
53. 价格	（名）	jiàgé	price
54. 敢	（能动）	gǎn	dare, to dare
55. 争取	（动）	zhēngqǔ	to win over, to strive for
56. 实际	（名、形）	shíjì	reality, situation; realistic,

practical, actual

57. 疑难	（形）	yínàn	knotty, difficult
58. 长处	（名）	chángchù	strong (good) point, good quality
59. 目的	（名）	mùdì	aim, purpose
60. 物美价廉		wùměijiàlián	(of commodities) good and cheap
61. 难得	（形）	nándé	rare, hard to find out
62. 人才	（名）	réncái	a person of ability, a talented person
63. 当选	（动）	dāngxuǎn	to be elected as
64. 能力	（名）	nénglì	ability, capacity, capability
65. 基本	（形）	jīběn	basic, main, in the main
66. 自动化	（动）	zìdònghuà	to automate
自动	（形）	zìdòng	automatic
67. 设备	（名）	shèbèi	equipment, installations, facilities
68. 人员	（名）	rényuán	personnel, staff
69. 改造	（动）	gǎizào	to transform, to reform, to remake
70. 机床	（名）	jīchuáng	machine tool
71. 道	（量）	dào	a measure word
72. 工序	（名）	gōngxù	working procedure, process
73. 倍	（量）	bèi	fold, times
74. 了不起	（形）	liǎobuqǐ	amazing, terrific
75. 进入	（动）	jìnrù	to enter
76. 强	（形）	qiáng	strong, powerful, better

1．兴华仪器厂　　Xīnghuá Yíqì Chǎng

　　　　　　　　Xinghua Instrument Plant

2．李文　　　　　Lǐ Wén　　　*a personal name*

四、词语例解

1. 搞

"搞"主要有"干""做""办""进行""研究"等意思，有时它的具体意义要根据上下文①来决定。"搞"后面如果有宾语，宾语很少是单音节词。

(1) 她搞翻译工作已经三十多年了，很多代表团出国访问，都是她担任翻译。

(2) 这几位退休的老教师办起了一个幼儿园，听说搞得很不错。

(3) 最近他们正在搞一项科学研究，很快就要完成了。

(4) 这两个词的意思和用法有什么不同，我还没搞清楚，请你给我讲一讲。

如果宾语是表示具体事物的名词，"搞"有"想办法得到"的意思。

(5) 我们都饿了，你快搞点儿吃的来吧！

2. 他这个人说话就是这样

人称代词②后面跟着"这(那)个人"或"这(那)些人"作主语，谓语常常是用来评论③主语的，全句带有一定的感情色彩④。

(1) 他这个人作事非常仔细，把工作交给他，完全可以放心。

(2) 你这个人哪！遇到什么事情总不敢拿主意，那怎么行呢？

如果谓语不出现，这时句子带有"不满意"或"对…没有办法"的语气⑤。

（3）唉！你们这些人哪！（我简直没办法！）

3．你和人家有面子，还这样办事……

副词"还"有"尚且"⑥的意思，后面的句子表示作出的推论⑦。

（1）我的汉语水平很低，这些简单的小故事还看不懂呢，文学作品更不行了。

（2）那个推销员说："我们这样作宣传，还竞争不过别的厂家呢；要是不作宣传，产品就更推销不出去了。"

4．明明

"明明"表示：很清楚地是某种情况。后面分句常常带有反问或转折的语气，表示实际情况跟前面说的情况相反，说话人对这实际发生的情况不明白、不满意或者有怀疑。

（1）我明明看见他进值班室去了，可是值班室里竟没有他！

（2）说明书上明明印着技术参数和价格，你怎么没看见呢？

有时带有"明明"的分句在后面出现。

（3）这哪儿是小李写的啊，这明明是小张写的，我认识小张的字。

（4）为什么不去南方旅行呢？你明明知道争取到这个机会是很不容易的。

5．保证

"保证"是动词时，宾语一般是动词、形容词、动词结构、形容词结构或主谓结构等。

（1）我们保证这项工程一定在五月前完成。

（2）明天我一定早来，保证晚不了。

"保证"是名词时，常作"作""有""是"等的宾语。

80

（3）解放以前，爸爸常常找不到工作，我们一家人的生活怎么能有保证？

（4）销售科已经向厂领导作了保证，如果产品销售不出去，就罚他们。

（5）正确的领导和同志们的努力是取得成功的保证。

词组：

保证质量　　　　　　　保证成功

保证时间　　　　　　　保证完成

保证安全生产　　　　　保证作到

6. 靠

动词"靠"可以作谓语。

（1）那里东、西、北三面都靠山，南面有一条小河，风景实在美极了。

（2）船就要靠岸了，拿好行李，准备上岸吧！

（3）要作好工作不能只靠热情，还要注意工作方法。

（4）学习，只靠别人的帮助是不行的，主要得靠自己的努力。

"靠"也可以带上宾语作另一动词的状语。

（5）这是小李的房间，靠窗户放了一张桌子，两把椅子，靠墙放了一张床，床上的被褥非常干净、整齐。

（6）在大街上，我们应该靠左边走，还是靠右边走？

7. 反而

在某种条件下应该产生某种结果，如果产生的结果正好相反，就可以用"反而"。

（1）春天到了，天气应该暖和，可是怎么反而更冷了呢？

（2）老王住得最远，可是他反而先到了；住得近的人反而来晚了。

有时前一分句是"不但没有（不）…"，后一分句用"反而"表示更进一层⑧，以至⑨达到了相反的情况。

    (3) 那里的自然条件不太好，我们想他可能会病倒，没想到他不但没病，反而身体越来越好了。

    (4) 听了我们的话，他不但没生气，反而笑了起来。

8. 贴

    (1) 寄到巴黎去的信要贴多少钱的邮票？

    (2) 等一等，我把这封信贴上邮票，你替我寄了吧。

    (3) 请把邮票贴在这儿。

    (4) 这儿不能贴广告，广告只能贴到那边去。

    (5) 每到春节，在中国北方的农村，人们都喜欢在窗户上贴一些红色的窗花儿。

9. 甚至

用"甚至"的句子里常有"都"或"也"，有时也和"连…也(都)…"一起用。

    (1) 这部电视系列片里的演员说话很慢，甚至只学过一年中文的人也能听懂。

    (2) 这位年轻的领导非常认真负责，每一项重点工作他都亲自抓，甚至和大家一起干。

10. 不是…就是…

"不是…就是…"意思是"如果不是这个，就一定是那个；如果不是那个，就一定是这个"，也就是说，一定是这两种可能中的一种。

    (1) 从中国到日本去，不是坐船，就是坐飞机，不可能坐火车。

    (2) 候选人只有你们两个，所以当选的不是你，就是他。

有时这个结构只是用两个例子来说明某种情况，并不一定强调只有两种可能。

    (3) 最近的天气不太好，不是刮风，就是下雨，我们想上长城，也去不了。

11. 争取

动词"争取"的宾语可以是名词，也可以是动词、动词结构等。

(1) 我们一定要争取时间，提前完成这个季度的生产任务。

(2) 全国能生产这种仪器的工厂不多，我们派出的采购员能争取到五台，就很不错了。

(3) 我想争取明年春季到短期进修班去学汉语。

12. 实际

(1) 我们不论学习哪一种理论，都应该联系实际。

(2) 请你举一个实际例子来说明这个道理，好吗？

(3) 要想在那么短的时间里完成这么复杂的任务，这种想法是很不实际的。

"实际"作状语时常说"实际上"。

(4) 大家只看到小李在展销会上转来转去，实际上他是在观察和了解情况。

(5) 大家都以为他是外语系毕业的，实际上，他只是业余学过三年多英语。

词组：

实际情况	生产实际
实际困难	生活实际
实际问题	联系实际
实际经验	从实际出发
实际工作	

13. 并

副词"并"放在"不""没（有）"等否定词前，强调否定。常用在表示转折的句子里，有否定某种看法，说明真实情况的意思。有时还带有反驳⑩的语气。

(1) 我以为这两个采购员是懂电子技术的，后来才知道他们并不懂。

(2) 你以为不错，其实并不好。

(3) 他的情况并不象你说的那样。

14. 基本

"基本"常作定语和状语。作状语时可以说"基本上"。

(1) 请你画儿幅画儿，把课文的基本内容表示出来。

(2) 你的意思我基本上懂了，不过，要让我翻译出来，还有一定的困难。

· (3) 对这批进口设备的技术改造，已经基本完成。

词组：

基本条件	基本(上)掌握
基本原因	基本(上)同意
基本方法	基本(上)控制
基本理论	基本(上)解除
基本要求	基本(上)满意
基本情况	基本(上)稳定

15. 感激　感谢

"感激"表示由于感谢而心里激动，一般⑪是一种心理活动。"感谢"多是用语言行动来表示谢意⑫。

(1) 她待我们这样好，我们从心里感激她。

(2) 实在感谢你对我们的关照。

(3) 作报告的人讲完了，走下讲台来的时候，大家都站起来鼓掌表示感谢。

"感激"和"感谢"都是动词，一般作谓语。但"感激"还可以作定语和状语，"感谢"一般不能。

(4) 老人感激地握住小伙子的手，说："我真不知道应该怎么样感谢你啊！"

(5) 我们带着感激的心情(xīnqíng, state of mind, mood)
离开了他的家。

五、练 习

课文部分

1. 根据课文内容：
(1) 看图说话；
(2) 看图提问并回答问题；
(3) 按照图中出现的人物分角色对话。

兴华仪器厂民主选举厂长

接待客人

刘科长批评小李

厂长与李文谈话

李文跟推销员开会

2. 讨论下面的几个问题：

    (1) 刘科长批评李文在推销产品时，"不替厂里说话,倒去帮别人"的意见对不对？为什么？

    (2) 厂长让李文当销售科长合适吗？为什么？

    (3) 在展销会上，李文能签订那么多的销售合同，秘诀在哪儿？

    (4) 李文当厂长够不够条件？为什么？

会话部分

根据所给的语言情境进行会话：

    1. 选购商品

        内容：在家用电器展销会上，一对年轻夫妇在跟一位售货员谈话。他们要选购一台彩色电视机。

        要求：(1) 售货员介绍商品(注意用上以下词语)。

            名牌产品　保证质量　技术先进

            设计合理　式样好看　物美价廉

           (2) 丈夫问妻子的看法：喜欢不喜欢？买不买？

            要多大的？什么颜色的？

    2. 参加国际贸易展览会

        内容：一位公司的经理与中国贸易代表在洽谈生意。这位经理要进口中国的食品和名酒。谈到商品质量、价格、进口数量、交货时间，最后签订购销合同。

词语部分

1. 将下列各组词语扩展成句：

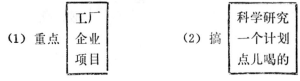

(1) 重点　工厂　企业　项目　　(2) 搞　科学研究　一个计划　点儿喝的

（3）达到 | 设计要求
先进水平
比赛目的 （4）保证 | 完成销售任务
提高生产效率
降低产品成本

（5）靠 | 改进技术
了解情况
正确领导 （6）争取 | 当 优 秀 教 师
成为先进生产者
创造名牌产品

2．写出下列各词的反义词并用这些词造句：

（1）提高 （2）先进 （3）批评 （4）购买 （5）进口

（6）正确 （7）卖方 （8）弱 （9）开始

3．用所给的词语完成下列各组对话：

（1） A：王技术员在你们车间吗？

　　 B：他不在。

　　 C：＿＿＿＿＿＿＿＿，你怎么说他不在呢？（明明）

（2） A：这种电子仪器是哪个厂生产的？

　　 B：说明书上＿＿＿＿＿＿＿＿，你怎么不仔细看一看？（明明）

（3） A：他把这些产品推销出去，有什么不对？

　　 B：＿＿＿＿＿＿＿＿产品质量没有达到设计要求，为什么还要向顾客推销呢？这不是让人家受损失吗？实际上对咱们厂也没好处。（明明）

（4） A：家长们，你们觉得学生的学习负担重不重？

　　 B：他们的负担不轻，一回家＿＿＿＿＿＿＿＿数学练习，＿＿＿＿＿＿＿＿语文作业，学习比较紧张。（不是…就是…）

（5） A：你爱人帮你搞家务吗？

　　 B：他下班回家以后，＿＿＿＿＿＿＿＿衣服作饭，

_____孩子，要不，我更没有时间参加电视大学学习了。（不是…就是…）

(6) A：昨天的足球赛谁赢了？

B：上半场二比零，职工队赢了，谁知道下半场青年队踢进了三个球，结果_____。（反而）

(7) A：你们谁是负责人？

B：小王。是他通知我们早上八点半出发的。

A：他来了没有？

B：我们都来了，他_____，不知道为什么？（反而）

(8) A：你游览故宫了没有？

B：一直没有机会。

A：_____，应该去故宫看一看。（难得）

(9) A：谁是你的辅导老师？

B：王教授。

A：这位教授怎么样？

B：他有丰富的教学经验，又有很高的理论水平，对学生很有耐心，也很热情，真是_____。（难得）

(10) A：老张，你要买的那本书，老李给你寄来了。

B：老李对别人总是那么热情，他确实是_____。（难得）

4．用适当的量词填空：

(1) 这两_____采购员，买了一_____货，这_____货包括三_____机床，两_____仪器，五_____汽车。原来带的那_____款子不够了，还需要让他们厂再寄两万_____钱来。

(2) 这_____说明书分五_____，每一_____只有几_____

88

话。李文看完后改了两_____字，最后总工程师又仔细地看了一_____。他说："说明书写得不错，再拍几____样机的彩色照片放在上边，就更好了。"

(3) 那_____楼是工厂的办公楼。销售科在第二_____，朝东那_____大屋子就是，门口挂着一_____牌子，上面写着"销售科"三_____字。

5．把下面这份商业广告翻译成中文：

If you want to have your lovely children dressed beautifully, please choose the "Panda" brand children's clothing. They are good and inexpensive, and of high quality. Being the best clothes imaginable for children, they will enable you to enjoy the happiness of life and await your choice. Beijing Children Clothing Factory is prepared to supply clothes of "Panda" brand in different styles for your children.

写作部分

1．你的钥匙丢了，不知道有人捡到没有，写一个"寻物启事"。
2．你捡到一个钱包，希望通知丢失的人来认领，写一个"招领启事"。

"寻物启事"一般在第一行中间写上"寻物启事"，第二行开始写上在什么时间、什么地方、丢了什么东西以及联系的地点，如："本人不慎，于……月……日在……（地方）丢失……（东西），哪位拾到，请交……（联系地点）。十分感谢。"最后写上你的地址、姓名和日期。

"招领启事"格式和"寻物启事"一样，但一般只写明捡到了什么东西，到哪儿认领，如："本人拾到……，请失者来……（地方）认领。"

复　习（四）

一、写出本单元学过的下列各类名词：

（人　）	列车员	讲师	科长	采购员
（教育）	课程	分数	听力	课本
（铁路）	车厢	站台	卧铺	餐车
（工业）	机床	设备	成本	产品
（贸易）	客商	合同	生意	买方
（农业）	收成	作物	肥料	品种

二、给下列动词配上几个宾语：

经营	＿＿＿ ＿＿＿ ＿＿＿	洽谈	＿＿＿ ＿＿＿ ＿＿＿
推销	＿＿＿ ＿＿＿ ＿＿＿	取得	＿＿＿ ＿＿＿ ＿＿＿
提高	＿＿＿ ＿＿＿ ＿＿＿	控制	＿＿＿ ＿＿＿ ＿＿＿
栽培	＿＿＿ ＿＿＿ ＿＿＿	推广	＿＿＿ ＿＿＿ ＿＿＿
总结	＿＿＿ ＿＿＿ ＿＿＿	担任	＿＿＿ ＿＿＿ ＿＿＿

三、比较下列各组词在用法上的区别，选择适当的词填空：

等待——等　　到达——到　　要求——要

死亡——死　　举办——办　　运载——运

1. 我在＿＿＿一个朋友，他说五点半来。

　 我们＿＿＿了很久的这一天终于来到了。

2. 中国代表团＿＿＿这个城市的时候，受到了热烈的欢迎。

　 他让我们七点五十＿＿＿剧场门口，现在还来得及。

3. 在展销会上买方＿＿＿厂家详细介绍产品的技术参数。

　 我朋友＿＿＿我明天跟他一起去农贸市场买东西。

4. 每天，列车＿＿＿着去长城的旅客，经过这个小站。

　 过去他们吃的米都是从南方＿＿＿来的。

5. ＿＿＿这次展览会的单位是进出口公司。

　 这个展览会＿＿＿得怎么样？

6. 那只小狗因为喂得不好，只养了一年就＿＿了。

大夫说这个病人＿＿的原因还不太清楚。

四、根据下面所介绍的四种构词方式,确定下列词语属于哪一种：

减轻　　降低　　推广

罚款　　出口　　增产　　绣花

鲜花　　畅谈　　副作用　　名牌　　铁路

眼看

1. 词的两个组成部分中，前一部分修饰限制后一部分：

茶叶　盛开　掌声

2. 词的两个组成部分的关系是主语和谓语的关系：

年轻

3. 词的两个组成部分的关系是动词和宾语的关系：

进口　破产　发誓

4. 词的两个组成部分的关系是动词和补语的关系：

说明　拆散

五、用汉语解释下列成语,并用这些成语各造一个句子：

情不自禁　　意味深长　　成千上万　　乱七八糟

异口同声　　丰衣足食　　物美价廉　　如饥似渴

六、将下列句子翻译成汉语(用上所给的结构)：

由…举办　　由…负责　　由…管理　　由…领导

由…组成　　由…担任

1. Taken by the Young Pioneers, the passengers stepped into the waiting-room.

2. He really didn't believe that even the engine driver was a child.

3. Which organization put on this exhibition?

4. This factory is run by the subdistrict office.

5. Li Wen said: "Fulfilment of the production quota

should be the responsibilities of the workshops and promotion of the sale of products our Section."

6. The delegation was composed of engineers and technicians as well as representatives from the workers.

对…有意见　对…产生兴趣　对…比较满意　对…有体会

1. The buyer was quite satisfied with the quality of the products.

2. Gao Hui, the "Little Mischief", had a special understanding of the seriousness and conscientiousness Teacher Zhu had in his work.

3. The factory director knew very well that Li Wen had a lot of complaints about Section Chief Liu.

4. All the experts and scholars attending the conference took a great interest in the talk given by Gao Peinan.

向…提出申请　向…表示祝贺　向…表示感谢　向…作宣传

1. His academic report was a great success and the chairman of the conference conveyed to him his warm congratulations.

2. A good many organizations wrote to them to express their thanks.

3. To do propaganda among the customers, they printed a lot of advertisements and directions of products.

4. In order to take a refresher course in the Chinese language at Beijing Language Institute they submitted to the Chinese Embassy for an application.

跟…合作　跟…竞争　跟…签订合同　跟…洽谈业务

1. He came to our factory to hold business talks with us.

2. Ten days later they signed a contract with the fore-

ign travelling trader.

3. The corporation has been in good cooperation with us for the past few years.

4. We'll compete against them in product, but if they have some difficulty, we should help them overcome it.

七、用下面的词语填空并复述整个故事：

上 到 倒 甚至 结果 多少 明明 实在 以来
才好 不巧 而是 注意

减 肥 新 药

老王自从到办公室工作＿＿＿，人变得越来越胖，肚子也越来越大，快九十公斤了。他并不为自己的身材着急，＿＿＿怕得心脏病。他不敢吃，不敢喝，可还是解决不了问题，＿＿＿喝口水也长肉，真不知道怎么办＿＿＿。

一天早上，他跟平常一样打开收音机，一边穿衣服，一边听广播。收音机里正在播广告节目。当他困难地扣（kòu, to button up）上裤子的时候，一个广告吸引了他的＿＿＿。广告说，现在有一种减肥的新药，吃下去人马上就会变瘦，男女都能用，而且没有副作用。听到这里，老王高兴极了，立刻去药店买药。他问售货员："同志，有广播里说的那种减肥药吗？""减肥药"三个字声音特别低。售货员看了他一下，说："真对不起，这里没有。您到别的药店去看看吧。"老王一想，广告上＿＿＿说各大药店都有，这家可能小了点儿。他又跑到另外一家。真＿＿＿，还是没有。他又到第三家……。就这样，老王从东到西，从南到北，跑了三天，一天走四五十里路，不知道问了＿＿＿药店，＿＿＿也没有见到这种减肥药。他＿＿＿累极了，不想再去找了。

第四天早上穿衣服的时候，老王打开收音机，又听到减肥新药的广告。他忽然发现，这回他的裤子＿＿是很容易就扣上了。他拍拍自己的肚子，高兴得笑了起来。他终于找到了最好的减肥药。

八、从下面的题目里选择一个进行讨论（注意用上下列词语）：

比如：拿…来说　　说到…　　更让人惊奇的是

也就是说　　更有意思的是

1．怎样才能提高学习汉语的效率？

2．你觉得茶和咖啡哪种饮料更好？

3．你认为李文当厂长候选人合适吗？

九、写作练习：

我印象最深的一位小学（中学）老师（180字）

第 二 十 一 课

一、课　文

天安门——中国近百年历史的见证

　　那是一个星期六的上午，布朗夫妇吃过早饭，从北京饭店出来，散步到天安门广场，宽阔的广场，迎接着从各地来的客人。人民英雄纪念碑上的浮雕，向人们讲述着一百多年来中国人民反对帝国主义、反对封建主义的历史。

这天，布朗夫妇的心情特别好，他们真想找一个北京人聊一聊，请他讲讲关于天安门的故事。这时候，从金水桥那边走过来一位老人。他走得很慢，仔细地观察着这里的砖石、栏杆，象是在对它们低声说着什么。布朗夫妇走上去和老人谈起来。

"您是第一次来吗?"布朗先生问。

"不，我是个老北京了。我十八岁从南方到北京上大学，后来又在大学教书，在北京住了四十多年了。现在我要调到广州去工作，下星期就走。今天我是到这儿来告别的。"

"请您给我们介绍一下天安门，好吗?"布朗先生高兴地问。

"可我们还没有问您贵姓呢。"布朗夫人笑着说。

"啊！没关系。我叫刘思业，是历史系的教授。能认识你们我也很高兴。"刘教授一边说着，一边把布朗夫妇带到了纪念碑前。他走到碑身南面，在"五四运动"①那幅浮雕前站住了。布朗夫妇看见，爱国学生在天安门前集会。有的向群众发表演说，有的散发传单。刘教授给他们讲解了浮雕的内容。

一九一九年五月四日那天，在天安门前集会的有三千多学生。他们抗议当时的政府接受外国的不平等条约。天安门广场，这个五百年来的皇城禁地，第一次变成了群众举行盛大集会的地方。

集会以后，群众队伍从天安门出发举行示威游行。他们来到交通总长曹汝霖家，放火烧了他的房子，抓住

了躲在那里的卖国贼。这就是中国近代史上有名的"火烧赵家楼"。

接着，刘教授又把布朗夫妇带到了碑身的西面。他指着关于抗日游击战的那幅浮雕说：那是八路军游击队和人民群众一起团结抗日的情景。

他自己曾亲身参加了在北京发生的"一二·九运动"②。那时他是清华大学的学生。

一九三五年十二月九日那天，天还不亮，城外各大学的学生们就冒着零下二十度的严寒，奔向天安门广场。这里集合了五六千学生，他们宣传抗日救国的道理，要求国民党政府积极抗日。接着，游行队伍象奔腾的长江冲向西长安街。这是"五四运动"以后中国人民再一次从天安门发出的爱国呼声。

刘教授和布朗夫妇又看了周恩来总理亲笔写的碑文，然后转到纪念碑前，轻轻地念着毛泽东主席亲笔写的"人民英雄永垂不朽"。

离开纪念碑以后，刘教授讲起了开国典礼。一九四九年十月一日，中华人民共和国成立，那时刘思业已经是大学的教师。十月一日凌晨，他们全校师生一起进城集合，准备参加这隆重的典礼。广场上有三十多万人，远远看去，整个广场人山人海，红旗飘扬。快到十点钟的时候，人们都怀着激动的心情不断地看表，盼着，盼着……忽然主席台上发出了震撼世界的声音，毛泽东主席向全中国和全世界庄严宣告："中国人民从此站起来了!"于是欢呼声响彻天空，天安门前升起了第一面五星红旗。

那天晚上，参加典礼的人们还举行了提灯游行。人们提着各式各样的灯笼，高高兴兴地通过天安门，这里成了一片灯海。人们第一次感到这广场是那样的宽阔，呼吸是那样的自由。从此，每年十月一日，天安门就成了庆祝国庆节的中心。

他们三个人说着话，又来到金水桥。刘教授介绍了解放以后天安门广场的变化。最后他深情地说："我爱天安门，因为它是历史的见证。一百多年来，中国人民走过了多么艰难曲折的道路啊!"

布朗先生说："您说得很对。了解中国近代史的人都知道，中国人民今天的幸福生活得来是不容易的。"

布朗夫人要求道："刘教授就要去南方了，我们也快要离开北京了。咱们在这儿照一张像，让天安门也作我们友谊的'见证'吧。"

二、会 话
提 出 问 题

A：关于"五四运动"，我有个问题要向你请教一下。

B：别客气。这方面我知道得也不多。

A：那时候人们常说到"德先生"和"赛先生"，这两位是什么人？

B：说起这两位"先生"哪，他们还是从西方来的呢。

A：从西方来的？他们是哪国人？

B：他们哪国人也不是。"德先生"是民主的意思；英文 democracy 第一个字母是 D，所以就叫它"德先生"。"赛先生"是科学的意思：英文 science 的第一个字母是 S，所以科学就是"赛先生"了。

A：真有意思。那么，这两位"先生"和"五四运动"又有什么关系呢？

B：你知道，"五四运动"不但是一次政治大革命，也是彻底地反对封建文化的新文化运动。

A：你能谈一谈它的主要内容吗？

B：当时竖起"民主"和"科学"两面旗帜，反对旧道德，提倡新道德；反对旧文学，提倡新文学，反对一切封建的旧思想、旧文化。

A：我明白了，当时提出拥护"德先生"和"赛先生"，就是要提倡民主，尊重科学。

注 释：

①"五四运动" 一九一九年发生在北京，是一场中国人民

99

反帝反封建的政治运动和文化运动。

"五四运动" was an anti-imperialist, anti-feudal, political and cultural movement of the Chinese people which took place in Beijing in 1919.

② "一二·九运动" 一九三五年十二月九日发生在北京,是爱国学生发起的抗日救国运动。

"一二·九运动" was a massive demonstration staged on December 9, 1935 by patriotic Beijing students, calling for resistance to Japanese aggression and national salvation.

三、生　词

1.	见证	（名）jiànzhèng	witness, testimony
2.	宽阔	（形）kuānkuò	broad, wide
3.	英雄	（名）yīngxióng	hero, heroine
4.	浮雕	（名）fúdiāo	relief
5.	讲述	（动）jiǎngshù	to tell about, to relate, to narrate
6.	反对	（动）fǎnduì	to oppose, to fight against, to combat
7.	帝国主义	（名）dìguózhǔyì	imperialism
8.	封建主义	（名）fēngjiànzhǔyì	feudalism
	封建	（名、形）fēngjiàn	feudalism; feudal
9.	心情	（名）xīnqíng	state of mind, frame of mind, mood
10.	调	（动）diào	to transfer
11.	集会	（动、名）jíhuì	to hold a mass rally; assembly, rally, gathering
12.	群众	（名）qúnzhòng	the masses

13. 演说	（动、名）	yǎnshuō	to deliver a speech, to make an address; speech
14. 散发	（动）	sànfā	to distribute, to issue, to give out
15. 传单	（名）	chuándān	leaflet
16. 抗议	（动）	kàngyì	to protest, to lodge a protest
17. 政府	（名）	zhèngfǔ	government
18. 平等	（形、名）	píngděng	equal; equality
19. 条约	（名）	tiáoyuē	treaty, pact
20. 皇城禁地		huángchéng jìndì	the forbidden area around the Forbidden City
21. 队伍	（名）	duìwu	contingent, ranks
22. 示威	（动）	shìwēi	to demonstrate, to hold a demonstration
23. 游行	（动）	yóuxíng	to parade, to march
24. 交通总长		jiāotōng zǒngzhǎng	Minister of Communications
25. 放(火)	（动）	fàng (huǒ)	to set fire to, to set on fire
26. 烧	（动）	shāo	to burn
27. 卖国贼	（名）	màiguózéi	traitor (to one's country)
28. 近代史	（名）	jìndàishǐ	modern history
近代	（名）	jìndài	modern times
29. 抗日		Kàng Rì	short for the War of Resistance Against Japan
抗	（动）	kàng	to resist
30. 游击战	（名）	yóujīzhàn	guerrilla warfare

101

31. 游击队	（名）	yóujīduì	guerrilla forces
32. 团结	（动）	tuánjié	to unite
33. 情景	（名）	qíngjǐng	scene, circumstances, sight
34. 冒	（动）	mào	to brave (rain, cold, etc.)
35. 零下		líng xià	below zero
36. 度	（量）	dù	*a measure word*, degree
37. 严寒	（形）	yánhán	severe cold, bitter cold
38. 集合	（动）	jíhé	to gather, to assemble
39. 呼声	（名）	hūshēng	voice, cry
声	（名）	shēng	voice, sound
40. 永垂不朽		yòngchuíbùxiǔ	eternal glory to, to be immortal
41. 开国	（形）	kāiguó	to found a state
42. 典礼	（名）	diǎnlǐ	ceremony, celebration
43. 成立	（动）	chénglì	to found, to establish, to set up
44. 凌晨	（名）	língchén	in the small hours, before dawn
45. 隆重	（形）	lóngzhòng	grand, solemn, ceremonious
46. 人山人海		rénshān rénhǎi	a sea of people, huge crowds of people
47. 飘扬	（动）	piāoyáng	to flutter, to fly, to wave
48. 怀	（动）	huái	to cherish, to harbour (feelings)
49. 震撼	（动）	zhènhàn	to shake, to shock, to vibrate
50. 声音	（名）	shēngyīn	voice
51. 庄严	（形）	zhuāngyán	solemn

52. 宣告	（动）	xuāngào	to proclaim
53. 从此	（连）	cóngcǐ	from this time on, from now on
54. 响彻		xiǎng chè	to resound through, to reverberate through
55. 天空	（名）	tiānkōng	sky
56. 升	（动）	shēng	to hoist, to raise
57. 面	（量）	miàn	*a measure word*
58. 星	（名）	xīng	star
59. 提	（动）	tí	to carry in one's hand
60. 呼吸	（动）	hūxī	to breathe
61. 自由	（名、形）	zìyóu	freedom; free
62. 庆祝	（动）	qìngzhù	to celebrate
63. 中心	（名）	zhōngxīn	centre
64. 艰难	（形）	jiānnán	hard, difficult
65. 曲折	（形）	qūzhé	tortuous, winding
66. 道路	（名）	dàolù	road
67. 请教	（动）	qǐngjiào	to consult, to ask for advice
68. 西方	（名）	xīfāng	the West
69. 字母	（名）	zìmǔ	letter
70. 政治	（名）	zhèngzhì	politics
71. 革命	（名、动）	gémìng	revolution; to make revolution
72. 彻底	（形）	chèdǐ	thorough
73. 旗帜	（名）	qízhì	banner
74. 道德	（名）	dàodé	morals, morality
75. 提倡	（动）	tíchàng	to advocate, to recommend, to promote

76. 拥护　（动）yōnghù　　　　to uphold, to support

专　名

1. 金水桥　　JīnshuǐQiáo　　the Golden Water Bridge
2. 刘思业　　Liú Sīyè　　　　*a personal name*
3. 五四运动　Wǔ-Sì Yùndòng　the May 4th Movement of 1919
4. 曹汝霖　　Cáo Rǔlín　　　Cao Rulin, Minister of Communications and Vice Minister of Foreign Affairs, who was to sign the traitorous "Twenty-One Articles Treaty"
5. 赵家楼　　Zhàojiālóu　　　*name of a lane in the eastern part of Beijing*
6. 八路军　　Bālùjūn　　　　the Eighth Route Army
7. 一二·九运动　Yī'èr-Jiǔ Yùndòng　the December 9th Movement of 1935
8. 国民党　　Guómíndǎng　　the Kuomintang
9. 西长安街　Xīcháng'ān Jiē　the West Changan Avenue

四、词语例解

1. **近百年历史的见证**

"近" 有 "最近" 的意思，"近百年" 就是 "最近一百年"。

　　(1) 近几年来，他一直在研究中国近代史，现在已经取得了很大的成绩。

　　(2) 近几天气温的变化较大，很多人感冒了。

　　(3) 近两个星期来，他的心情好多了，身体也恢复得很快。

"近"还有"接近"①的意思。比如"近百篇"就是"九十多篇，接近一百篇"。

> (4) 五四运动时，他们在报刊上发表了近百篇文章，宣传他们的主张——提倡民主，尊重科学。
>
> (5) 有近万名少先队员在这列小火车上服务过。

词组：

近几天的工作	近两年来的辛勤劳动
近两个月的变化	近几十年的理论探索
近五吨重	近百种刊物
近百万人次	近五十位专家学者

2. 象是在对它们低声说着什么

> (1) 广场上人山人海，彩旗飘扬，象(是)要举行群众性的庆祝活动。
>
> (2) 看样子，他有点儿累，好象(是)刚游完泳回来。
>
> (3) 下班以后，她总(是)要打一会儿太极拳才吃晚饭。
>
> (4) 他越(是)着急越说不清楚，真急死人。

有些动词作谓语时，也可以在后面加上"是"，意思不变。比如"象"（"好象"的意思），"好象"等。副词"总""越"等作状语时，也有这类现象。

3. 今天我是到这儿来告别的

> (1) 听说你们在办短期进修班方面积累了很丰富的经验，所以今天我是来向你们学习的。
>
> (2) 展销会上的东西物美价廉，不过今天我是来参观的，不是来买东西的。
>
> (3) 你是来买车票的？
>
> ——不，我是来托运东西的，车票我前两天已经买了。

4. 他走到碑身南面

"碑身"是指碑的主要部分。跟"碑身"结构一样的还有"…面"等。

   (1) 这座桥很有特色，桥面很宽，桥身却不高。

   (2) 那座塔塔身很高，爬上塔顶是很不容易的。

   (3) 这条路路面不平，开车要小心点儿。

   (4) 只见远处的湖面上，有很多孩子在游泳。

词组：

   船身   车身   机身   河身

   水面   河面   桌面   海面   地面

5. 烧

   (1) 他吸烟的时候不小心，把衣服烧了一个小洞。

   (2) 他一生气把那封信烧掉了。

   (3) 大火烧了四个多小时，把那座刚修建起来的大楼全都烧光了，而且几乎烧到旁边那条街道上去。损失真不小！

   (4) 哎呀！我的衣服烧着了。

词组：

   用火烧   烧死

   烧坏   烧东西

   东西(被)烧坏   把东西烧了

   烧火做饭   烧点水喝

   烧炕取暖

6. 冒

   (1) 他知道朋友们都在等着他，所以冒着大雨去了。

   (2) 大家冒着零下四十度的严寒坚持在室外工作，我们看了都很感动。

   (3) 他冒着生命危险跳下水去救人。

106

"冒"是不顾危险或不顾很坏的情况、条件的意思。"冒"后面常常带"着"。

7. 布朗夫人要求道："刘教授就要去南方了……"

(1) 她听见有人喊她，立刻答应道："我这就来。"

(2) 王大娘让她坐下，劝道："这事不能全怨人家，你也有责任。"

(3) 他听了小丁说的方法，立刻称赞道："好极了，你真聪明！"

(4) 他听了以后，笑道："你弄错了，她不是我妹妹，她是我姐姐。"

动词"道"是"说"的意思，用于书面语。"道"有时能和另外一些动词连用，比如"说道""念道""叫道"等仍是"说""念""叫"这些词原来的意思。和动词"哭"和"笑"连用时，"哭道"是"哭着说"，"笑道"是"笑着说"。

8. 从此

(1) 以前我不爱看京剧，自从我认识他以后，受了他的影响，从此我也成了京剧迷。

(2) 他搬走后一直没来过信，我们从此就失去了联系。

(3) 他得了那场大病以后，大夫嘱咐他要坚持锻炼。从此他每天早上跑步，打太极拳，现在身体好多了。

五、练 习

课文部分

1. 根据课文内容回答下列问题：

(1) 布朗夫妇和刘教授是怎样认识的？这一天，刘教授为什么去天安门广场？

(2) 天安门广场和著名的"五四运动"有什么关系？

107

(3)"一二·九运动"是在什么地方发生的？请简单介绍一下"一二·九运动"。

(4)介绍刘教授参加中华人民共和国开国典礼的情况。

2. 根据下面的内容进行对话：

A：天安门是什么时候修建的？

B：明代初年 (chūnián, early years〈of a dynasty or reign〉)。天安门建成三十年后被火烧过一次。公元一四六五年又重新修建了。

A：听说明代末年 (mònián, last years〈of a dynasty or reign〉)又被烧坏了，清朝才又修好的。

B：是的，天安门也有她不平常的历史呢！一九五二年重修天安门的时候，工人们从上面取出三颗炮弹 (pàodàn, artillery shell)。从炮弹的样子和上面的英文看，那是八国联军 (Bāguó Liánjūn, the Eight-Power Allied Forces) 打的。

A：学习了课文，我才知道一九一九年的"五四运动"和一九三五年的"一二·九运动"，都是在这儿发生的。一九四九年十月一日，中华人民共和国的开国典礼也是在这儿举行的。天安门真是中国近百年历史的见证啊！

B：是啊，一九四九年以后，天安门发生了巨大的变化。现在广场比以前大三倍。一九五八年，广场的中央修建了人民英雄纪念碑，东边修建了中国历史博物馆和中国革命博物馆,西边修建了人民大会堂。一九七六年,毛泽东主席逝世以后，又修建了毛主席纪念堂。

A：听说最近天安门广场又种了很多花草，现在古波正在北京，让他给我们寄些照片来，好吗？

B：好。我们现在就给他写信。

3. 课堂讨论题：

天安门广场在中国近代史上有着怎样的意义？

根据所给的语言情境进行会话：

（1）你和你的同学听了一个关于中国"五四运动"和"一二·
　　九运动"的报告。然后，你们回忆（huíyì，to recall）报
　　告的内容。

内容：这两次著名的学生运动发生的时间、地方、当时的简
　　　单情况。

（2）介绍你比较了解的一个建筑。

内容：这个建筑的历史，在那儿发生过什么重大的事情等。

词语部分

1. 比较下列各组词的不同，并选择适当的填空：

情景 — 情况　　严寒 — 冷　　　盛大 — 隆重
天空 — 天　　　成立 — 建立　　怀着 — 抱着
举办 — 举行　　心情 — 感情　　热情 — 热烈
集合 — 集会　　演说 — 报告

（1）中华人民共和国是一九四九年十月一日 _____ 的。那
　　　天，在天安门广场 _____ 了开国典礼，人们 _____
　　　激动的 _____ 参加了典礼。

（2）明天下午，我跟我们班的几个同学要去看中国画展。我
　　　们两点 _____ ，一起骑车去。

（3）当我看到电影里那个孩子冒着 _____ 在外面卖报的
　　　_____ 时，心里非常难过。

（4）中国政府代表团来我国访问时，我国政府举行了 ___
　　　___ 的宴会，_____ 地欢迎他们，领导人还发表了欢
　　　迎他们的 _____ 。

109

（5）下午，太阳落山的时候，_____变得象是火烧的一样，美极了。

2. 用以下词语填空：

近代史　举行　有　成立　中心　讲述　亲笔

人民英雄纪念碑在天安门广场的_____。碑身北面有"人民英雄永垂不朽"八个大字，是毛泽东主席_____题的。碑身南面的碑文是周恩来总理写的。它是新中国_____后第一座重要的纪念性建筑。

一九四九年九月三日下午六点钟，在天安门广场_____了人民英雄纪念碑的奠基（diànjī, to lay a foundation）典礼。纪念碑一九五二年八月一日开始修建，到一九五八年五月建成。它从地面到碑顶高 37.94 米，_____十层楼那么高，比天安门还高 4.24 米。纪念碑是用一万七千块石头修成的，不怕风吹雨打，能保留八百年到一千年。

纪念碑的四周有十幅浮雕。这些浮雕_____了一百年来中国的_____。

3. 阅读并口述下面的短文：

北京有多少胡同（hútòngr, lane）呢？有人说，大胡同三百六，小胡同象牛毛（niúmáo, ox hair）。意思是说，跟牛毛一样多。现在，北京的胡同大概有四千五百五十多条。这些胡同最宽的有四米多，最窄的不过七十公分，只能一个人通过。

这些胡同的名字是怎么来的？说起来很有意思。因为北京是中国的古都，是皇帝住过的地方，所以很多胡同和街道的名字都和皇帝、官（guān, official）、寺庙等有关系。比如："王大人胡同""马大人胡同"，就是因为有一位姓王的和一位姓马的大官在这两条胡同里住过，所以人们就叫它王大人胡同和马大人胡同了。又比如："米粮库"（mǐliángkù, grain depot）原来是皇帝家放米的地方。"白塔寺大街"是因为那里有一座寺庙叫白塔寺。还有一些胡同或街道的名字是跟商业、贸易有关系的。过去，在北京有专卖鱼的市场，也有专卖米、专卖猪的市场，所以就有了"鲜鱼口儿""米市大街""猪市大街"。

现在，有些胡同里或街道上的建筑发生了很大的变化，有的名字也改了。可是，关于它们那些有趣的故事，还在人们中间传说着。

写作部分

写一篇关于你们国家的一个城市或一座建筑的短文，介绍它的历史，有什么纪念意义。（180字）

第 二 十 二 课

一、课 文

秋 瑾

秋瑾是中国近代史上一位杰出的革命家。她是辛亥革命前夕牺牲的一位女英雄。秋瑾牺牲以后，直到今天人们还在用各种形式纪念她。

孙中山先生曾亲笔写下了"巾帼英雄"四个大字，表示了对她的敬佩和哀悼。

鲁迅先生的小说《药》①中有一位英雄人物，就是根据秋瑾就义的事迹写的。

在纪念辛亥革命七十周年时，舞台上出现了不少歌颂秋瑾的戏剧，还拍了电影《秋瑾》。

一八七九年，秋瑾出生在浙江的一个官僚家庭里，她祖父当时在厦门做官，全家人都住在厦门，秋瑾的童年就是在那儿度过的。她从小就很喜欢读书，十一二岁时已能写诗作文章。她象男孩子一样，喜欢骑马、击剑、爱好武术，想成为一个花木兰式的英雄。在厦门时，秋瑾曾亲眼看见过外国侵略者欺负中国人民的情景。她希望自己的祖国能强大起来，国家不再受侵略，人民不再受欺负。

112

秋瑾十八岁那年，父母把她嫁给了一个大官的儿子。秋瑾结婚以后，生活并不幸福，丈夫追求的是吃、喝、玩、乐，而她考虑的是祖国的前途，妇女的解放。她丈夫反对她关心国家大事，不让她参加社会活动，总想把她关在家里。秋瑾跟丈夫之间的思想矛盾越来越尖锐。最后，她决心与他彻底决裂，离开这个封建家庭。一九〇四年春天，她与丈夫离婚以后，就到日本留学去了。

在日本留学期间，秋瑾认识了不少思想进步的朋友。她参加革命组织，出席群众集会，成了一个十分活跃的革命活动家，一九〇五年八月十三日，为了欢迎孙中山先生，中国留学生在东京举行了一个盛大的集会，孙中

山在会上发表了演说，分析了当时的形势，秋瑾听了，很受鼓舞。后来，由黄兴介绍，孙中山先生会见了秋瑾，并且跟她讨论了国家大事。八月二十日，孙中山领导的同盟会②在东京成立了。秋瑾参加了同盟会，并且当选为浙江同盟会的领导人。从此她更积极地从事革命活动。她把自己的名字改成"竞雄"，意思是说，要与男子竞赛作英雄。她还买了一把刀，带在身上，一有空就拿出来练一练。

一九〇五年的冬天，秋瑾从日本回到了祖国。回国以后，她在上海创办了《中国女报》，积极宣传妇女解放运动。她写文章愤怒地指出，封建社会的中国妇女，没有自由，给别人当牛做马。她希望妇女们觉醒起来，为争取自由、幸福而斗争。

后来，秋瑾从上海回到了故乡。她积极参加创办大通学堂，还常常穿着男人的服装，骑着马，指挥学生进行军事训练。一九〇七年七月，孙中山先生在两广组织武装起义的时候，秋瑾在浙江准备响应。由于事前被清政府发现，她领导的武装起义没有成功，秋瑾被捕了。

敌人想从秋瑾嘴里得到革命党的情况，可是她回答道："革命党的事，不必多问！"敌人逼她写供词，她看着窗外的秋雨，想到祖国的前途，革命的失败，提笔写下了"秋风秋雨愁煞人"，表达了她十分悲愤的心情。

敌人没有得到秋瑾的供词，他们对秋瑾既恨又怕，就决定杀害她。

一九〇七年七月十五日，秋瑾在她的家乡英勇就义了。那年，秋瑾只有二十八岁。

四年以后—— 一九一一年，孙中山先生领导的辛亥革命，终于推翻了清王朝，结束了几千年的封建统治。

著名的历史学家郭沫若曾说："秋瑾不仅为民族解放运动，并为妇女解放运动，树立了一个先觉者的典型。"

二、会 话
介 绍 人 物

A：您知道孙中山先生和辛亥革命吗？能不能给我介绍一下？

B：我知道的也不多。孙中山先生是中国伟大的资产阶级民主革命家。他领导了辛亥革命，推翻了清王朝，结束了两千多年的封建统治。

A：孙中山先生出生在一个什么样的家庭里？

B：一八六六年十一月十二日，他出生在广东省一个贫苦农民的家里。

A：他什么时候开始从事革命活动的？

B：孙中山二十六岁就开始了政治活动。他决心推翻清政府，为建立资产阶级共和国而斗争。一九〇五年他联合了很多革命组织，在日本东京成立了中国同盟会，后来的中国国民党就是由同盟会改组而成的。

A：孙先生领导的这次革命，为什么叫辛亥革命？

B：孙中山先生领导了很多次武装起义，可是都没有成功，许多革命党人象秋瑾那样，为革命牺牲了自己的生命。直到一九一一年的武昌起义，才得到成功。而这一年，是农历辛亥年，所以大家都叫它辛亥革命。

A：武昌起义胜利后，成立了中华民国，是吗？

B：对。可是不久封建军阀又夺去了革命果实，孙中山先生坚持革命，继续跟军阀作斗争。

A：中国共产党和孙中山先生领导的中国国民党合作是在什么时候？

B：第一次国共合作是在一九二四年。一九二五年孙中山先生就因病在北京逝世了。

注　释

① 《药》　鲁迅写于一九一九年四月，小说中的人物夏瑜暗指秋瑾。

"药" is a short story written by Lu Xun in April, 1919. One of its characters Xia Yu is described in reference to the heroine Qiu Jin.

② 同盟会　中国同盟会，成立于一九〇五年，是以孙中山先生为领袖的中国资产阶级的革命政党。辛亥革命成功后，于一九一二年改组为国民党。

"同盟会"，short for "中国同盟会". Founded in 1905, it was a Chinese bourgeois revolutionary political party headed by Dr. Sun Yat-sen. After the successful Revolution of 1911, it was reorganized as Kuomintang in 1912.

三、生　词

1. 杰出	(形) jiéchū	outstanding, prominent, remarkable
2. 前夕	(名) qiánxī	eve
3. 牺牲	(动) xīshēng	to lay down one's life,

			to die a martyr's death
4.	直到	（介、动）zhídào	up to
5.	巾帼英雄	īnguó yīngxióng	heroine
6.	敬佩	（动）jìngpèi	to admire, to esteem
7.	哀悼	（动）āidào	to mourn (or grieve) over somebody's death, to lament somebody's death
8.	根据	（介、动、名）gēnjù	according to, on the basis of; to base; basis, foundation
9.	就义	（动）jiùyì	to die a martyr
10.	事迹	（名）shìjī	deeds
11.	歌颂	（动）gēsòng	to sing the praises of, to eulogize
12.	出生	（动）chūshēng	to be born
13.	官僚	（名）guānliáo	bureaucrat
	官	（名）guān	official, officeholder
14.	祖父	（名）zǔfù	grandfather
15.	度过	（动）dùguò	to spend
16.	击剑	（名）jījiàn	fencing
17.	式	（尾）shì	a nominal suffix, meaning the same as "type" or "kind"
18.	侵略	（动）qīnlüè	to commit aggression, to invade
19.	欺负	（动）qīfu	to bully
20.	祖国	（名）zǔguó	motherland
21.	强大	（形）qiángdà	strong, powerful
22.	嫁	（动）jià	(of a woman) to marry

			or get married to
23. 追求	(动)	zhuīqiú	to seek, to pursue, to be after
追	(动)	zhuī	to pursue, to run after
24. 乐	(动)	lè	to find pleasure in; pleasure, merry-making
25. 前途	(名)	qiántú	future, prospect
26. 妇女	(名)	fùnǚ	woman
27. 尖锐	(形)	jiānruì	sharp, intense, acute
28. 与	(介、连)	yǔ	with, and
29. 决裂	(动)	juéliè	to break with, to rupture
30. 期间	(名)	qījiān	period, time
31. 组织	(名、动)	zǔzhī	organization; to organize
32. 出席	(动)	chūxí	to attend, to be present
33. 分析	(动)	fēnxī	to analyse
34. 形势	(名)	xíngshì	situation, circumstances
35. 鼓舞	(动、名)	gǔwǔ	to inspire, to hearten, to enhance; inspiration, enhancement
36. 会见	(动)	huìjiàn	to meet with
37. 改	(动)	gǎi	to change, to transform
38. 竞赛	(动)	jìngsài	to compete, to contest, to emulate
39. 刀	(名)	dāo	sword
40. 创办	(动)	chuàngbàn	to establish, to set up, to initiate
41. 愤怒	(形)	fènnù	angry, indignant, furious
42. 牛	(名)	niú	ox

118

43. 觉醒　　（动）juéxǐng　　to awaken
44. 斗争　　（动、名）dòuzhēng　to struggle, to wage a struggle, to fight against; struggle
45. 指挥　　（动、名）zhǐhuī　to command, to direct, to conduct
46. 军事　　（名）jūnshì　　military affairs
47. 训练　　（动）xùnliàn　　to train
48. 武装　　（动、名）wǔzhuāng　to arm; arms
49. 起义　　（动）qǐyì　　uprising, insurrection
50. 响应　　（动）xiǎngyìng　to respond, to answer
51. （被）捕　（动）(bèi) bǔ　(to be) arrested
52. 不必　　（副）búbì　　need not, not have to
53. 供词　　（名）gòngcí　　confession, statement made under examination
54. 失败　　（动）shībài　　to fail, to be defeated, to lose (a war, etc.)
　　 败　　（动）bài　　to fail, to be defeated
55. 秋风秋雨愁煞人 qiū fēng qiū yǔ chóu shā rén
　　I'm bored to death in this horrible weather with autumn wind blowing hard and autumn rain falling heavily.
56. 悲愤　　（形）bēifèn　　grievous and indignant
　　 悲　　（形）bēi　　sad, grievous
57. 杀害　　（动）shāhài　　to kill
58. 英勇　　（形）yīngyǒng　　heroic

119

59. 推翻		tuī fān	to overthrow
60. 王朝	(名)	wángcháo	dynasty
61. 统治	(动)	tǒngzhì	to rule, to dominate
62. 树立	(动)	shùlì	to set (an example)
63. 先觉者	(名)	xiānjuézhě	a person of foresight
64. 资产阶级		zīchǎn jiējí	the bourgeoisie, the capitalist class
65. 贫苦	(形)	pínkǔ	poor, poverty-stricken
66. 共和国	(名)	gònghéguó	republic
67. 联合	(动)	liánhé	to unite, to ally
68. 改组	(动)	gǎizǔ	to reorganize
69. 农历	(名)	nónglì	lunar calendar
70. 胜利	(动、名)	shènglì	to win victory, to triumph; victory
71. 军阀	(名)	jūnfá	warlord
72. 夺	(动)	duó	to seize, to take by force
73. 果实	(名)	guǒshí	fruit
74. 继续	(动)	jìxù	to continue, to go on

专 名

1. 秋瑾		Qiū Jǐn	Qiu Jin, an outstanding bourgeois revolutionary towards the end of the Qing Dynasty
2. 辛亥革命		Xīnhài Gémìng	the Revolution of 1911
3. 孙中山		Sūn Zhōngshān	Sun Yat-sen (1866-1925), a native of Xiangshan County, Guangdong Pro-

120

vince, China's great
revolutionary forerunner

4.	浙江	Zhèjiāng	Zhejiang Province
5.	厦门	Xiàmén	Xiamen
6.	花木兰	Huā Mùlán	Hua Mulan, a well-known literary character and heroine in China's literature, who disguised herself as a boy and enlisted in the army for her aged father
7.	东京	Dōngjīng	Tokyo
8.	黄兴	Huáng Xīng	Huang Xing (1874-1916), a bourgeois-democratic revolutionary in China's modern times
9.	同盟会	Tóngménghuì	Tongmenghui, China's revolutionary party founded by Dr. Sun Yat-sen in 1905, which became Kuomintang in 1912
10.	竞雄	Jìngxióng	another name of Qiu Jin
11.	《中国女报》	《Zhōngguó Nǚ Bào》	*name of a newspaper run by Qiu Jin in 1905*
12.	大通学堂	Dàtōng Xuétáng	*name of a school*
13.	两广	Liǎng Guǎng	short for Guangdong Province and Guangxi

Province
14. 清　　　　Qīng　　　　the Qing Dynasty (1644-1911)

15. 中华民国　Zhōnghuá Mínguó

the Republic of China

四、词语例解

1. 直到

"直到"作谓语时，表示前面说的情况一直持续到某一时间。

(1) 自从那次我们分别以后，再也没有听到他的消息，直到今天。

(2) 一九○四年他从日本留学回来以后，就在上海办报，直到一九○八年。

(3) 不论敌人怎么样逼问，从她嘴里都得不到一句供词，直到她牺牲。

"直到"更常带上宾语构成①动宾结构，作时间状语，如果后面有"还"（或"也""都"），表示经过很长时间，某种情况仍然没有改变；如果后面有"才"，表示经过很长时间，情况才有变化。

(4) 战士们的军事训练，直到上午十点还没有结束。

(5) 战士们的军事训练，直到上午十点才结束。

(6) 他有心脏病，不应该喝酒，我们劝过他很多次，可是直到昨天他还在喝。

(7) 他有心脏病，不应该喝酒，我们劝过他很多次，直到昨天他才不喝。

词组：

直到上星期　　　　　直到三年前

直到天黑　　　　　　直到天亮

直到武装起义成功　　直到辛亥革命的前夕

直到妇女彻底解放的时候

2. 式

(1) 在那个话剧里，有一位秋瑾式的巾帼英雄。

(2) 帕兰卡的爸爸在海边盖了一所中国式的房子，准备夏天到那里去避暑。

(3) 这种旧式的椅子确实很好看，不过坐上去大概没有那种新式的舒服。

"式"是词尾②，可以放在形容词或名词后面，构成名词。

词组：

中式棉袄	西式楼房
男式布鞋	女式服装
南式点心	各式大菜

3. 组织

(1) 暑假期间，学校每个星期为学生组织一次参观游览或者看文艺节目。

(2) 我们班的同学今年寒假到南方去了十天，这是一次有组织有计划的旅游活动。

(3) 中国少先队是中国少年儿童的组织，我朋友的小弟弟刚刚参加这个组织，现在表现可积极了。

4. 分析

(1) 我们要对这些问题作科学的分析。

(2) 李文说："我们应该分析一下产品销售不出去的原因。"

(3) 请你帮助我分析分析这个句子，我还搞不清楚它的语法关系。

(4) 我们要注意培养学生分析问题、解决问题的能力。

5. 为…而…

介词结构③"为…"表示目的或者原因，连词"而"后面是动词或形容词，表示手段④或者结果。

  （1）他们正在为建设自己的祖国而努力工作着。

  （2）我们要为争取妇女的彻底解放而斗争。

  （3）我们都为你能取得这样的好成绩而高兴。

  （4）为民族解放而进行斗争的人们是会受到大家尊敬
    的。

  要注意的是：“为…而…”这个结构作谓语时，“为…”不能放在
主语前边。我们不能说：“为建设自己的祖国，他们而努力工作着”。
只能说：“为建设自己的祖国，他们努力工作着。”

6．斗争

  （1）我们要为反对外国侵略而坚决斗争。

  （2）我们要坚持斗争，直到最后成功。

  （3）一九一九年五月四日，北京爱国学生提出：全国人
    民要团结一致，向卖国贼进行坚决斗争。

  词组：

跟…作斗争	革命斗争
向…进行斗争	政治斗争
和…斗争	思想斗争

7．不必

  “不必”是副词。在上下文清楚的情况下，可以单独⑤用。

  （1）布朗夫妇感谢刘教授给他们介绍了天安门的历史。
    刘教授说：“不必客气，这是我非常愿意做的。”

  （2）不必着急，现在离上课还有一刻钟呢！

  （3）明天我们一定到机场去送您。

    ——谢谢，不必了。大家都很忙，我今天来告别，
    就是怕明天麻烦你们啊！

8．根据　按照

  “按照”是介词⑥

（1）按照规定的条件，我们提出了五位候选人。

（2）按照通知，大家在八点半以前都来到广场上集合，准备出发。

（3）他们俩按照家乡的风俗习惯，举行了结婚典礼。

"根据"也是介词，但它和"按照"的意思不完全一样。

（4）根据过去的经验，解决这一类问题，要十分慎重。

（5）他们根据第一季度生产任务完成的情况，订出了第二季度的生产计划。

请比较：

（6）A：按照学校的规定，你们必须在开学前一星期之内到校。

B：根据学校的规定，我想向同学们提出几项要求。

（7）A：按照上次的经验去作，我们一定会成功的。

B：根据上次的经验，我觉得你们这次肯定也会成功的。

有时，在同一个句子里可以用"按照"，也可以用"根据"。

（8）按照\
根据　群众的意见，我们把计划修改了一下。

（9）按照\
根据　领导决定，我们要提前五天完成全年生产任务。

"根据"还可以是动词，所以它能作谓语。

（10）你这样说，根据什么呢？

有时，"根据"加上它的宾语，表示我们得到的消息或资料是从哪里来的。

（11）《骆驼祥子》这个电影是根据老舍的同名小说改编的。

（12）根据新华社的报导，我们知道中国的国家主席就要到亚洲四国去访问了。

"根据"还是名词。

(13) 你这样说，有什么根据？

9. 表达　表示

"表达"是动词，意思是：把自己的思想感情用语言或文字⑦说或写出来，使别人明白。

(1) 通过两年的汉语学习，我基本上能用汉语表达思想了。

(2) 在写的方面，他的表达能力是很不错的，我看过他用汉语写的毕业论文。

动词"表示"的意思是：把自己的感情、态度或意见告诉别人，可以用语言或者文字，也可以用自己的行动和态度使别人知道。

(3) 他在会上向大家表示了自己的态度和决心。

(4) 他虽然没来得及表示意见，但是我想他是会支持我们的。

(5) 校长陪着新来的教师走进教室的时候，同学们都站起来鼓掌，表示欢迎。

动词"表示"还可以用于这种情况：事物自己代表某种意义。

(6) 红灯表示危险，绿灯表示安全。

"表示"还是名词。

(7) 对那件事，他没有什么表示，不知道他同意不同意。

(8) 咱们几个人住在她家这么久，临走，应该有一点儿表示。

——对，我们每个人准备一件礼物送给她留作纪念，好不好？

五、练　习

课文部分

126

1. 根据课文内容回答问题：
   (1) 秋瑾出生在一个什么家庭？她从小就有什么爱好和希望？她的这种想法是怎样产生的？
   (2) 秋瑾结婚以后生活幸福吗？为什么？
   (3) 请你谈谈秋瑾在日本留学期间参加革命活动的情况。她为什么把自己的名字改成"竞雄"？
   (4) 秋瑾从日本回到上海以后，是怎样从事妇女解放运动的？
   (5) 秋瑾从上海回到故乡，参加了哪些革命活动？她是怎样被捕的？
   (6) 请你谈谈秋瑾被捕后英勇斗争的情况。
2. 根据下面的内容进行对话，再把对话的内容复述出来：
   A：鲁迅先生的小说《药》里有一个英雄人物，听说就是根据秋瑾的事迹写的。
   B：是的。秋瑾是辛亥革命前夕为革命牺牲的女英雄。鲁迅、郭沫若都很敬佩她。
   A：早在一九四二年，郭沫若就写过一篇《娜拉的答案》(dá- àn, solution, answer, key)。他说，易卜生(Yìbǔshēng, Henrik Ibsen) 自己不曾写出的答案，秋瑾用自己的一生替他写出来了。
   B：是啊！娜拉离开了丈夫、家庭、儿女，后来怎么样？没有答案。秋瑾要求男女平等，不愿意跟只知道吃、喝、玩、乐的丈夫一起生活，她也走出了家庭，但是，她走上了革命的道路。
   A：听说秋瑾离开家的时候，她已经有了一个儿子、一个女儿。她把儿子留给婆婆，把女儿交给母亲，卖了自己的衣物，到日本去留学。她一边努力学习，一边热情宣传妇女解放。

B：秋瑾有一个女朋友，是个著名的书法家。这个朋友家里
　　有很多革命的书报。秋瑾在她家看了这些书报，对革命
　　有了了解。那时她就决心要改变中国妇女的地位，要为
　　争取自由解放而斗争。

A：秋瑾牺牲以后，人们用各种形式纪念她。现在演秋瑾故
　　事的有京剧，还有电影。明天人民剧场演京剧《秋瑾》，
　　你想看吗？

B：想看。我们一起去吧！

A：好。

3．课堂讨论题：

　　秋瑾用自己的行动给中国妇女指出了一条什么道路？你还知
道哪些秋瑾式的女英雄？

会话部分

1．根据所给的语言情境进行会话：

　　(1) 参加一个盛大的集会。

　　　　内容：庆祝一个节日。

　　　　　　　你们什么时候出发的，跟谁一起去的，参加集会
　　　　　　　的人穿什么服装，有什么活动，集会直到什么时
　　　　　　　候才结束，那天天气怎么样。

　　(2) 讨论妇女问题。

　　　　内容：妇女最关心的问题是什么，结婚以前想什么，希
　　　　　　　望找一个什么样的丈夫，结婚以后想什么，希望
　　　　　　　怎样教育子女，什么样的家庭生活最幸福。

2．参考下面的短文和你的朋友谈谈中国人的姓名：

　　你朋友的问题：

　　　　中国人的姓名有什么传统习惯？中国有多少姓？姓什么
　　　　的最多？姓和名哪个在前？名字有没有意思？

按照传统的习惯，中国人差不多都姓父亲的姓，也有少数人姓母亲的姓。比如鲁迅先生，他叫周树人，"周"就是他父亲的姓；他又用"鲁迅"作自己的笔名，"鲁"是他母亲的姓。

中国的姓有多少呢？有人说有一百个，因为有一本书叫《百家姓》。其实《百家姓》里不只一百个姓，它是用"百"来代表"多"。有人说，在明朝时中国的姓有三千多个，后来越来越少了，现在常见的姓只有五、六百个了。你在中国会听到有人说"张王李赵遍地（biàndì，everywhere，all over the place）刘"，意思是说这几个姓是最常见的。

中国人的姓名都是姓在前名在后，名字常常有一定的意思。比如秋瑾的"瑾"意思是美玉（měiyù，beautiful jade），她改成"竞雄"就成了要跟男子竞赛作英雄的意思。

词语部分

1. 将下列各组词语扩展成句子：

根据…的要求　…时　按照…的习惯　分析…的原因

表达了…的心情　成了…爱好者　组织…参观

直到…毕业　为…而努力

2. 按照例句，用所给的词语完成对话：

例（1）

A：你给了我这么大的帮助，真不知道怎么样感谢你才好。

B：不必客气，咱们是老朋友了，为你做一点儿事是应该的。

　（不必）

1）A：真不巧，你要借的那本近代史让老张借走了，我去给你拿回来吧！

　B：_____。

2）A：大夫，我是得了心脏病了吗？那我可怎么办呢？

　B：_____。

3）A：我祖父上星期三死了，我很想他，好几天都睡不着觉。

　　B：＿＿＿＿＿＿＿＿＿＿＿＿＿＿＿＿。

例（2）

A：这台电视机有时候不太清楚，并且声音忽（然）大忽（然）小，不知道是哪儿不太好。

B：<u>你再继续观察几天，要是还不好，我给你修修。</u>（继续）

　　1）A：最近我的脸色不太好，去医院检查了好几次都不能确诊是什么病。

　　　　B：＿＿＿＿＿＿＿＿＿＿＿＿＿＿＿＿。

　　2）A：这期短期汉语进修班结束以后，还继续办吗？

　　　　B：＿＿＿＿＿＿＿＿＿＿＿＿＿＿＿＿。

　　3）A：他和他的女朋友才认识半年，对她的脾气、爱好还不十分了解。现在决定结婚，是不是太早？

　　　　B：＿＿＿＿＿＿＿＿＿＿＿＿＿＿＿＿。

例（3）

A：看到这些年轻科学工作者取得的成就，你有什么感想？

B：<u>他们的成功使我很受鼓舞。我们一定要帮助他们及时总结并且推广那些经验。</u>（受鼓舞）

　　1）A：那个关于国际形势的报告，你听了吗？你觉得怎么样？

　　　　B：＿＿＿＿＿＿＿＿＿＿＿＿＿＿。（鼓舞）

　　2）A：农业研究所又培育出一个小麦新品种，你是学农的，一定很高兴吧？

　　　　B：＿＿＿＿＿＿＿＿＿＿＿＿＿＿＿。（受鼓舞）

3．把下面的句子翻译成中文：

　　(1) She had been engaged in the press work for 40 years and didn't retire until March of this year. （直到）

130

(2) There was a lecture on the analysis of the international situation at 2 o'clock yesterday afternoon. Little Wang said that he would attend, but even by the end of the lecture he still hadn't come. （直到）

(3) The equipment at this university is of the latest. We should go and have a look at it. （…式）

(4) This play was written based on the heroic deeds of the peasant armed uprising. （根据）

(5) He is an outstanding artist. While in hospital last year, he painted a mountain-and-water landscape painting, showing his deep feelings of love for his motherland. （表达）

| 写作部分 |

介绍一位你敬佩的妇女，谈谈她的性格、爱好、使人感动的事迹。（180 字）

第二十三课

一、课 文

故 宫 里 的 故 事

　　故宫是中国明、清两代的皇宫，已经有五百多年的历史了。这个中国最大最完整的古建筑群，每天都在吸引着中国和世界各国的旅游者。布朗夫妇一到北京，就想去那里看看。可是直到最近，他们才有时间去参观。

　　今天小李陪着布朗夫妇来到故宫。他们进了南门，一直向北，就看到了三大殿①。在三大殿后面，走过一片小广场，北面有一座宫门，宫门里有很多院子和宫殿。这就是皇帝居住的地方。在这里，他们参观了皇后住的院子，皇帝休息的地方，还有以暴虐奢侈而闻名的西太后慈禧居住的宫殿。

　　他们参观完珍宝馆出来的时候，在一处宫墙下面看到了一口井。井旁有一个牌子，上面写着"珍妃井"。

"啊，原来珍妃井就在这里。"布朗先生说。

"什么井？"布朗太太问。

"就是珍妃被害的那口井。"小李说着就给布朗太太讲起了珍妃的故事。

原来珍妃是清朝光绪皇帝的一个妃子。当时光绪看到中国不断受到外国侵略者的欺负，签订了一个又一个丧权辱国的不平等条约，很想通过变法来挽救清朝政权，巩固自己的统治地位。珍妃对光绪很同情，也支持他的主张，俩人的感情很好。可是当时是慈禧太后掌握实权，她反对变法，因此对光绪非常不满，当然对珍妃更是怀恨在心。她常常虐待珍妃，后来竟找了一个借口，把珍妃打入冷宫，不让她和光绪见面。软弱的光绪连自己的妃子也不能保护。一九〇〇年八国联军②打进北京，慈禧决定带着光绪逃走。临走前，慈禧命令两个太监把珍妃带到这口井旁，逼着她跳下去，珍妃不肯，慈禧就让

人把她推了下去。然后带着光绪逃出北京，往西安去了。

听到这里，布朗夫妇都说慈禧太残酷了。小李又接着说："慈禧这个人不但非常残酷，而且十分多疑。我还听说过这样一个故事：传说慈禧从北京逃走以后，在她过生日的时候，有个人献给她一件精美的雕刻品，一片莲叶上托着一个大桃子。慈禧一看很高兴，可是有一个太监说：'这件礼物对您是个很大的讽刺啊！'慈禧问他是什么意思，他说：'莲叶上托着一个桃，就是"莲叶托桃"，这不是讽刺您"连夜脱逃"吗？'慈禧听了大怒，立刻命令把送礼的人杀了。"

布朗太太问道："我听说慈禧还把皇帝软禁在中南海里，是吗？"

"说起来，话就长了。"小李说："慈禧掌握大权的时代，清朝政府越来越腐败。但是慈禧根本不管国家的安危，还是过着非常奢侈的生活，她用建立海军的钱修建了颐和园。当时很多大臣都反对这样作，可是慈禧根本不听他们的劝阻，仍然全面展开了这项工程。一八九四年慈禧准备在颐和园庆祝她六十岁的生日。这时候中日战争③爆发了。由于慈禧坚持屈辱的求和政策，以致使清朝的军队不断遭到失败。消息传来，全国人民非常激愤。在这种情况下，慈禧才被迫停止在颐和园庆祝生日的一切准备工作，但她还是把这项活动改在皇宫中进行。

"一八九八年六月十一日光绪准备宣布变法。由于实权掌握在慈禧手里，所以在准备变法维新的一百天中，光绪有十二次到颐和园去见慈禧，想说服她支持变法，可是慈禧根本不听。为了防止慈禧反对维新，搞突然政变，光绪和维新派的大臣们共同商量，让掌握着军权的袁世凯④先派军队，把慈禧居住的颐和园包围起来，封锁消息。这样，只要变法一宣布，全国上下都已执行起来，慈禧也就没有办法反对了。光绪召见了袁世凯，把这个计划告诉了他。袁世凯当时表示自己拥护变法，坚决站在维新派这一边，并保证按照计划执行。谁知道，他一离开皇宫，就把全部情况都向慈禧身边的人报告了。结果，维新派六人被杀，二人逃到国外。慈禧搞了一次政变，把光绪软禁起来。戊戌变法就这样失败了。"

布朗太太听到这里笑着说："想不到我们参观故宫还听到了这么多的历史故事！"

二、会　话
描　述　地　方

A：听说故宫是中国最大、最完整的古建筑群。

B：是啊，故宫的面积有七十二万平方米．里面的房子有九千多间。

A：这么大的地方，该怎么参观好呢？

B：让我先给你介绍一下故宫是由哪几个部分组成的，这样你就有一个总的印象了。故宫的全部建筑包括"外朝"和"内廷"两大部分。四周有城墙，这就是有名的紫禁城。城的四面各有一个门。

A：你说的"外朝"是不是指故宫前一部分的三大殿呢？

B：对了。三大殿是皇帝发布命令，举行典礼的地方。

三大殿的后边就是"内廷"。

A：那么"内廷"就是指皇帝的生活区了？

B：可以这么说。"内廷"又分三个部分：中间的宫殿是
皇帝平常工作和居住的地方，最后边还有个御花园，
东边和西边各有六宫，都是皇后妃子们居住的地方。

A：听你这么一介绍，我想参观故宫最好还是从"外朝"
开始了。

B：对了，最好从紫禁城南边的门进去。先参观三大殿，
然后到内廷，沿着中间的宫殿，一直走到御花园。
再转到东边，看看珍妃井和珍宝馆。参观完东边，
再到西边转一下，最后从紫禁城的北门出来。出来
以后，对面就是景山公园了。

注　释：

① 三大殿　指故宫中的太和殿、中和殿、保和殿。
"三大殿" here refers to the Hall of Supreme Harmony, the
Hall of Middle Harmony and the Hall of Preserving Harmony
in the Forbidden City in Beijing.

② 八国联军　一九〇〇年英、美、德、法、俄、日、意、奥
八个帝国主义国家的侵华联军。
"八国联军" refers to the aggressive foreign troops against
China sent in 1900 by the following eight nations: Britain, the
United States, Germany, France, Tsarist Russia, Japan, Italy
and Austria.

③ 中日战争　指一八九四年（农历甲午年）日本发动的在吞
并朝鲜的同时侵略中国的战争。
"中日战争" refers to the war started by imperialist Japan

to annex Korea and invade China in 1894 (the Chinese lunar
year of Jiawu).

④ 袁世凯 一八五九年——一九一六年，北洋军阀的首领。
曾出卖维新派，勾结帝国主义，接受卖国的二十一条。辛亥革命
后，复辟称帝，受到全国人民的反对。

袁世凯(1859—1916) was chieftain of the Northern War-
lords who betrayed the Reformists (who stood for and carried
out the Constitutional Reform and Modernization in 1898) and
colluded with the imperialists in an attempt to accept the
traitorous treaty (known as the Twenty-One Articles Treaty).
Shortly after the Revolution of 1911, he went so far as to
restore the monarchy in China by proclaiming himself em-
peror. This action was firmly rejected and strongly condemned
by the whole Chinese people.

三、生　词

1. 完整	(形)	wánzhěng	complete, intact
2. 雄伟	(形)	xióngwěi	grand, imposing, magnificent
3. 殿	(名)	diàn	hall
4. 片	(量)	piàn	*a measure word*, stretch, tract
5. 宫殿	(名)	gōngdiàn	palace
宫	(名)	gōng	palace
6. 居住	(动)	jūzhù	to live, to dwell, to reside
7. 皇后	(名)	huánghòu	empress
8. 暴虐	(形)	bàonüè	brutal, tyrannical
9. 奢侈	(形)	shēchǐ	luxurious, extravagant

137

10. 太后	（名）	tàihòu	empress dowager, queen mother
11. 口	（量）	kǒu	*a measure word*
12. 井	（名）	jǐng	well
13. 朝	（名）	cháo	dynasty
14. 妃子	（名）	fēizi	imperial concubine
15. 丧权辱国		sàngquánrǔguó	to humiliate the nation and forfeit its sovereignty, to surrender a country's sovereign rights under humiliating terms
16. 变法	（名、动）	biànfǎ	political reform; to carry on political reform
17. 挽救	（动）	wǎnjiù	to save, to rescue
18. 政权	（名）	zhèngquán	political (or state) power
19. 同情	（动）	tóngqíng	to sympathize, to show sympathy for
20. 掌握	（动）	zhǎngwò	to have in hand, to take into one's hands, to control, to master
21. 实权	（名）	shíquán	real power
22. 因此	（连）	yīncǐ	therefore, so, consequently
23. 不满	（形）	bùmǎn	resentful, discontented, dissatisfied
24. 怀恨在心		huáihèn zài xīn	to nurse hatred, to harbour resentment
25. 虐待	（动）	nüèdài	to maltreat, to ill-treat, to mistreat

138

26. 借口	(名、介)	jièkǒu	pretext, excuse; to use as an excuse
27. 冷宫	(名)	lěnggōng	cold palace—limbo
28. 软弱	(形)	ruǎnruò	weak, feeble
29. 保护	(动)	bǎohù	to protect
30. 临	(介、动)	lín	on the point of, just before
31. 命令	(动、名)	mìnglìng	to order; order
32. 太监	(名)	tàijiàn	eunuch
33. 肯	(能动)	kěn	to be willing to, to be ready to
34. 残酷	(形)	cánkù	cruel, brutal, ruthless
35. 多疑	(形)	duōyí	doubtful, suspicious, over-sensitive
36. 献	(动)	xiàn	to present, to offer, to dedicate
37. 精美	(形)	jīngměi	exquisite, elegant
38. 雕刻品	(名)	diāokèpǐn	carving
雕刻	(动、名)	diāokè	to carve, to engrave; carving
39. 莲叶		lián yè	lotus leaf
40. 托	(动)	tuō	to hold in the palm
41. 讽刺	(动、名)	fěngcì	to mock, to satirize; satire
42. 连夜	(副)	liányè	the same night, that very night
43. 脱逃	(动)	tuōtáo	to escape, to flee, to run away
44. 大怒		dà nù	to fly into a great rage, to get very angry

45. 软禁	(动)	ruǎnjìn	to put (or place) sb. under house arrest
46. 腐败	(形)	fǔbài	corrupt, rotten
47. 安危	(名)	ānwēi	safety and danger
48. 海军	(名)	hǎijūn	navy
49. 大臣	(名)	dàchén	ministers of a monarchy
50. 根本	(形、副、名)	gēnběn	basic, fundamental, essential; simply; basis, foundation
51. 劝阻	(动)	quànzǔ	to dissuade sb. from, to advise sb. not to
52. 爆发	(动)	bàofā	to break out
53. 屈辱	(名)	qūrǔ	humiliation, mortification
54. 求和		qiú hé	to sue for peace
55. 政策	(名)	zhèngcè	policy
56. 以致	(连)	yǐzhì	so that, with the result that, as a result
57. 军队	(名)	jūnduì	troops
58. 激愤	(形)	jīfèn	indignant
59. 被迫		bèi pò	to be compelled, to be forced
60. 停止	(动)	tíngzhǐ	to stop
61. 宣布	(动)	xuānbù	to announce, to proclaim, to declare
62. 维新	(名、动)	wéixīn	modernization; to modernize
63. 防止	(动)	fángzhǐ	to prevent, to guard against
64. 政变	(动、名)	zhèngbiàn	coup d'etat

65. 包围	（动）	bāowéi	to surround, to encircle
66. 封锁	（动）	fēngsuǒ	to blockade, to block
67. 执行	（动）	zhíxíng	to carry out, to perform, to implement
68. 召见	（动）	zhàojiàn	to call in (a subordinate), to summon (an envoy, etc.)
69. 坚决	（形）	jiānjué	firm, resolute, determined
70. 描述	（动）	miáoshù	to describe
71. 平方米	（量）	píngfāngmǐ	a measure word, square metre
72. 部分	（名）	bùfen	part
73. 外朝	（名）	wàicháo	the outer court of the Forbidden City, consisting of the "Three Great Halls" where the emperor carried on his official duties
74. 内廷	（名）	nèitíng	the inner court of the Forbidden City, the living quarters of the emperor and his family
75. 城墙	（名）	chéngqiáng	city wall
76. 发布	（动）	fābù	to issue, to release
77. 沿（着）	（介）	yán(zhe)	along

专　名

1. 慈禧	Cíxǐ	Empress Dowager Cixi (1835-1908), the real ruler of the Qin Dynasty during

		the reigns of Tongzhi and Guangxu (1861—1908)
2. 珍宝馆	Zhēnbǎoguǎn	the Treasures Hall
3. 珍妃	Zhēn Fēi	Imperial Concubine Zhen (1876—1900), Emperor Guangxu's favourite concubine
4. 光绪	Guāngxù	Guangxu, short for Emperor Guangxu (1870—1908) of the Qing Dynasty
5. 八国联军	Bāguó Liánjūn	the Eight-Power Allied Forces
6. 中南海	Zhōngnánhǎi	Zhongnanhai
7. 中日战争	Zhōng Rì Zhànzhēng	the Sino-Japanese War (1894—1895)
8. 袁世凯	Yuán Shìkǎi	Yuan Shikai (1859—1916), chieftain of the Northern Warlords
9. 戊戌变法	Wùxū Biànfǎ	the Reform Movement of 1898
10. 紫禁城	Zǐjìnchéng	the Forbidden City
11. 御花园	Yùhuāyuán	the Imperial Garden

四、词语例解

1. 片

(1) 这里原来是一片草地，现在已经变成一片楼房了。

(2) 大雨下了三天三夜，到处是一片大水。

（3）代表团走到哪里，哪里就会响起一片掌声和欢呼声。

（4）一阵秋风把几片已经变黄的树叶吹了下来。

（5）大夫给了我两种药。他对我说："小片儿的每天吃三次，每次吃两片儿；大片儿的每天吃两次，每次吃一片儿。"

用于小而薄的东西时，口语里也常在"片"后加"儿"。

2．以…而…

这里的"以"有"因为""由于"的意思，"以…"表示原因，"而…"表示结果。这个结构常用于书面语。

（1）我们以祖国有这样杰出的民族英雄而感到光荣。

（2）他一生从事医学工作，常以能解除病人的痛苦而感到幸福。

（3）这里以盛产葡萄而著名。

3．说着就……

"说着就……"这个结构表示说话人按照他前面说到的情况立刻去做跟这些话有关的事情或动作。"说着"也可以用在主语前。

（1）"我借到了一本《戊戌变法》，这本书把戊戌政变发生的经过讲得非常详细。"小张说着，就把那本书拿出来，递给了她。

（2）刘教授告诉布朗夫妇，一九四九年十月一日他正在北京，说着他就把那天天安门前隆重庆祝开国典礼的情况讲述了一遍。

（3）小李笑道："你们听错了。"说着就把实际情况又介绍了一遍。

要注意的是："说着就……"和"说着说着就……"除了用法和意思不同以外，前者的"说"不能换成别的动词，后者却可以换成其他动词，比如："听着听着就笑起来了""走着走着就倒下去了"。

4．借口

介词"借口"的宾语常常是动词结构、形容词结构或主谓结构等。"借口…"和后面表示目的的动词结构中间可以用上连词"而"。

（1）他借口要去办一件事，提前走了。

（2）小王总是借口学习紧张而不参加课外活动。

名词"借口"常用在这样的结构里："有借口""找借口""用…作借口""把…作为借口""以…为借口"等等。

（3）帝国主义者要想侵略别的国家还怕没有借口吗？

（4）坏人要想干坏事，总是可以找到借口的。

（5）怎么能以工作忙为借口而不参加体育锻炼呢？

5．临

介词"临"的宾语总是动词或动词结构。"临…"可以用在主语后，也可以用在主语前。有时也常说"临…的时候""临…时""临…以前""临…前"。

（1）一九○○年八国联军打进北京，慈禧临逃走时，害死了珍妃。

（2）临出发，他才告诉我们：参观故宫以后，还可以去景山公园玩儿玩儿。

（3）他临上飞机前，和大家一一握手告别。

（4）这种药，你临睡前吃一片儿。

6．肯

能愿动词①"肯"表示愿意去作需要付出②代价③的事情。

（1）他肯努力，肯钻研，所以工作上取得了很大成绩。

（2）只要对人民有好处，他什么事情都肯干。

（3）他不是一个不肯帮助朋友的人，你去找他吧！

"不肯…"有时用来表示由于谦虚或尽让④而不接受某种要求。

（4）他一直不肯说他都作了哪些好事。

        （5）这里只有一个座位，我们两个人谁也不肯坐。

7. 根本

    形容词"根本"只能作定语，不能作谓语。

        （1）最近两年，我们姐妹几个都有了工作，因此家里生活也发生了根本的变化。

        （2）他身体这么好，最根本的原因是坚持锻炼。

    副词"根本"多用于否定句。有时后面用上"就"，表示强调的语气。

        （3）秋瑾愤怒地指出，封建社会的中国妇女，只能给别人当牛做马，根本没有自由。

        （4）我根本就不同意他们提出的那个办法。

    名词"根本"加"上"，用作介词"从"的宾语，整个介词结构也可以作状语。

        （5）这个问题必须从根本上解决。

        （6）我觉得很难从根本上改变一个人的生活习惯。

8. 以致

    "以致"后面的部分表示由于前面说的原因而造成⑤了某种结果，这个结果多是不好的或是说话人不希望的。

        （1）孙中山组织的两广起义的行动计划被清朝政府发现，以致使这次武装起义遭到失败。

        （2）有些学生的课外负担太重，以致影响了他们的健康。

9. 坚决

        （1）全国人民向侵略者进行了坚决的斗争。

        （2）清朝当时有一些大臣表示坚决支持维新派的主张。

        （3）主张维新变法的大臣们态度十分坚决。

        （4）认识了自己的错误，就要坚决改正。

10. 部分

"部分"可以直接和数词结合。有时也可以用上量词"个"。我们还可以说"大部分""小部分",这时不能再用量词。

(1) 这个报告一共有几(个)部分?

——这个报告分三(个)部分。前一部分和后一部分都很短,中间一部分是重点,所以比较长。

(2) 他讲的故宫里的故事,我大部分都听懂了,只有一小部分没有听懂。

"部分"也可以说"一部分",这时不能加"个"。

(3) 这本近代史我不能全部看懂,只有一部分内容,可以看懂。

(4) 我们到了天安门广场,一部分人去参观中国历史博物馆,一部分人去看人民英雄纪念碑上的浮雕。

五、练 习

课文部分

1. 根据课文内容回答问题:

(1) 布朗夫妇为什么一到北京就想到故宫去看看?

(2) 请你讲讲"珍妃井"的故事。

(3) 慈禧为什么把送"莲叶托桃"礼品的人杀了?

(4) 为了防止慈禧反对维新变法,光绪有一个什么计划?结果怎么样?

2. 根据下面内容进行对话,然后说一说慈禧把珍妃打入冷宫的故事。

A:听说珍妃刚进宫时慈禧很喜欢她,是吗?

B:是的,因为那时珍妃和慈禧还没有根本矛盾。

A:你知道慈禧为什么把珍妃打入冷宫吗?

B:袁世凯向光绪表示拥护变法,可是一离开皇宫就向慈禧身边的人报告了，说光绪想害死慈禧，这样慈禧就把光绪软禁起来了。因为光绪最喜欢妃珍，这时候就有人跟慈禧说珍妃的坏话，说：光绪要变法，要害死慈禧，完全是珍妃的主意，于是慈禧就找了一个借口，把珍妃打入了冷宫。

A：冷宫是什么样的？是不是里面很冷？

B：在封建社会里，凡是受到皇帝冷淡的皇后或妃子，从皇帝身边搬出去以后，她们所住的地方都可以叫冷宫。冷宫并不是一个专门修建的宫殿，据说关珍妃的冷宫就在故宫御花园的东北边。那儿有几间小屋子，已经三、四十年没人住了，平常也没有人到那儿去。屋子前面长满了草和小树，窗户上加了又大又厚的木头，屋子里进不去阳光。每天只有太监给她送三顿饭。你想，那是一种什么生活呀？

A：是啊，珍妃是封建社会的牺牲品。今天去参观故宫，可以更好地了解封建统治者的腐败和残酷。

3. 课堂讨论题：

光绪皇帝的变法维新为什么失败了？

会话部分

---

1. 根据所给的语言情境进行会话：

(1) 介绍你们国家的一个名胜古迹。

内容：这个名胜古迹在什么地方，特点是什么，关于它的传说故事。

(2) 跟你的同学谈谈你们国家历史上的一次改革运动。

内容：这次运动的参加者，改革前的主要矛盾，改革运动的时间、地点、方法、简单经过，在历史上的影响，你们的看法。

2．阅读下面的短文并回答问题：

慈禧在快七十岁的时候坐火车到东北去了一次。在这以前，慈禧从外国铁路公司买了一列火车，专为她自己用。慈禧从来没有坐过火车，这次她决心试一试。

慈禧的旅行可不是一件简单的事。跟慈禧去的人很多，有官僚、太监、宫女(gōngnǚ, maid of honour)……，还要带他们用的各种东西。只是给慈禧做饭这一项，就需要五十个炉子(lúzi, stove)，一百个做饭的人和很多帮助做饭的人。因为，慈禧每顿饭必须有一百个菜，在火车上也是一样。慈禧带的衣服要用一个车厢才能装下，仅仅鞋就带了三、四十双。这样，这一列车就非挂上十六节车厢不可。还有一件麻烦事，就是，把原来是黑色的车厢都改成了黄色，因为皇帝的衣物必须是黄色的。

出发的那天，慈禧临上车前仔细地看过了这列车。她命令司机把火车开动起来，接着就提出了一个又一个问题："火车为什么能动？为什么不能在平地上走？怎么才能停？……"上了车，她又命令火车不许鸣笛(míngdí, to blow a whistle)，车站上不许打钟(dǎzhōng, to ring 〈or sound〉a bell)……不过没关系，这时候是不会有其他火车通过的。

说起来很可笑，在慈禧的命令下，司机、工人都穿上了太监的服装，脏了就再换一身，这些服装整整装了一车厢。按传统的习惯，他们只许站着、蹲着或跪(guì, to kneel)着干活，就是休息也不许坐。慈禧吃饭或吃水果都要停车。这样，本来一天一夜的路他们竟走了三天三夜。

这就是慈禧坐火车的故事。

问题：从这段文章里可以看出慈禧是怎样的一个人？

词语部分

1．将下列各组词语扩展成句子：

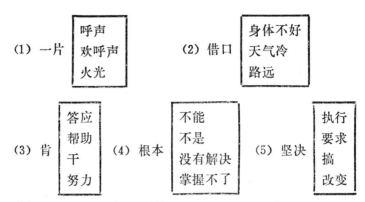

(1) 一片　　呼声　欢呼声　火光

(2) 借口　　身体不好　天气冷　路远

(3) 肯　　答应　帮助　干　努力

(4) 根本　　不能　不是　没有解决　掌握不了

(5) 坚决　　执行　要求　搞　改变

2. 选择适当的词语回答下列问题：

(1) 坚决　　决定　　决心

　　1) 慈禧对戊戌变法的态度怎么样？

　　2) 为什么高培南能培育出高产稳产的小麦？

　　3) 对于在广告上写不写技术参数和价格的问题，李文是怎么做的？

(2) 赞赏　　赞美

　　1) 孙中山为什么写了"巾帼英雄"四个字？

　　2) 李文谈了关于销售产品的意见以后，厂长觉得怎么样？

(3) 完整　　完全

　　1) 今天的学术报告你都听懂了吗？

　　2) 你这套书不是一共有十本吗？怎么少了一本？

3. 阅读下面一段话并翻译成英文：

雨这么大，以致雨伞都失去了作用。说起来也让人生气，老王非要走不可。我们都劝他等雨停了再走，如果感冒了，星期天就不能去玩儿了。可是他根本不听劝阻，借口有事，坚决要走。说着他就走出了屋子。外面一片风声和雨声，老王慢慢走远了，我们都有些不放心。可是想不到一会儿雨就停了。我们心里的石

149

头这才落了地。

　　学了本课课文后写一篇读后感，谈谈对中国封建社会的看法。（150字）

第二十四课

一、课 文

万 里 长 城

长城是中国古代军事防御工程，是世界建筑史上最伟大的工程之一。据说，宇航员在天上观察地球的时候，凭眼睛只能看到三项最大的工程①，其中一项就是中国的万里长城。

人们常说："不到长城非好汉。"

如果你有机会到北京，我劝你一定要去游览一下万里长城。从北京坐火车或汽车，向西北走六十来公里，就能到居庸关和八达岭。这里是古代北京通往西北的大门，形势非常险要。登上八达岭的最高处，向远望去，古长城翻山越岭，好象一条就要起飞的巨龙。

传说万里长城是秦始皇时建筑的。其实，早在战国时代，燕、赵、秦三国，为了防御北方少数民族的侵犯，就在他们的边境上修筑了长城。公元前246年，年轻的秦王掌握了国家大权，他凭着国家的经济和军事实力，用巧妙的策略，在十年之内，灭掉了韩、赵、魏、楚、燕、齐六国。在公元前221年，秦王建立了一个多民族的统一的封建国家。为了巩固自己的统治，秦王采取了很多措施。首先，他把"王"的称号改成皇帝。秦王说自己是"始皇帝"，也就是说，他是第一个皇帝，希望秦朝的统治，通过他的子孙，千秋万代传下去。从此"皇帝"就成了中国历代最高封建统治者的称号。

秦始皇还制定了统一的法律，并把战国时各国的文字、货币、度量衡等统一起来。同时，下命令修筑长城，把原来北方各国修筑的旧长城连接起来，又进行扩建，用了十年的时间，筑成了一道新的长城。

以后，从汉朝一直到明朝，历代都不断地对长城进行改建和修整。今天我们在八达岭看到的长城，就是明代重新修建的。

长城从东到西，全长约三、四千里，在一些险要的地方，还修筑了好几道城墙。这样，算起来古长城就有一万二千多里，所以人们把它叫作万里长城。长城的建筑材料主要是砖石，每一块大石头大概都有一吨多重。当时没有什么机械设备，完全靠人力、畜力，把这么多的材料运到山顶上，这是多么不容易啊！所以人们说，长城上的一砖一石都渗透着中国劳动人民的血和泪。看到这雄伟的长城，我们不禁想起了孟姜女万里寻夫的故事。

传说秦始皇时，有个姑娘叫孟姜女，在她新婚后的第二天，丈夫就被抓去修筑长城了，从此再也没有消息。孟姜女日夜想念丈夫。春去秋来，天气渐渐冷了，她为丈夫做好了过冬的衣服，就亲自去找他了。孟姜女在路上问了许多人，最后才听说，丈夫在渤海边上修筑长城。她走过万水千山，好容易找到了那里，一问，才知道她丈夫已经死了。听到这个消息，孟姜女一下子就晕了过去。醒来以后，看到人们都站在自己身旁流泪，她一句话也说不出来，跪在长城脚下就放声痛哭。一连哭了几天几夜，眼睛都哭出了血。这时候，奇怪的事情发生了，

有一段长城竟被她哭倒了，露出她丈夫的尸体。孟姜女看见死去的亲人，更加悲痛。她喊着亲人的名字，满怀悲愤跳进了渤海。这虽然只是一个传说故事，但却能说明古代劳动人民，在修筑长城的时候，经受了多么大的痛苦！后人为了纪念孟姜女，实际上也是为了纪念修筑长城的劳动者，在万里长城的起点——山海关附近，修建了一个孟姜女庙。

从历史的观点看，秦始皇统一中国，修筑长城，是有功绩的。但他的暴虐统治，使他那梦想千秋万代传下去的秦王朝，到第二代就被农民起义推翻了。秦王朝的历史只有十多年。然而，几千年来，古代劳动人民创造的伟大工程——万里长城，却千秋万代一直屹立在东方，成为世界的奇迹之一。

二、会　话
评　价　人　物

A：你们觉得对秦始皇这个历史人物应该怎样评价？

B：他是中国历史上最暴虐的皇帝之一，他焚书坑儒，一下子就杀死了四百六十多个读书人，而且烧掉了那么多书，对中国文化起了多大的破坏作用啊！他还强迫人民筑长城，建宫殿，修陵墓，不但花了很多的钱，也累死了成千上万的人。

A：我不同意你的看法。我觉得秦始皇是一个杰出的历史人物，他一共只用了十年的时间，就灭了六国，把中国统一起来。他留下的万里长城，还有最近发现的兵马俑、彩绘铜车马都是人类文化的珍宝。

B：恐怕不能那么看吧！万里长城和兵马俑都是当时劳动人民创造的，不应该算作秦始皇的功绩。就拿兵马俑来说吧，那是为了放在他自己的陵墓里的。在修筑长城和陵墓的过程中，劳动人民付出了多少血汗啊！

C：你们说的都有一定的道理，但都不太全面。对历史人物，我们应该根据当时的历史条件，全面地评价。

A：那么你说怎样才是全面地评价秦始皇呢？

C：他统一了中国，制定了统一的法律，还统一了文字、货币和度量衡，这些措施，促进了中国各民族经济文化的发展。他修筑长城防御北方少数民族的侵犯，这些都是他在历史上的功绩，是应该肯定的。另一方面，他又对人民进行残酷暴虐的统治，这就激起了人民的反抗，所以整个秦朝一共不到二十年就结束了。

注　释：

① 三项最大的工程　据说宇航员在天上观察地球，凭眼睛只能看到中国的万里长城、荷兰的围海大坝以及比利时的高速公路上的灯光。

It is said that the astronauts, when watching the earth in the air, can only see the Great Wall in China, the See Wall in Holland and the light of the headlamps of the cars running at night on the Expressways in Belgium.

三、生　词

| 1. 防御 | （动）fángyù | to defend, to guard against |
| 2. 据说 | （动）jùshuō | it is said, they say |

155

3. 宇航员	（名）	yǔhángyuán	astronaut, spaceman
4. 地球	（名）	dìqiú	the earth, the globe
5. 其中	（名）	qízhōng	between, among
6. 非	（动、头）	fēi	to censure, to blame; non
7. 好汉	（名）	hǎohàn	hero, brave man, true man
8. 险要	（形）	xiǎnyào	strategically located and difficult to reach
9. 望	（动）	wàng	to look over, to gaze into the distance
10. 翻山越岭		fānshān yuèlǐng	to cross over mountain after mountain, to tramp over hill and dale
11. 巨	（形）	jù	huge, giant
12. 龙	（名）	lóng	dragon
13. 修筑	（动）	xiūzhù	to build, to construct
筑	（动）	zhù	to build, to construct
14. 侵犯	（动）	qīnfàn	to violate, to invade
15. 边境	（名）	biānjìng	border, frontier
16. 公元前		gōngyuán qián	B.C.
公元	（名）	gōngyuán	the Christian era, A.D.
17. 王	（名）	wáng	king
18. 实力	（名）	shílì	actual strength
19. 巧妙	（形）	qiǎomiào	ingenious, clever
20. 策略	（名）	cèlüè	tactics
21. 灭	（动）	miè	to destroy, to wipe out, to exterminate
22. 统一	（动）	tǒngyī	to unify, to integrate
23. 采取	（动）	cǎiqǔ	to adopt

156

24. 措施	（名）	cuòshī	measure, step
25. 称号	（名）	chēnghào	title
26. 千秋万代		qiānqiū wàndài	throughout the ages to come, through the ages, in all the generations to come
千秋	（名）	qiānqiū	a thousand years, centuries
27. 制定	（动）	zhìdìng	to formulate, to make, to lay down
28. 法律	（名）	fǎlǜ	law
29. 文字	（名）	wénzì	writing system, written language, character
30. 货币	（名）	huòbì	money, currency
31. 度量衡	（名）	dùliànghéng	weights and measures
32. 同时	（名）	tóngshí	meanwhile, at the same time, in the meantime
33. 连接	（动）	liánjiē	to join, to link
34. 扩建	（动）	kuòjiàn	to extend
35. 修整	（动）	xiūzhěng	to repair and maintain
36. 重新	（副）	chóngxīn	again, anew
37. 算	（动）	suàn	to calculate, to count, to reckon
38. 材料	（名）	cáiliào	material
39. 吨	（量）	dūn	*a measure word*, ton
40. 机械	（名）	jīxiè	machinery, mechanism
41. 人力	（名）	rénlì	manpower
42. 畜力	（名）	chùlì	animal power
43. 渗透	（动）	shèntòu	to permeate, to seep
44. 泪	（名）	lèi	tear

45. 寻	（动）	xún	to look for, to search, to seek
46. 想念	（动）	xiǎngniàn	to miss
47. 渐渐	（副）	jiànjiàn	gradually, step by step
48. 亲自	（副）	qīnzì	personally, in person
49. 跪	（动）	guì	to kneel, to go down on one's knees
50. 露	（动）	lù	to be exposed, to reveal
51. 尸体	（名）	shītǐ	corpse, dead body, remains
52. 亲人	（名）	qīnrén	dear ones, those dear to one
53. 悲痛	（形）	bēitòng	grievous, grieved, sorrowful
54. 满怀	（动）	mǎnhuái	to have one's heart filled with, to be imbued with
55. 经受	（动）	jīngshòu	to undergo, to experience, to withstand
56. 起点	（名）	qǐdiǎn	starting point
57. 庙	（名）	miào	temple
58. 观点	（名）	guāndiǎn	point of view, viewpoint
59. 功绩	（名）	gōngjī	merits and achievements
60. 梦想	（动）	mèngxiǎng	to dream of, to vainly hope
梦	（名、动）	mèng	dream; to dream
61. 然而	（连）	rán'ér	but, however, nevertheless
62. 屹立	（动）	yìlì	to stand erect, to stand towering like a giant
63. 奇迹	（名）	qíjī	miracle, wonder
64. 评价	（动、名）	píngjià	to appraise, to evaluate
65. 焚书坑儒		fénshū kēngrú	burning of books and

burying Confucianists alive
in ravines by the First
Emperor of the Qin Dynasty
in 213-212 B.C.

66. 破坏	（动）	pòhuài	to destory, to undermine
67. 强迫	（动）	qiǎngpò	to compel, to force
68. 陵墓	（名）	língmù	tomb, mausoleum
69. 人类	（名）	rénlèi	human being, mankind
70. 珍宝	（名）	zhēnbǎo	treasure, jewellery
71. 恐怕	（副）	kǒngpà	I'm afraid, perhaps, maybe
72. 过程	（名）	guòchéng	course, process
73. 付	（动）	fù	to pay, to expend
74. 血汗	（名）	xuèhàn	blood and sweat, sweat and toil
75. 促进	（动）	cùjìn	to promote, to accelerate, to advance
76. 激起	（动）	jīqǐ	to arouse, to evoke, to stir up
77. 反抗	（动）	fǎnkàng	to resist, to revolt

专　名

1. 居庸关	Jūyōngguān	the Juyongguan Pass, one of the major passes, located north-west of Beijing
2. 八达岭	Bādá Lǐng	Badaling Hill, north-west of Beijing
3. 秦始皇	Qín Shǐhuáng	the First Emperor of the Qin Dynasty

159

4. 战国	Zhànguó	the Warring States (475-221 B.C.)
5. 燕	Yān	the State of Yan
6. 赵	Zhào	the State of Zhao
7. 秦	Qín	the State of Qin
8. 秦王	Qín Wáng	King of the Qin State
9. 韩	Hán	the State of Han
10. 魏	Wèi	the State of Wei
11. 楚	Chǔ	the State of Chu
12. 齐	Qí	the State of Qi
13. 孟姜女	Mèng Jiāng Nǚ	Meng Jiang Nu, a literary character in ancient China's literature
14. 渤海	Bó Hǎi	the Bohai Sea
15. 山海关	Shānhǎiguān	the Shanhaiguan Pass, starting point of the Great Wall in present-day Hebei Province
16. 兵马俑	Bīngmǎyǒng	the wood or clay figures of warriors and horses buried with the dead
17. 彩绘铜车马	Cǎihuì Tóngchēmǎ	Painted Bronze Horse-drawn Carriage

四、词语例解

1. 其中

(1) 中国封建社会里有很多十分暴虐的皇帝，秦始皇就

160

是其中之一。

(2) 秦始皇在历史上也是有过不少功绩的，其中之一就是修筑了长城。

(3) 一九五八年，北京修建了十大建筑，人民大会堂就是其中的一项。

(4) 这个城市的郊区有十几座大型的现代化工厂，其中大部分是最近几年修建的。

"其中"用在后一分句里，"其"复指① 前一分句中提到的人或事物，"中"是"中间"的意思。我们不能说："他们班的同学们其中三个人原来当过教师。"只能说："他们班有二十个同学，其中三个人原来当过教师。"

2．非

"非"是"不是"的意思，是古代汉语。有时它也是词头②。

(1) 这幅"万里长城"是三个女工用了两年时间绣成的，正准备送到国外去展览呢，是非卖品。

(2) 在考试前定复习计划时，应该分清重点与非重点，这样才能更好地分配时间。

(3) 这里是非军事区。

3．向西北走六十来公里

"来"用在数词后，表示大概的数目，一般指不到那个数目或比那个数多一点儿。它一般用在"十"或"百""千""万"等的后面，量词的前面。

(1) 那个高个子的小伙子，大概有二十来岁。

(2) 十五年之内，我们这里修建了大小一百来项建筑工程。

(3) 礼堂里有一万来个座位，参加大会的大概八千来人。

但是它可以用在度量衡量词后面，这时数词必须是"十"以下的，"来"后面还要有意思上与数量有关的形容词或名词。

（4）修筑长城的大石头每块都有一吨来重，七、八块就
有十来吨了。

（5）从山脚到山顶大概有三里来地。

4．在十年之内

"之内"前面必须有数量词或名词。名词一般不能是单音节的。

（1）他们决定采取一些措施，在两年之内，把这座汉代
陵墓重新修整一次。

（2）去西安参观秦始皇墓兵马俑，不是这次旅游计划之
内的活动。

（3）这里是一个盆地，几百里之内没有高山。

（4）我们决心争取在本世纪之内实现这个理想。

除了"之内"以外，还有"之外""之上""之下""之前""之后"
"之中""之间"等。除了"之后"可以单独使用外，其他"之…"都要
放在别的词语后边。有些"之…"，有时也可以说成"以…"。

有哪些"之…"和"以…"呢？请看下面：

	内	外	前	后	上	下	中	间	东	西	南	北
之	+	+	+	+	+	+	+	+	−	−	−	−
以	+	+	+	+	+	+	−	−	+	+	+	+

词组：

（1）十分钟之内（以内）　　睡觉之前（以前）

院墙之内　（以内）　　秦灭六国之后（以后）

千里之外　（以外）　　从那之后（以后）

除了…之外（以外）　　成绩在他之上（以上）

计划之外　（以外）　　水平在你之下（以下）

（2）两国人民之间　　　　改造之中

我们之间　　　　　　正在进行之中

两节课之间

（3）零度以下

四十岁以下（一 —→ 三十九岁）　　长城以北

四十岁以上（四十岁 —→）　　　　黄河以南

三个人以上（三个人 —→）　　　　走在队伍之后

百分之八十以上　　　　　　　　　在她指挥之下

5. 同时

时间名词"同时"可以单独作状语，也可以说"在…的同时"。有时还有"而且"的意思。

（1）他们几个人同时登上了八达岭的最高处。

（2）在保证小麦稳产高产的同时，还必须考虑降低生产成本。

（3）刘教授是一位著名的史学家，同时也是一位雕刻艺术的爱好者。

6. 好几

（1）北京城已经有好几百年的历史了。

（2）一九一九年五月四日那天，有好几千学生在天安门前集会，接着他们又举行示威游行，还有好些学生向群众发表演说。

（3）好久没看见你了，最近怎么样？

（4）好长时间没有到故宫和景山公园去玩儿了。

"好"用在数量词、时间词语的前面，强调数量多，时间长。

词组：

好多（位）旅客　　　　　　等了好半天

好些日子　　　　　　　　　跳了好一阵子

好几十万群众　　　　　　　走了好一会儿了

7. 算

（1）中国历史上的战国时代是从公元前四七五年到公元

前二二一年，你算一算，一共是多少年？

（2）秦王朝的历史很短，算起来不到二十年。

"算"还有"把…计算在内"的意思。

（3）小张说："万里长城和兵马俑都是当时劳动人民创造的，怎么能把它们算成秦始皇的功绩呢？"

（4）长城有的地方有好几道城墙，把这些城墙算上，古长城就有一万二千里了。

（5）不算故宫和八达岭，我们在北京已经游览了六个地方。要是算上这两处，就是八个地方了。

"算"还有"被认为"③的意思。

（6）这里的形势和居庸关八达岭比起来并不算十分险要。

（7）除了秦国之外，楚国和齐国算是比较强大的国家了。

8．当时没有什么机械设备

在某些否定句里，如果在宾语前用上"什么"，就可以使否定的语气比较缓和④，或者表示不完全否定。

（1）我们刚来西安不久，没参观过什么地方，只去了一次碑林。

（2）我对中国唐代文学没有什么研究，对这篇论文提不出什么意见来。

（3）常喝这种饮料对身体没有什么好处，不过，好象也没什么坏处。

（4）你就去干吧，不会遇到什么问题的。

9．好容易才……

"好容易"也可以说成"好不容易"，都是很不容易的意思，用来说明已经完成的事情。后面常有副词"才"。

（1）我们爬了半天，好容易才爬到长城最高处。虽然有点儿累，可是向远处望去，啊！长城就好象一条马上要起飞的巨龙。

（2）那个人好容易才找到一件精美的雕刻品作为慈禧生日的礼物，没想到他却因为这件礼物被慈禧杀害了。

（3）我好不容易才买到《秋瑾》的电影票。

如果不用"才"，往往让人感到语气没有完，因此后面常有另外的分句。

（4）孟姜女好容易走到了长城脚下，可是一问，她的丈夫已经死了。

（5）我好不容易找到了这些历史资料，可是又没有时间去看。

10．露

（1）春风吹过的地面露出了绿绿的小苗。

（2）春风吹过以后，绿绿的小苗露出了地面。

（3）我吸烟不小心，把棉袄烧了个洞，棉花露在外边，不好意思穿了。

（4）我的棉袄破了一个洞，露棉花了。

词组：

从水里露出来	露出水面（来）
露在外面	露出地面（来）
露在上面	露出海面（来）

11．恐怕

副词"恐怕"可以用在谓语前，也可以用在主语前。

（1）你对秦始皇的评价，恐怕不太全面吧！

（2）统一文字、货币、度量衡，恐怕不能不算是秦始皇的功绩吧！

（3）这么晚了，恐怕他们不会来了。

动词"恐怕"的宾语一般是动词结构、形容词结构或主谓结构。

（4）六国都没有秦国那么强大，他们恐怕受到秦国的侵略，曾经联合起来共同抗秦。

(5) 天气渐渐冷了，孟姜女恐怕丈夫没有过冬的衣服，就做好了棉衣找他去了。

五、练　习

课文练习

1. 根据课文内容回答问题：
   (1) 长城是一项什么样的工程？
   (2) 长城是怎么修筑起来的？
   (3) 秦王为了巩固自己的统治，采取了哪些措施？
   (4) 人们为什么把长城叫做万里长城？
   (5) 为什么说长城上的一砖一石都渗透着中国劳动人民的血和泪？请你举例说明。

2. 根据下列各图，用上所给的词语，说一说孟姜女万里寻夫的故事：

(1)

传说　发生在
孟姜女　结婚

(2)

抓　从此
没想到　消息

（3） （4）

冷起来　想念
快要到了　过冬的衣服
　　亲自

听说　好容易
听到　死去

（5） （6）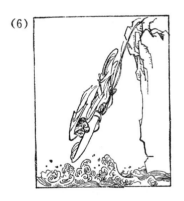

跪在　痛哭
晕　一连
露出

亲人　悲痛
满怀　跳入

3. 阅读下面短文并回答问题：

古长城山海关上，挂着一块"天下第一关"的横匾（héngbiǎn, a horizontal inscribed board），传说，这是明朝的一位书法家萧

显 (Xiāo Xiǎn, Xiao Xian) 写的。

萧显住在山海关附近，十几岁时就擅长书法，但家里很穷。有一年，他想去参加考试，可是没有路费 (lùfèi, travelling expenses)。邻居中有位老人，看到萧显有困难，就卖了家里的一些东西，给萧显作路费。萧显感动得流下了泪，他对老人说："您对我太好了！听说皇帝要给山海关上挂块'天下第一关'的横匾，我现在把字写好，以后有机会您把字献给皇帝，一定会有您的好处。"萧显说完，提笔就写。老人一看他只写了"天下第关"就问："怎么只写四个字？"萧显说："您把这四个字献上去，如果问您为什么少一个字，您就说，写上'一'字的纸被风刮跑了，'一'字很好写，另请人补上吧！"说完就走了。

过了几天，老人就去献字，县官(xiànguān, county magistrate)见了很高兴，但仔细一看少了个字，就问老人，老人把萧显的话说了一遍。县官一想，对啊，写个"一"字还不容易！于是对老人说："这里没你的事，你走吧！"老人提起赏银 (shǎngyín, money reward) 的事，县官不但没给他钱，还把他打了出去。

县官把四个字献给皇帝，皇帝很高兴，可就是少一个字。皇帝就下命令说谁能补上"一"字，就给他一大笔赏银。可是谁也补不上。皇帝让县官去找写"天下第关"的人。县官听了就强迫老人去找萧显。

老人翻山越岭，好不容易才找到了萧显。萧显拿出他写好的"一"字对老人说："这个'一'字，您可用半辈子了。"

第二天，老人献了"一"字。皇帝看了很高兴，要给他赏银，老人立刻说："我不敢要。"皇帝问为什么。老人说："第一回我献了四个字，还被县官打了出来，这一回我带了那么多钱回去，他还不杀了我？"皇帝听了非常生气、说："真有此事？"就下命令把县官抓了起来。

从此，"天下第一关"的横匾就高高地挂在山海关上了。

$\bullet$　　　$\bullet$　　　$\bullet$

(1) "天下第一关"的横匾是挂在什么地方的？

(2) "天下第一关"五个字是谁写的？

(3) 请你谈谈向皇帝献"一"字的经过。

4. 课堂讨论题：

你觉得应该怎样评价秦始皇这样的历史人物？

会话部分

1. 根据所给的情境进行会话：

你和你朋友一起评价一个历史人物。

内容：这个历史人物的功绩，在历史上所起的作用和影响等等。

2. 根据下面的短文，和你的朋友进行会话。

詹天佑 (Zhān Tiānyòu, Zhan Tianyou) 是中国铁路工程专家，他曾负责修建京张（北京——张家口）铁路，这是中国自己修建的第一条铁路。这条铁路经过的地方山高地险，工程十分艰难，当时很多外国铁路专家都觉得在这里修建铁路是不可能的，可是詹天佑接受了这项任务。在修建过程中，他设计出了人字形铁路，解决了火车爬山困难的问题。通过京张铁路的修建，培养了中国第一批铁路工程师 (gōngchéngshī, engineer)，为以后修筑铁路作出了很大贡献。后人为了纪念他，在长城脚下的青龙桥车站为他建立了一座铜像 (tóngxiàng, bronze statue)。

词语部分

1. 把下面的句子翻译成中文（用上所给的词语）：

(1) He is a scientist, and an artist as well.　　（同时）

(2) There are indeed a lot of football fans in our class. There are probably around ten including him. 　（算来）

169

(3) I spent a long time trying to talk her round, but it came to nothing. She cracked a smile when you said only a few words. （露）

(4) The safety precautions laid down by the leading cadres of their factory are really good. I think two of them can be used in our factocy. （其中）

(5) They took an advanced method of production, with the output increasing several times and the cost of products decreasing considerably. （好几　好多）

(6) I had a hard time buying your sister a sports coat in this style, but she was unsatisfied with the colour. （好不容易）

2. 完成句子：

(1) A：这次去西安参观秦始皇陵墓的有多少人？
　　B：＿＿＿＿＿＿＿＿（算），一共有十二个人。

(2) A：居庸关和八达岭离北京远吗？
　　B：＿＿＿＿＿＿＿＿（算），只有六十来公里。

(3) A：你这次去南京办事得十几天吧？
　　B：十几天不够，＿＿＿＿＿＿＿＿（恐怕），请你帮助照顾一下我的孩子，好吗？
　　A：你放心吧，我一定好好照顾她。

(4) A：我排了一个小时队，买到两张足球票。明天你跟我一起去看球赛，好吗？
　　B：明天？真不巧，明天我有个约会，＿＿＿＿＿＿＿＿（恐怕）。
　　A：唉，你看，＿＿＿＿＿＿＿＿两张票(好不容易)，结果你还不能去。

(5) A：最近你身体怎么样？

170

B：我的胃炎治好以后，身体好多了，现在我胖了，有
_____重（来）。

(6) A：今天上午有人找你。

B：谁啊？

A：我忘了问名字了，是个身材高大的小伙子，岁数不
大，_____的样子（来）。

(7) A：你能不能用三天时间重新算一遍？

B：可以，可以，_____（之内）。

(8) A：他们厂搞得真不错。

B：你去他们厂了？

A：去了，_____（没什么），可是竟能生产
出质量那么高的产品来，_____（奇迹）。

3. 选择适当的词语填空，并用这些词语讲讲大概的意思：

算　发现　恐怕　以东　奇迹　成千上万

秦始皇陵墓在陕西省（Shǎnxī Shěng, Shaanxi Province），
秦始皇陵_____一千五百米处有兵马俑坑。人们说没看过兵马
俑，就不能_____到过西安。

兵马俑是一九七四年发现的。现在已经_____三个坑：一
号坑最大，东西长二百三十米，南北宽六十二米，深五米，总面
积有一万四千多平方米。二号坑大概六千平方米。三号坑最小，
只有五百平方米，_____是个指挥部。坑内有_____个和真
人真马大小相同的陶（táo, pottery）俑陶马，这既是当时秦国军事
实力的反映（fǎnyìng, reflection），也是世界艺术史上的_____。

写作部分

写一个历史上有名的人物。介绍他在历史上的功绩以及对后
来的影响。（180字）

第 二 十 五 课

一、课 文

从唐僧取经说起

——唐朝中外文化交流

神话小说《西游记》几百年来一直为人们所喜爱，书中的故事如唐僧取经、孙悟空大闹天宫①等，在中国已经家喻户晓。其实，只有那个名叫玄奘的和尚是历史上的真实人物，其他的主要人物和情节都是作者虚构的。

玄奘生活在唐朝。在中国漫长的封建社会中，唐朝是最强大的王朝，中国在当时是世界上最富强的国家之一。由于经济发展，交通发达，中国对外贸易和文化交流也有了很大的发展。唐朝的首都长安(就是今天的西安)不仅是全国经济文化的中心，同时也是亚洲经济文化交流的中心、世界著名的城市。当时同唐朝有贸易关系的就有四十多个国家，仅长安一地就有外商四千多家。中国高度发展的封建经济文化，对日本、朝鲜以及西亚各国甚至欧洲的一些国家都有一定的影响。另一方面，这种与各国的交往也促进了中国经济的繁荣和文化的进步。

下面我们就来看看唐朝同各国的一些友好往来：

　　自古以来，中国和朝鲜就是唇齿相依的邻邦。朝鲜的音乐舞蹈艺术很早就传入了中国，唐朝初年唐太宗亲自选定的乐曲里有一部就是朝鲜乐曲。唐朝后期，到长安的朝鲜留学生很多，公元八四〇年由长安回国的朝鲜学生就有一百零五人。

　　中国和缅甸两国人民很早就开始了友好交往。到了唐朝，两国的友好关系又有了新的发展，当时有一个骠国(在现在的缅甸境内)，国王曾派他的儿子率领一个舞蹈团访问长安。优美的骠国音乐轰动了整个长安。唐朝著名大诗人白居易看了演出后，写了一首诗，生动地描写了骠国艺术家的精采表演。

　　现在，西安的兴庆公园里，有一座阿倍仲麻吕的纪念碑，常常有来这里访问的日本朋友站在碑前，抄写碑文。阿倍仲麻吕是唐朝时日本派来的留学生，后来他改名为晁衡，并在唐朝作了官，和大诗人李白等结下了深厚的友谊。公元七五三年阿倍要回国了。临行前朋友们在一起写诗互赠。晁衡乘船出发。夜里，他看着天空的明月引起了对故乡的怀念，写成了有名的"望乡诗"。就在这一年，李白听说晁衡在海上遇难，非常悲痛，写了一首"哭晁卿衡"的诗，来纪念他。其实晁衡并没有死，他经历了种种风险，克服了很多困难，最后又回到了中国。当李白又和他见面的时候，他们都高兴极了，简直怀疑是在梦中。从此他们的友谊更为深厚。晁衡一直留在中国，活到七十三岁，逝世于长安。为了纪念他，人们建立了纪念碑，他的那首"望乡诗"和李白的"哭晁卿衡"都刻在碑上。这座碑成了中日两国人民友好的见证。

让我们再回来说一说唐僧的故事吧。

唐僧叫玄奘，唐朝初年他在四川研究佛经理论。他感到当时中文佛经翻译得不完全，不准确，于是就想亲自到天竺去学习。天竺就是现在的印度半岛。公元六二九年他从长安出发，经过五年的艰苦跋涉，终于到达了今天印度境内，并且进入那里一所研究佛经的最有名的寺庙。玄奘在天竺友人提供的良好条件下刻苦学习，并且到各地参观访问，取得了优异的成绩。天竺国的国王很重视文化，各学派的辩论十分活跃。有一次，一个反对他们那个学派的人写了一篇论文，声称没有人能驳倒他。国王决定举行学术大会，公开辩论，还特意请玄奘参加。开会的那一天，国王很高兴地接见了这位中国学者。玄奘向国王介绍了中国的情况，引起了国王很大的兴趣，他表示要来中国访问。辩论大会开始了，玄奘用梵文写了一篇反驳那人的论文，作为辩论的主题在会上宣读。大会举行了十八天，玄奘精辟的议论使大家都信服了。大会结束的那一天，国王送给玄奘很多礼物，玄奘谢绝了。最后国王让他坐在一头装饰精美的大象上，游行一周，表示对这位中国学者的尊敬。

公元六四五年，玄奘回到了离别十七年的长安。唐太宗召见了他，而且非常有兴趣地听他介绍了路上的见闻和印度半岛的情况。后来玄奘又花了十一年的时间，进行佛经的翻译工作。他还把自己的亲身经历写成了一本《大唐西域记》，为研究西域的历史发展情况提供了重要资料。现在这本书已经翻译成好几种文字，成为世界有名的著作。玄奘一生的学术活动以及他和印度友人往来的事迹，是中印人民文化交流史上的佳话。

回顾这段历史，早在一千多年前的唐朝，中国人民

就和各国人民建立了深厚的友谊。今天，在工业和交通高度发达的二十世纪，我们更应该加强与各国人民之间的友好往来，为增进世界人民的大团结作出努力。

二、会　话
叙　述　事　情

A：我昨天看了舞剧《丝路花雨》，剧中描写的中国、伊朗两国人民的友谊使人非常感动。

B：是啊，伊朗是西亚古国，公元前二世纪有了"丝绸之路"② 以后，中国和伊朗的交往就多起来了。到了唐朝，两国的交流就更加密切了。那时候有很多波斯人在中国经商。你听说过有一个波斯人还在唐朝作了大官的事儿吗？

A：不知道。

B：那是在公元六五八年，波斯王派阿罗喊出使中国，后来就留在唐朝了。他还代表唐朝出使东罗马等国。唐王朝赐他将军和公爵的称号。

A：真有意思。

B：阿罗喊在中国活到九十五岁，死后也葬在中国。他的墓碑已经在洛阳发现了。

A：这块墓碑现在成了中伊两国人民友谊的见证了。

B：是啊。除了阿罗喊在中国作官以外，公元六七二年波斯国王卑路斯父子来到中国，并且长期住在长安。在当时，这也是影响很大的一件事。

A：那是怎么回事呢？

B：当时波斯国被外国侵占，波斯王卑路斯父子逃到中国，唐王朝热情周到地接待了他们。从此他们就在长安居住下来。在前后半个世纪的时间里，唐王朝对受到侵略的波斯王父子一直热情支持。

注 释：

① 孙悟空大闹天宫

"The Monkey Creates Havoc in Heaven"

② 丝绸之路　指古代中国丝绸西运经过的路线。

"丝绸之路" refers to the road along which silk fabrics produced in ancient China were transported to the neighbouring countries to her west.

三、生　词

1.	经	（名）jīng	scripture, canon
2.	交流	（动）jiāoliú	to exchange, to interchange
3.	闹	（动）nào	to turn (a place) upside down
4.	天宫	（名）tiāngōng	heavenly palace
5.	家喻户晓	jiāyù hùxiǎo	known to every household, known to all, widely known
6.	虚构	（动）xūgòu	to fabricate, to make up
7.	漫长	（形）màncháng	very long, endless
8.	富强	（形）fùqiáng	prosperous and powerful
	富	（形）fù	rich, wealthy
9.	发达	（形）fādá	developed
10.	不仅…也…	bùjǐn …yě…	not only… but (also) …

177

11. 高度	(形、名)	gāodù	highly; height
12. 以及	(连)	yǐjí	and, as well as
13. 交往	(动)	jiāowǎng	to associate, to contact
14. 繁荣	(形)	fánróng	prosperous, flourishing, booming
15. 往来	(动)	wǎnglái	to come and go, to contact, to exchange
16. 唇齿相依		chúnchǐxiāngyī	to be as close as lips and teeth, to be closely related and mutually dependent
17. 邻邦	(名)	línbāng	neighbouring country
18. 初年	(名)	chūnián	initial stage (or period), early days, beginning
19. 乐曲	(名)	yuèqǔ	musical composition, music
20. 后期	(名)	hòuqī	later period (or stage)
21. 境	(名)	jìng	boundary, border
22. 率领	(动)	shuàilǐng	to lead, to command, to head
23. 轰动	(动)	hōngdòng	to cause a sensation, to make a stir
24. 诗人	(名)	shīrén	poet
25. 生动	(形)	shēngdòng	vivid, lively
26. 精采	(形)	jīngcǎi	brilliant, wonderful, splendid
27. 抄写	(动)	chāoxiě	to copy, to write down
28. 结	(动)	jié	to forge, to form
29. 行	(动)	xíng	to leave
30. 互赠		hù zèng	to give each other as a present, to present as a

				gift to each other
31.	明月		míng yuè	bright moon
32.	遇难		yù nàn	to die (or be killed) in an accident
33.	卿	（名）	qīng	a term of endearment formerly used among close friends
34.	风险	（名）	fēngxiǎn	risk, danger, hazard
35.	克服	（动）	kèfú	to overcome
36.	佛经	（名）	fójīng	Buddhist sutra, Buddhist scripture
37.	跋涉	（动）	báshè	to trudge, to trek
38.	友人	（名）	yǒurén	friend
39.	提供	（动）	tígōng	to provide, to supply, to furnish
40.	良好	（形）	liánghǎo	good, well
41.	优异	（形）	yōuyì	excellent, outstanding, exceedingly good
42.	重视	（动）	zhòngshì	to pay great attention to, to attach great importance to, to set great store by
43.	学派	（名）	xuépài	school of thought
44.	辩论	（动）	biànlùn	to debate, to argue
45.	论文	（名）	lùnwén	thesis, paper
46.	声称	（动）	shēngchēng	to claim, to assert
47.	驳	（动）	bó	to refute, to contradict, to gainsay
48.	公开	（动、形）	gōngkāi	to make known to the

public, to make public,
to bring into the open;
open

49. 特意　（副）tèyì　　for a special purpose,
specially

50. 接见　（动）jiējiàn　to receive, to give an
interview to

51. 反驳　（动）fǎnbó　to refute, to retort

52. 主题　（名）zhǔtí　theme, subject

53. 宣读　（动）xuāndú　to read out (in public)

54. 精辟　（形）jīngpì　penetrating, incisive,
brilliant

55. 信服　（动）xìnfú　to be convinced, to
completely accept

56. 谢绝　（动）xièjué　to politely refuse, to
politely decline

57. 装饰　（动）zhuāngshì　to decorate, to adorn, to
ornament

58. 尊敬　（动）zūnjìng　to respect, to show respect
for, to esteem

59. 离别　（动）líbié　to part, to leave, to bid
farewell

60. 佳话　（名）jiāhuà　a story on everybody's
lips, a deed praised far
and wide

61. 回顾　（动）huígù　to look back, to review

62. 增进　（动）zēngjìn　to promote, to enhance,
to further

63. 丝	(名)	sī	silk
64. 密切	(形)	mìqiè	close, intimate, intense
65. 经商		jīng shāng	to engage in trade, to be in business
66. 出使	(动)	chūshǐ	to be sent on a diplomatic mission, to serve as an envoy abroad
67. 将军	(名)	jiāngjūn	general
68. 公爵	(名)	gōngjué	duke
69. 葬	(动)	zàng	to bury, to inter
70. 墓碑	(名)	mùbēi	gravestone, tombstone
71. 侵占	(动)	qīnzhàn	to invade and occupy; to seize
72. 接待	(动)	jiēdài	to receive, to admit

专 名

1. 唐僧	Tángsēng	another name of Xuan Zang (602-664), an eminent monk of the Tang Dynasty
2. 孙悟空	Sūn Wùkōng	the Monkey
3. 玄奘	Xuánzàng	Xuan Zang
4. 长安	Cháng'ān	Changan, now Xian, capital of China in the Han and Tang Dynasties
5. 朝鲜	Cháoxiǎn	Korea
6. 西亚	Xīyà	the West Asia
7. 唐太宗	Táng Tàizōng	Li Shimin (599-649), one of the emperors of the Tang

8. 缅甸	Miǎndiàn	**Burma**
9. 骠国	Biāoguó	*the State of Biao, an ancient country (now eastern Burma)*
10. 白居易	Bái Jūyì	**Bai Juyi** (772-846), one of the great poets of the Tang Dynasty
11. 兴庆公园	Xīngqìng Gōngyuán	*name of a park in* **Xian**
12. 阿倍仲麻吕	Ābèi Zhòngmálǚ	*name of a Japanese*
13. 晁衡	Cháo Héng	*Chinese name of the Japanese*
14. 李白	Lǐ Bái	**Li Bai** (701-762), one of the great poets of the Tang Dynasty
15. 四川	Sìchuān	**Sichuan Province**
16. 天竺	Tiānzhú	*ancient name of India*
17. 印度半岛	Yìndù Bàndǎo	the Indian Peninsula
18. 印度	Yìndù	**India**
19. 梵文	Fánwén	**Sanskrit**
20. 《大唐西域记》	《Dà Táng Xīyù Jì》	*title of the book by Xuan Zang*
21. 西域	Xīyù	the Western Regions (a Han Dynasty term for the area west of Yumenguan, including what is now Xinjiang and parts of

Central Asia)

四、词语例解

1. 为…所…

"为…所…"是一个表示被动①的结构，多用于书面语。"为"有"被"的意思，它后面是施事②。"所"后面是动词。有时"所"可以省略③。

(1)《孙悟空大闹天宫》是一出为国内外观众所欢迎的京剧。

(2)《三国演义》、《水浒传》、《西游记》、《红楼梦》是为中外读者所喜爱的四大名著(有名的著作)。

(3) 船上的旅游者们为长江三峡的壮丽景色所吸引，谁也不愿意离开甲板。

(4) 过去我们的产品不为顾客所重视，现在由于质量提高，价格不断降低，已开始引起各厂家的注意。

2. ……有贸易关系的，就有四十多个国家

在"就+动词+数量词"这个结构里，如果"就"轻读④，"就"后面的数量词重读⑤，就有强调数量多的意思。

(1) 唐朝的时候，中国就有一万多个外国留学生。

(2) 到了五六月的时候，我家院子里就有十几种花盛开。

(3) 那天，在天安门广场集会的，就有五、六千学生。

如果"就"前面的词语重读，那么，除了强调数量多之外，还有这样的意思：只在前面说的范围⑥之内已经这样多了，如果再包括其他范围就更不用说了。

(4) 在历史上很多朝代都有外国人到中国来学习，只是唐代，就有一万多留学生。

(5) 最近几年到我们学校短期学习汉语的外国学生越来越多，今年就(来了)五百多。

"就"后的动词，有时可以省略。

3. 以及

"以及"可以连接并列的名词、动词、介词结构、主谓结构等。多用于书面语。跟"和"不同的是，"以及"前面的成分⑦是主要的。一个句子里可以有"和"，也有"以及"。

    (1) 在扩建天安门广场的时候，首都的工人、解放军战士以及各校的学生都参加了义务劳动。

    (2) 他们除了参观工厂的两个主要车间以外，还参观了食堂和医务所以及幼儿园。

    (3) 参加今天招待会的有各代表团团长以及部分团员和工作人员。

4. 朋友们在一起写诗互赠

"互赠"是由"互相赠送"两个词紧缩⑧而成的。

词组：

互助——互相帮助	互换——互相交换
互访——互相访问	互谅——互相原谅

互敬互爱——互相敬重、亲爱

互问互答——互相提问、回答

5. 经历

    (1) 六十九岁的老教授说，一九三五年的"一二·九"运动，他是亲身经历过的。

    (2) 这是我亲身经历的一场伟大的激动人心的革命斗争。

    (3) 这座寺庙已经经历了好几个朝代，经过多次改建和修整，才成了现在的样子。

    (4) 他把自己过去的痛苦经历写成了一本小说。

动词"经历"前常有"亲身"（不用"亲自"）作状语。

6. 更为

在书面语中，某些单音节副词或形容词作状语时，常常带上词尾"为"。但它们修饰的形容词或动词，都是双音节的。

（1）这部书提供的资料对研究西域地区的历史发展情况，极为重要。

（2）唐僧为了取得佛经，艰苦跋涉，经历了种种风险。人们听到这些情况都深为感动。

（3）林海与文英结婚之后，生活极为幸福。

7. 提供

（1）我们为这个业余演出团提供了服装和布景。

（2）剧场的休息室可以为观众提供冷热饮料。

（3）这个旅馆向国内外的旅游者们提供了最优质（质量优异）的服务。

我们常说"为…提供""向…提供"。"提供"的宾语一般不是单音节词。

词组：

提供条件	提供资料	提供材料
提供教材	提供住房	提供人力
提供设备	提供市场	提供新产品
提供翻译人员	提供旅游车	

8. 公开

"公开"是动词，可以作谓语，但更常作状语或定语。

（1）他们写的那篇论文，已经在报上公开发表了。过几天也许还会登出反驳他们观点的文章呢！

（2）国外的一家通讯社已经把这条消息公开了。

（3）这是孙老师给青年朋友们写的一封公开信。

词组：

公开反对	公开支持	公开辩论
公开答复	公开出版	公开展出

公开活动　　　　公开(的)身份

9. **特意**

(1) 方兴想试探一下李华对自己的感情，特意买了两张电影票，请她去看电影。

(2) 主人知道我们中间有几个人是喜欢书法的，所以特意请我们去参观了一次碑林。

(3) 因为我们都想尝尝上海的风味小吃，所以他特意请来一位上海朋友给我们做了几样食品。

五、练　　习

課文部分

1. 根据课文内容回答问题：

(1) 举例说明中国和朝鲜自古以来就是唇齿相依的邻邦。

(2) 课文中谈到诗人白居易写了一首诗，这首诗是在什么情况下写的？

(3) 李白和阿倍仲麻吕的深厚友谊表现在什么地方？后人怎样纪念他们？

(4) 唐玄奘为什么要到天竺去取经？因为什么事天竺的国王让他坐在一头装饰精美的大象身上游行一周？回国以后玄奘又作了哪些工作？

2. 根据下面的内容进行对话，然后重点介绍鉴真大师的事迹：

A：在西安有阿倍仲麻吕的纪念碑。你知道在日本有唐代高僧鉴真 (Jiànzhēn, Jianzhen) 大师的坐像吗？

B：知道，但是对鉴真大师的事迹不太了解。

A：鉴真大师生在唐朝最强大，最富强的时候。他从十四岁起开始当和尚，曾经到长安等地，向有名的大师学习，二十六岁回到家乡扬州 (Yángzhōu, Yangzhou) 主持

(zhǔchí, to be in charge of) 大明寺，成了佛教有名的大师。

B：他是怎么去的日本？

A：唐朝的时候，日本派到中国的留学生很多，比如，阿倍仲麻吕一开始也是留学生。当时有两个日本留学生接受了天皇 (tiānhuáng, the emperor of Japan, Mikado) 的命令，到扬州去请他的。

B：去日本要过海，那时又没有象现在这样先进的交通工具，多不容易呀！

A：是啊，鉴真大师五次过海都失败了，并且因海上天气很坏，他得了病，双眼都看不见了。在他六十六岁的那年，日本又一次请他去，这一次终于成功了。他在日本工作了十年，七十六岁在日本逝世。他为中日友好和文化交流作出了贡献。日本人民为了纪念他，给他做了坐像。

B：一九八○年四、五月的时候，鉴真大师坐像在中国展出，我还看到了呢！

3．课堂讨论题：

从哪些方面可以看出，中国在唐朝的时候是世界上最富强的国家之一？

会话部分

1．根据所给的语言情境进行会话：

(1) 谈谈你们国家和中国文化交流的情况。

内容：两国在绘画、音乐、文学、电影……方面互相影响，互相交流的传说、故事以及你们自己的见闻。

(2) 谈自己生活中最有意思的一段经历。

内容：可以是，小时候的一件事，一次旅行，学习一种技巧的经过，在一个新地方的一种新生活（比如从城市到农村），和一个特别的人的交往等等。

2. 阅读下面的短文并讨论问题，进行会话：

马可·波罗是意大利人，生于公元一二五四年。大概在一二七一年秋天，他同父亲、叔叔从意大利出发，过了大海、沙漠、高山，翻山越岭，于一二七五年五月到了中国。中国的皇帝忽必烈（Hūbìliè，Hubilie）热情招待他们。

马可·波罗很聪明，他办事认真，受到了忽必烈的重视。他们父子三人在中国工作了十七年，和中国人民建立了深厚的友谊。他父亲和叔叔年老以后想念家乡，决定回国。一二九五年三人回到意大利。

一二九八年马可·波罗在一次战争中被俘（bèifú，to be taken prisoner），他常给人们讲各国的故事。有一个人用法文记下了这些见闻，就是有名的《马可·波罗游记》。这部书在世界上影响很大。这部名著有一本是手抄的，现在还保存在巴黎国家图书馆里。

马可·波罗介绍了当时中国的建筑、水上交通、中国饭菜等。他把做面条的方法传到了意大利，听说欧洲人吃面条就是从这时开始的。现在意大利的面条已经发展到一百七十多种。

一二九九年马可·波罗被放了出来，他回家结了婚，一三二四年在家乡逝世。

词语部分

1. 选择适当的词语回答问题：

交往　来往

(1) A：从楼上往大街上看，你能看见什么？

　　B：＿＿＿＿＿＿＿＿＿＿＿＿＿＿＿＿＿。

(2) A：在历史上你们国家的人民和中国人民有哪些方面的交往？

　　B：＿＿＿＿＿＿＿＿＿＿＿＿＿＿＿＿＿。

离开　离别

(1) A：秋瑾是怎样去日本留学的？

　　B：＿＿＿＿＿＿＿＿＿＿＿＿＿＿＿＿＿。

(2) A：晁衡为什么写了《望乡诗》？

　　B：＿＿＿＿＿＿＿＿＿＿＿＿＿＿＿＿＿。

讨论　辩论　议论

(1) A：李文当了销售科长以后人们说什么？

　　B：＿＿＿＿＿＿＿＿＿＿＿＿＿＿＿＿＿。

(2) A：不同的学派有不同的观点，你想，他们在一起开会的时候会怎么样？

　　B：＿＿＿＿＿＿＿＿＿＿＿＿＿＿＿＿＿。

(3) A：你认为通过什么方法进行学术交流比较好？

　　A：＿＿＿＿＿＿＿＿＿＿＿＿＿＿＿＿＿。

2. 用以下词语改写下面这段话：

率领　经历　为…所…　特意　提供　不仅…还…

明朝永乐（Yǒnglè, yongle, one of the titles of reign of the Ming Dynasty）皇帝的时候，苏禄国（Sūlù Guó, the State of Sulu）——现在的菲律宾（Fēilǜbīn, the Philippines）——的三个王曾到中国进行友好访问。他们带着王妃、王子（wángzǐ, prince）和三百多人，乘海船到中国来。一路上遇到了种种风险，克服了很多困难，最后才到达北京。他们带来很多珍贵的礼物赠送给中国。永乐皇帝被他们的友好态度感动，也赠送给他们很多礼物。

他们在北京住了二十七天后，决定回国。他们乘船往南走，到达德州（Dézhōu, Dezhou）时，苏禄国的东王突然得病逝世。永乐皇帝非常悲痛，派人到德州为东王举行隆重的葬礼，为他修墓，并且同意王妃和两个王子等十多人为东王守（shǒu, to stand as guards）墓。为了使他们生活方便，给他们创造了很多条件。第二年，明朝政府在东王墓前修建了寺庙，树立了高大的石碑，永乐皇帝还亲自写了碑文。

现在，这儿已是一个有一百二十多户人家的村子，东王的第十九代孙也出生了。五百年来，这座石碑一直是中菲人民友好的见证。

3. 把下面的句子译成汉语（请用上所给的词）：

(1) At the scientific conference there were as many as ten people who read out their treatises. （就）

(2) The delegation that went on a tour yesterday were shipwrecked, and many countries sent ships to their rescue. （遇难）

(3) In order to entertain an old friend of his whom he hadn't seen for years, Old Zhang specially prepared for him some delicate local-style refreshments. （特意）

(4) Please take your wife this silk cloth and this little ornament. （以及）

写作部分

1. 记一次有趣的旅行。

内容：发生过哪些有趣的事情，有什么见闻，是不是认识了新朋友，后来还有没有来往等等。（200字）

复　习（五）

一、总结本单元学过的有关历史、政治、外交方面的词语：

政府　政权　军阀　起义　＿＿＿＿　＿＿＿＿　＿＿＿＿

出使　条约　侵犯　接见　＿＿＿＿　＿＿＿＿　＿＿＿＿

皇帝　大臣　王朝　冷宫　＿＿＿＿　＿＿＿＿　＿＿＿＿

二、下列形容词可以用来修饰哪些名词？

密切　险要　暴虐　奢侈　残酷　腐败　隆重　庄严　曲折
杰出　尖锐　强大

三、根据下面所介绍的三种构词方式，确定下列词语属于哪一种：

往返　负担　根本　答应　长短　等待　瘦弱　来往　离别
东西　描写　矛盾　艰难　贫苦

1．词的两个组成部分在意义上是相同的或相近的。如：英
雄　道路　珍宝

2．词的两个组成部分在意义上是相反的。如：呼吸　安危
往来

3．词的两个组成部分在意义上是相关的。如：血汗　跋涉
描绘

四、选择适当的结构填空：

（1）为…所…　（2）因…而…　（3）为…而…

1．在我们参观过的地方，到处都可以看到人们正在＿＿实
现四个现代化＿＿努力工作。

2．这个问题早就＿＿大家＿＿关心，可是一直没能得到解
决。

3．桂林＿＿她奇特的山水＿＿成为世界闻名的旅游城市。

4．光绪皇帝＿＿挽救清朝政权，巩固自己的统治＿＿赞成变法维新。

5．一九一九年五月四日那天，北京的爱国学生＿＿抗议军阀政府接受外国的不平等条约＿＿举行示威游行。

6．人们将永远纪念那些＿＿祖国的解放＿＿牺牲的英雄们。

7．听了介绍，没有一个人不＿＿他的精神＿＿感动。

8．工人们都＿＿自己厂里越来越好的生产形势＿＿鼓舞。

9．三十年前他就已经是一个＿＿广大群众＿＿喜爱的作家了。

10．四川菜＿＿它特别的色、香、味＿＿闻名。

11．杰出的女革命家秋瑾＿＿她热爱祖国、英勇牺牲的精神＿＿永远＿＿人们所敬佩。

五、选词填空：

1．演员＿＿的表演给观众留下了非常深刻的印象。（精辟　精美　精采）

2．作家在这篇作品里提出了一个非常＿＿的观点。（精辟　精美　精采）

3．在被敌人＿＿的地方，人民群众并没有停止反抗斗争。（侵略　侵犯　侵占）

4．尽管不断地受到帝国主义的＿＿，腐败的清朝政府仍然采取求和的政策。（侵略　侵犯　侵占）

5．这几年我们两国人民之间的＿＿有了进一步的发展。（交流　交往　交易）

6．我和我同学经常＿＿学习方面的经验和体会。（交流　交往　交易）

7．国王＿＿了大臣们，商量解决问题的办法。（接见　召

192

见　会见）

8．校长昨天＿＿了新同学的代表。（接见　召见　会见）

六、阅读下面的短文，然后谈一谈你所了解的中国历史概况。

中国是世界上最早的文明古国之一。从公元前二十一世纪的夏（Xià）朝算起，用文字记下来的历史就已经有四千年了。从公元前四七五—公元前二二一年的战国时期开始，中国进入了漫长的封建社会。公元前二二一年秦始皇建立了一个多民族的统一的封建国家，但是由于他的暴虐统治，仅仅过了十五年秦朝就被中国历史上的第一次农民大起义推翻了。在这以后的两千多年中，先后经过汉、唐、宋、元、明、清等主要朝代，中国封建社会也从发展、繁荣走向衰弱（shuāiruò, weak, declining）。

一八四〇年以后，帝国主义国家不断侵略中国。腐败的清政府对外求和，对内残酷地镇压(zhènyā, to suppress, to put down)人民，使中国变成了半封建半殖民地(bànzhímíndì, semi-colony)社会。一九一一年孙中山先生领导的辛亥革命，推翻了清王朝的统治。但是辛亥革命以后，仍然是封建军阀统治着中国；帝国主义强迫军阀政府签订了一个又一个的不平等条约。一九一九年五月四日在北京爆发了"五四"爱国运动，从此中国人民反对帝国主义、反对封建主义革命斗争的历史，开始了新的一页。在中国共产党的领导下中国人民经过三十年的艰苦斗争，于一九四九年十月一日建立了中华人民共和国。

第二十六课

一、课 文

端午节和屈原

农历五月初五是中国的端午节。这一天人们都要吃粽子，南方各地还要举行热闹的龙船比赛。这个风俗已经有两千多年的历史了，相传是为了纪念中国古代伟大的爱国诗人屈原的。

屈原是中国文学史上第一位伟大的作家，也是伟大的思想家、政治家。他生于公元前三四〇年，也就是中国的战国时代。当时中国包括七个大国——秦、楚、齐、燕、韩、赵、魏，在这七国中，秦国最强，楚国最大，齐国最富。秦国一心想吞并其它六国，统一中国。

屈原是楚国的贵族，曾经作过很大的官，当时，楚国已经开始衰落了。他看到，在秦国的威胁下，自己的祖国正面临着危机；为了挽救国家的命运，就必须改革政治，使楚国强大起来，同时，对外联合齐国，共同抗秦。他还希望能由楚国来完成统一中国的伟大事业。屈原的政治主张代表了国家和人民的利益，可是却遭到了楚国一些腐败贵族的反对。他们受了秦国的贿赂，千方百计不让楚怀王接受屈原的正确主张。后来楚怀王也不再信任他，把他放逐到很远的地方去了。在这场政治斗争中，屈原虽然失败了，但他相信自己的主张是正确的，而决不屈服、动摇。他在诗中写道：

"亦余心之所善兮，虽九死其犹未悔！"①

不久，楚怀王被骗到秦国，当了三年的俘虏，最后死在那里。新国王②比他父亲还要糊涂，他相信那些旧贵族的话，又一次放逐了屈原。虽然诗人自己一生遭受迫害，过着痛苦的生活，但他最关心的还是当时人民群众的苦难，他在诗里对人民表示了深深的同情：

"长太息以掩涕兮，哀民生之多艰。"③

一想到人民的痛苦，诗人就忘记了他自己的不幸，而且更坚定了为自己的理想斗争到底的决心。他在诗里不但深刻地揭露了旧贵族，而且还谴责了跟他们站在一起的楚王。屈原热爱人民，热爱自己的祖国，对故乡的一草一木都有深厚的感情。即使在自己的理想和主张无法实现的时候，他也不愿意离开楚国，到别的国家去找出路。甚至在梦中他都想要回到自己的国都④去。

不久，秦国又一次进攻楚国，把楚国的国都也侵占了，屈原万分悲痛，写了一首哀悼国都的诗——《哀郢》。他看到楚国的前途已经完全绝望了，决定以身殉国，就在五月初五这一天，跳进了汨罗江。

热爱、同情人民的人，也自然会得到人民的同情和热爱，屈原死后两千多年来，这位爱国诗人一直为人民所怀念。每到五月初五这一天，人们都要举行各种活动来纪念他。屈原故乡⑤的人们装饰起漂亮的龙船，在江中进行划船比赛，象征当年楚国人民抢救屈原时的情况。人们把粽子抛到江中，为的是不让恶龙伤害屈原。这就是端午节划龙船、吃粽子这种风俗的来源。

屈原的诗歌流传到现在的有二十五首，《离骚》是他的代表作。这是中国古代最长的一首抒情诗，共三百七十三句，两千四百七十七个字。诗中充满了诗人对理想的追求，对黑暗势力的痛恨，以及对祖国和人民的热爱。

这首诗不但语言优美，感情奔放，而且表现了非常丰富的想象力。诗人把许多神话、传说、历史人物甚至日月风云都写进诗里，组成了一幅幅神奇壮丽的图画，使这篇作品带有浓厚的浪漫主义色彩。不论从内容还是从形式方面来看，《离骚》都是中国古典诗歌的一个高峰，在中国文学史上产生了非常深远的影响。

屈原的作品也受到世界人民的欢迎。早在一八五二年，《离骚》就有了外文译本。后来屈原的作品又陆续被译成各种文字。一九五三年屈原被列为世界文化名人，受到全世界人民的隆重纪念。

二、会　话

讨论问题（1）

A：咱们刚刚学了关于屈原的课文，又看了郭沫若先生的历史剧《屈原》，现在开个座谈会，请大家谈谈自己的感想。哪一位先发言？

B：我先简单地说几句吧。对屈原我了解得很少，他的作品读得更少。我只读过《离骚》的英译本。我感到屈原不但是中国历史上的第一个伟大诗人，也是世界上最伟大的诗人之一。他留给我们的是什么呢？首先是他热爱祖国的感情和不屈服、不妥协的精神。我读他的作品时，是很受感动的。

C：是的，他的爱国精神给后世的中国作家影响很大。举个例子来说吧，汉朝著名的文学家司马迁，在受到残酷迫害的时候，就是学习了屈原的不屈服、不妥协的精神，写出了伟大的著作《史记》的。

D：刚才他们两位说到屈原的爱国精神对后世作家的影响，我非常同意他们的看法。我想谈谈屈原对中国诗歌发展所作的伟大贡献。屈原用当时的民歌形式，创造了一种新的文学体裁，不再象《诗经》那样受四个字一句的限制，这就扩大了诗歌的表现力。他的诗还表现了丰富的想象力。具有浓厚的浪漫主义色彩。

E：对。我插一句，屈原诗歌的浪漫主义特点，不但影响了李白这样伟大的诗人，甚至对后来的《西游记》以及《聊斋志异》等小说作品都有很大的影响—— 对不起，请你继续谈吧。

D：中国过去有一种看法，认为《诗经》、《离骚》是中国诗歌的源流。鲁迅先生还认为屈原的作品对后代诗歌、散文的影响超过了《诗经》。

注 释：

① "亦余心之所善兮，虽九死其犹未悔！" "yǐ yú xīn zhī suǒ shàn xī, suī jiǔ sǐ qí yóu wèi huǐ!" 这两句引自屈原的《离骚》，意思是：只要我心里认为是好的，就是为它而死多少次，也不后悔！这里的"兮"是语气助词，相当于现代汉语中的"啊"。"九"这个数字表示多。

"亦余心之所善兮，虽九死其犹未悔", a quotation from the poem "Li Sao" by Qu Yuan, means "I'll stick to whatever I think is good and right and never repent even if I die for it many times". "兮" here is a modal particle equivalent to "啊"

in modern Chinese and "九", a numeral, means "many or numerous".

② 新国王　指楚怀王死后继位的顷襄王(公元前二九八——公元前二六三)。

"新国王" here refers to the King Qingxiang (298-263 B.C.), who succeeded to the throne on the death of King Huai of the Chu State.

③ "长太息以掩涕兮，哀民生之多艰。" "Cháng tàixī yǐ yǎn tì xī, āi mínshēng zhī duō jiān." 这两句引自屈原的《离骚》，意思是：(我)长长地叹息、流泪，因为(我)哀怜人民生活多难啊!

"长太息以掩涕兮，哀民生之多艰" is also a quotation from the poem "Li Sao" by Qu Yuan, meaning "I heave a deep sigh and shed tears, because I feel compassion for the miserable life the people are living".

④ 国都　楚国的国都是郢，在现在的湖北省。

"国都" here refers to "郢" (in present-day Hubei Province), capital of the Chu State.

⑤ 屈原故乡　屈原的故乡是湖北省秭归县。

Qu Yuan's hometown is the present-day Zigui County, Hubei Province.

三、生　词

1. 粽子	(名)	zòngzi	a pyramid-shaped dumpling made of glutinous rice wrapped in bamboo or reed leaves (eaten during the Dragon Boat Festival)
2. 比赛	(动、名)	bǐsài	to compete; competition,

match, race

3.	风俗	（名）fēngsú	custom
4.	相传	（动）xiāngchuán	tradition has it that… according to legend
5.	于	（介）yú	in, at
6.	一心	（副、形）yìxīn	with one heart and one mind, heart and soul, to have at heart
7.	吞并	（动）tūnbìng	to annex, to globe up, to swallow up
8.	贵族	（名）guìzú	aristocrat, noble
9.	衰落	（动）shuāiluò	to decline
10.	威胁	（动）wēixié	to threaten, to menace
11.	面临	（动）miànlín	to be faced (or confronted) with
	面	（名）miàn	face
12.	危机	（名）wēijī	crisis
13.	命运	（名）mìngyùn	destiny, fate
14.	必须	（能动）bìxū	must, to have to
15.	改革	（动）gǎigé	to reform
16.	利益	（名）lìyì	interest
17.	遭	（动）zāo	to meet with, to suffer
18.	贿赂	（动）huìlù	to bribe
19.	千方百计	qiānfāng bǎijì	in a thousand and one ways, by every possible means, by hook or by crook
20.	信任	（动）xìnrèn	to trust, to have confidence in

21.	放逐	(动) fàngzhú	to exile, to send into exile
22.	动摇	(动) dòngyáo	to shake, to waver, to vacillate
23.	不久	(名) bùjiǔ	before long, soon
24.	俘虏	(名) fúlǔ	captive
25.	糊涂	(形) hútu	muddle-headed
26.	遭受	(动) zāoshòu	to suffer
27.	迫害	(动) pòhài	to persecute
28.	苦难	(名) kǔnàn	suffering, hardship, misery
	苦	(名、形) kǔ	hard, bitter
29.	不幸	(形、名) búxìng	unfortunate; misfortune
30.	坚定	(形) jiāndìng	firm, staunch
31.	到底	dào dǐ	to the end, to the finish
32.	揭露	(动) jiēlù	to reveal, to expose
33.	谴责	(动) qiǎnzé	to condemn, to denounce
34.	木	(名) mù	wood, timber, here: tree
35.	即使	(连) jíshǐ	even if, even though
36.	无法	(副) wúfǎ	unable, incapable
	无	(动) wú	to have not, there is not
37.	实现	(动) shíxiàn	to realize, to come true
38.	出路	(名) chūlù	way out
39.	国都	(名) guódū	capital
40.	进攻	(动) jìngōng	to attack, to take (or launch) an offensive
41.	万分	(副) wànfēn	extremely, exceedingly, very much
42.	绝望	jué wàng	to despair, to give up all hope

43. 以身殉国　yǐshēnxùnguó　to die for one's country, to give one's life for one's country

44. 象征　（动、名）xiàngzhēng　to symbolize, to emblem

45. 抢救　（动）qiǎngjiù　to save, to rescue

46. 恶　（形）è　vicious, ferocious, fierce

47. 伤害　（动）shānghài　to injure, to hurt, to harm

　　伤　（动）shāng　to injure, to hurt, to harm

48. 来源　（名）láiyuán　origin, source

49. 诗歌　（名）shīgē　poetry

50. 流传　（动）liúchuán　to hand down, to spread, to circulate

51. 代表作　（名）dàibiǎozuò　representative work

52. 抒情诗　（名）shūqíngshī　lyric poetry, lyrics

53. 充满　（动）chōngmǎn　to be full of, to be imbued with

54. 势力　（名）shìlì　forces (of darkness)

55. 痛恨　（动）tònghèn　to bitterly hate, to utterly detest

56. 奔放　（形）bēnfàng　bold and unrestrained, overflowing

57. 想象力　（名）xiǎngxiànglì　imaginative power, imagination

58. 图画　（名）túhuà　picture, painting, drawing

59. 浓厚　（形）nónghòu　dense, thick

　　浓　（形）nóng　dense, thick

60. 浪漫主义（名）làngmànzhǔyì　romanticism

61. 色彩　（名）sècǎi　colour

62. 高峰	（名）	gāofēng	height, peak, summit
63. 深远	（形）	shēnyuǎn	far-reaching, profound and lasting
64. 译本	（名）	yìběn	translation, version
65. 陆续	（副）	lùxù	successively, in succession, one after another
66. 列	（动）	liè	to list, to enter in a list
67. 名人	（名）	míngrén	famous (or eminent) person, notable
68. 座谈	（动）	zuòtán	to have an informal discussion
69. 发言		fā yán	to speak (at a meeting), to make a speech (at a meeting)
70. 妥协	（动）	tuǒxié	to compromise
71. 后世	（名）	hòushì	later generation
72. 体裁	（名）	tǐcái	type or form of literature
73. 限制	（动、名）	xiànzhì	to restrict; limit
74. 具有	（动）	jùyǒu	to possess, to have
75. 认为	（动）	rènwéi	to consider, to think
76. 源流	（名）	yuánliú	origin and development, source and course
77. 散文	（名）	sǎnwén	prose

专　名

1. 屈原	Qū Yuán	Qu Yuan
2. 楚怀王	Chǔ Huáiwáng	King Huai of the Chu State
3. 郢	Yǐng	*Ying, capital of the Chu*

State

4. 汨罗江	Mìluó Jiāng	*name of a river*
5. 《离骚》	《Lísāo》	"Li Sao"
6. 司马迁	Sīmǎ Qiān	Sima Qian
7. 《史记》	《Shǐjì》	"The Book of History"
8. 《诗经》	《Shījīng》	"The Book of Songs"
9. 《聊斋志异》	《Liáozhāizhìyì》	"Strange Tales of Liaozhai"

四、词语例解

1. 他生于公元前三四〇年

介词结构"于…"用于书面语。作补语时，有"在…""比…""对…""从…"或"由于…"的意思。

（1）中华人民共和国成立于一九四九年。（在）

（2）秋瑾出生于浙江省的一个官僚家庭。（在）

（3）艺术来源于生活，又高于生活。（从、比）

（4）他们还不太习惯于这种生活方式。（对）

（5）他父亲和哥哥都死于心脏病。（由于）

"于…"作状语，有"在…""对…"等意思。

（6）教学经验交流会于三月五日在第一会议室举行。

（7）这样作，于别人于自己都有好处。

词组：

毕业于清华大学（从）　　　低于中学水平（比）

用于口语（在）　　　　　　不少于一次（比）

建立于抗日战争时期（在）　大于零（比）

有助于改进工作（对）

有害于健康（对）

2. 一心

（1）屈原一心要使自己的国家强大起来，就积极提出改

204

革政治的主张。

(2) 秦国一心想破坏六国的联合，然后再一个一个地把它们吞并掉。

(3) 那时她才十七岁，就一心想作一个演说家。

3. 不幸

(1) 在他们准备武装起义的时候，不幸秋瑾被捕了。

(2) 人们传说晁衡的船在大海上不幸遇难，李白听到以后非常难过。

(3) 屈原虽然一生遭到了种种不幸，但他仍然坚定地为自己理想的实现而进行斗争。

(4) 屈原跳进汨罗江，以身殉国了。人们听到了这不幸的消息都万分悲痛。

"不幸"作状语时，可以放在主语前，也可以放在动词前。

4. 即使…也…

(1) 即使遇到更大的困难，他们也要把这项工程全部完成。

(2) 即使下雨，龙船比赛也会按照原来的计划进行。

(3) 即使只有万分之一的希望，我们也得对病人进行抢救。

口语里更常说"就是…也…"。上面句子里的"即使…也…"都可以换成"就是…也…"。

5. 象征

(1) 兴庆公园里的阿倍仲麻吕纪念碑是中日两国人民友谊的象征。

(2) 辛亥革命的成功象征着中国几千年封建统治的结束。

(3) 他们把一面象征亚非人民团结和友谊的旗帜送给了我们。

6. 为的是

"为的是"表示目的，用在后一分句的开始。

(1) 我们组织了几次老舍作品分析座谈会，为的是使大家了解怎样评价一部作品和一个作家。

(2) 秦国派人去贿赂楚国的一些腐败贵族，为的是让他们劝楚王不要再信任屈原。

(3) 参观之前，老师先给我们作了一点儿介绍，为的是帮助我们听懂讲解员的讲解。

介词结构"为了…"也表示目的，但它一般是在简单句中作状语。

(4) 为了帮助我们听懂讲解员的讲解，参观之前，老师先给我们作了一点儿介绍。

7. 所

(1) 秋瑾的丈夫追求的是吃、喝、玩、乐，而她所考虑的是祖国的前途。

(2) 当时，她所参加的组织都是进步的革命的组织。

(3) 他们所说的，正是大家所想的。

作定语的主谓结构，如果其中的谓语是动词，而且后面中心语① 在意义上是那个动词的受事② 。这时，就可以在动词前加个"所"。"所"没有意思，只起指示③ 的作用。比如"她所参加的组织"，"组织"在意义上是"参加"的受事。在"他工作的地方"这个词组里，"工作"前就不能加"所"，因为"地方"并不是"工作"的受事。有时中心语可以省略，比如例句(3)。

8. 具有

(1) 这项任务的完成是具有伟大的历史意义的。

(2) 屈原是中国古代一位具有爱国主义精神的伟大诗人。

(3) 在故宫周围有很多具有民族特色的建筑。

"具有"的宾语一般都是表示抽象④ 意义的名词。

9. 信任　相信

"信任"一般只能用于人、组织等。"相信"可以用于人或组织，也可以用于事情。

  (1) 开始的时候，楚王对屈原还是很信任的。后来楚王相信了那些腐败贵族的话，才不再相信他。

"信任"的宾语一般是名词、代词。"相信"的宾语除了名词、代词以外，还可以是动词结构或主谓结构等。

  (2) 他能力强，热情高，对工作认真负责，又肯干，因此领导上一直很信任他。

  (3) 大部分人都相信他们的改革一定能成功，我也相信能成功。

"信任"可以作"受到"的宾语，"相信"不能。

  (4) 这位厂长是一直受到工人们的信任和拥护的。

10. 坚定　坚决

"坚定"主要表示立场⑤、主张、决心等不动摇，是个褒义词。

  (1) 秋瑾一心想去日本留学，她决心很大，也很坚定。

  (2) 她们同意我们的看法，并且坚定地站在我们一边儿。

"坚定"也可以是动词，有"使…坚定"的意思。

  (3) 在斗争中，她们更加坚定了要为妇女的彻底解放贡献一切的决心。

"坚决"主要说明人的行动、态度等，带有决心大，不妥协，不改变的意思。

  (4) 他支持大会的决定，并且表现得十分坚决。

  (5) 她们主张变法维新的态度是很坚决的。

  (6) 大家给他提了很多非常宝贵的意见，可他就是坚决不改。

"坚决"不是动词。

11. 认为　以为

"认为"和"以为"的宾语常是主谓结构、动词结构、形容词结构等。

"以为"有两个意思：

第一，表示：开始觉得是这样，但是后来发现实际情况并不是这样。

> (1) 我以为《离骚》没有翻译成外文，后来才知道，早在一八五二年就有了外文译本。

> (2) 原来吃粽子和赛龙船都是为了纪念屈原的，我一直以为这是互相没有关系的两回事呢!

第二，用来表示自己的看法和意见，意思是"自己觉得""这样想"。

> (3) 我以为不论从内容还是从形式上看，《离骚》都是中国古典诗歌的一个高峰。

> (4) 我以为诗人的这首抒情诗，不但语言优美、感情奔放，而且表现了非常丰富的想象力。

"认为"只有"以为"的第二义项意义，而且表示这一意义时，更多的是用"认为"。(3)(4)两句中的"以为"都可换成"认为"。

五、练　习

课文部分

1. 根据课文内容回答问题：

(1) 屈原是个什么样的人？

(2) 屈原的政治主张是什么？

(3) 屈原为什么以身殉国？

(4) 中国人民怎么样纪念伟大诗人屈原？

(5) 屈原诗歌的特点是什么？请举例说明。

（6）谈谈屈原作品的意义和影响。

2．阅读下列短文并重述：

屈原除了《离骚》等作品以外，还有一篇重要的著作——《天问》。在这首长诗中，屈原一共提了一百七十二个问题，他怀疑旧的传统观念（guānniàn, sense, concept），对于自然现象、古代历史、神话传说，他都提出了问题，体现了战国时期人们思想上的解放和智慧（zhìhuì, wisdom）的发展。他们希望了解宇宙（yǔzhòu, cosmos, universe）和大自然。关心祖国和人民前途的屈原，把当时人们总结历史经验，探索未来的理想，要求了解社会、了解自然的愿望（yuànwàng, desire）都写到《天问》里了。他提出的问题，有的直到现在我们仍然在探索，如宇宙起源（qǐ-yuán, origin）的问题等等。这首长诗在我国哲学（zhéxué, phy-losophy）史和科学史上都有重要的地位，所以我们说屈原不仅是诗人、政治家，也是一位思想家。

3．课堂讨论题：

两千多年来中国人民为什么一直纪念屈原？

会话部分

根据下面短文的内容，跟你的同学一起对李白作一个简单的介绍。

李白生于公元七〇一年，死于公元七六二年。他小时候就能写诗，二十五岁时离家长期在各地游览。曾经由友人推荐，在长安做过官，但在政治上不受重视。一年多以后，就离开了长安。他的政治理想没能实现，但他对当时的统治阶级的腐败却有了更深的认识。

李白是屈原以后中国文学史上杰出的浪漫主义诗人。李白的诗歌与伟大诗人屈原的传统有着紧密的联系。对国家安危的关心，对理想的坚持和追求，对旧贵族的反抗，对黑暗现实的痛恨，是屈原和李白的作品在思想内容上的共同特色。

他的创作同屈原一样，具有积极浪漫主义色彩，想象丰富，感情奔放，语言风格也同屈原非常接近。

李白的诗歌不仅对当时的诗歌发展有很大的推动作用，而且对以后的诗歌也产生了深远的影响。他关心国家安危和人民痛苦的进步思想，他的反抗精神，他在艺术方面的杰出成就一直为后人所推崇（tuīchóng, to esteem）。

词语部分

1. 把下列句子译成中文：

1. Some esteem the artistry of Beijing opera an emblem of beauty, and its costumes and movement a source of enjoyment for people. （象征 认为）

2. When they got married, they planted two trees. Now the trees symbolizing their love have already grown big and tall. （象征）

3. Judging from the poems he has written, his educational level is not inferior but probably superior to Little Wang's. （低于）

4. That treatise was probably written in 1980. （写于）

5. This word is seldom used in spoken Chinese. （用于）

6. I hold that smoking is harmful to your health. I advise you against smoking any more.
（认为 有害于）

7. Even if you don't refute my opinions bluntly, I know very well that you disagree with me. （即使 反驳）

8. Even faced with a threat against his life, he was still unwavering. （即使）

210

9. The peculiar disposition he has is related to the misfortune in his family life. （不幸）

10. A sports meet is to be held at our institute next month so as to promote sports activities among the masses. （为的是）

2. 选择适当的词语填空：

　　坚定　　坚决　　相信　　信任　　认为　　以为

(1) 我＿＿＿＿你错了，我同情你的不幸，但你不应该感到绝望，我＿＿＿＿你会坚强起来的。

(2) 从他了解了实际情况以后，他更加＿＿＿＿了自己的决心，态度更＿＿＿＿了。

(3) 我＿＿＿＿你错了，结果是我自己错了，请你原谅。

(4) 他很＿＿＿＿小丁，在他去外地的时候，他把自己家的钥匙交给小丁保管，我＿＿＿＿他们俩是非常好的好朋友。

　　写作部分

介绍你们国家的一个节日以及节日的盛况。（180 字）

第二十七课

一、课 文

参观杜甫草堂

　　成都西郊有一处中国文学史上的圣地，这就是唐代大诗人杜甫的故居——杜甫草堂。

了解中国文化、喜欢中国文学的人，都把中国叫做诗的国家。唐诗是中国古典诗歌的高峰，杜甫就是那个时代的一位杰出的诗人。人们读到他忧国忧民的诗篇，看到他对中国壮丽山河的描绘，都会对诗人产生一种敬佩的心情。想起他一生的不幸遭遇，特别是最后病倒他乡，死在船上，又会深深地同情这位伟大的诗人。

　　今天布朗夫妇和杜米先生就是怀着这样的心情，来参观杜甫草堂的。

　　走进大门，翻译小李对他们说："杜甫在公元七五九年年底流亡到成都①。第二年春天，在朋友的帮助下，他亲自动手修建草堂，前后在这儿住了两年多。杜甫的诗流传到今天的有一千四百多首，其中二百四十多首是在成都写的。我们在这里看到的景物几乎都是杜甫诗中描写过的。"

说着，他们一起来到一个地方，站在那里欣赏着周围的景色，杜米先生不禁背诵起一首杜甫的诗②来。

两个黄鹂鸣翠柳，　一行白鹭上青天。

窗含西岭千秋雪，　门泊东吴③万里船。

小李笑着说："在这儿欣赏这首诗真是太好了！专家们说，这首诗写于七六四年，那时杜甫正住在草堂。"杜米接着说："说不定就是我们面前的这些景物，引起了诗人的灵感，才写出这首诗的。"

小李表示完全同意，他用英文把这首诗给布朗夫人解释了一下，说："我想可能是在一个春天的日子里，杜甫坐在西窗下，远望窗外的景色，忽然有鸟的叫声打破了他的沉思，细看近处，浓密的绿柳枝头，两个黄鹂在对唱。它们的歌声多么动人啊！诗人的目光又转向天空，在蓝蓝的天空里正有一队白鹭飞过。这更引起了他的想象，他的心飞到了四川西部的岷山，那里高山上的积雪终年不化，门前的河水流入长江，直到远处的东吴。"布朗夫人听了说："这首诗太美了，简直象看到了一幅山水画。不过最后一句是什么意思呢？"小李解释道："我个人理解，这里说的是草堂门前的码头——万里桥。当时这个码头是来往东吴和四川的船只停泊的地方。杜甫也从这里想到了东吴，那时候他已经打算去东吴一带漫游了。果然，第二年他就离开了四川。"

布朗先生插进来说："我听说人们把杜甫的诗叫做诗史，这是为什么？"

小李回答说："杜甫的大部分诗并不是描写风景的，

他的诗歌深刻反映了当时的社会现实。唐朝是中国封建社会最强盛的时期，杜甫出生的时候，正是唐朝繁荣的的年代，他去世的时候，唐朝已经衰落了。诗人一生大部分是在忧伤和痛苦中度过的。他关心国家的前途，同情人们的苦难，他的诗反映了社会上的种种矛盾和国家面临的危机，可以说是一部唐代社会从繁荣到衰落的历史，所以被叫作'诗史'。象他写的'朱门酒肉臭，路有冻死骨'④，深刻地反映了当时社会的真实情况，已经成了千古名句。"

布朗夫人说："我们还听说过另外一位诗人李白，他也是非常有名的吧？"

小李说："对，李白是唐代另一位伟大的诗人，中国文学史上一直都认为李、杜齐名。从诗的风格看，他们并不相同：杜甫是现实主义，李白是浪漫主义。李白比杜甫大十一岁。公元七四四年他们在洛阳见面了，立刻结下了兄弟般的友谊。虽然他们第二年秋天分别以后就再也没有见过面，但共同的理想，共同的爱国热情一直把他们联系在一起。李白和杜甫的友谊是中国文学史上的一段佳话。李白跟杜甫一样也是死在穷困之中的。"

"爱祖国爱人民的诗人，是不会被人们忘记的。"布朗先生感叹地说。

他们走出草堂的时候，回过头来再看看朱德写的"草堂留后世，诗圣著千秋"⑤十个字，心情久久不能平静。

二、会 话

讨 论 问 题（2）

A：我觉得在中国的古典文学作品中，诗歌的成就最高。你看，从最早的《诗经》、《楚辞》开始，发展到汉代的乐府民歌，唐代的李白、杜甫的诗歌就不用说了，接下去是宋代的词和元代的曲，一直到明、清的诗，两千多年来产生了多少伟大的诗人，留下了多少杰出的诗篇！所以，要研究中国文学，我主张，主要还是研究中国的诗歌。

B：我不同意你的看法。中国的散文跟诗歌一样有着悠久的历史，也取得了同样高的成就。三千多年前就有了最早的散文；春秋战国时期是中国散文的第一个高峰。汉代出现了司马迁那样伟大的散文作家。唐、宋两代是散文发展的主要时期。明、清也出现了很多优秀的散文。所以，我认为要全面地了解中国文学，不能只注意诗歌一个方面。

C：我觉得 B 的看法是很有道理的。另外，我还想补充一点：除了诗歌、散文以外，中国古典文学中的戏剧、小说也是世界文学宝库中的珍宝。比莎士比亚早三个世纪的元代戏剧家关汉卿，一生写过六十多种剧本，他的代表作《窦娥冤》至今还能在中国舞台上看到，是中国著名的悲剧之一。元、明、清三代也产生了象《西厢记》《牡丹亭》这样的著名剧本。这些作品都是世界上第一流的。说到长篇小说，《水浒传》

216

《三国演义》《西游记》《红楼梦》等，大家就更熟悉了。

B：最近《红楼梦》有了新的英译本和法译本，听说很多外国读者第一次读到这部伟大的作品时，都对这位十八世纪的作家曹雪芹所取得的成就感到吃惊。

A：是啊，由于语言的障碍，中国古典文学艺术宝库还不能让更多的外国读者了解、欣赏。我觉得这是个很大的问题。

C：我想，这也是我们今天要学好汉语的目的之一吧!

注 释：

① 流亡到成都　公元七五九年杜甫因为战乱，从陕西、甘肃流亡到成都。

"流亡到成都" Because of the chaos caused by the then war, Du Fu was forced to leave his home town and, by way of Shaanxi and Gansu Provinces, got to Chengdu in 759.

② 一首杜甫的诗　这是一首绝句，大约作于公元七六四年。

"一首杜甫的诗" refers to a poem in the form of *jueju* written in about 764.

③ 东吴　即吴，因在长江之东，所以也称东吴。

"东吴", i.e. "吴", another name for the Wu State. It was situated east of the Changjiang (Yangtse) River, thus so called.

④ "朱门酒肉臭，路有冻死骨。"　这两句引自杜甫的《自京赴奉先县咏怀五百字》，意思是：富贵人家酒肉吃不完，都发了臭味，可是路旁却有冻死人的尸骨。

"朱门酒肉臭，路有冻死骨", a quotation from the poem 《自京赴奉先县咏怀五百字》by Du Fu, means that "Behind the vermilion gates of the rich and powerful people meat and wine go to waste while out on the road lie the bones of the poor frozen to death".

⑤ "草堂留后世，诗圣著千秋。" 这两句的意思是：草堂留于后世，诗人永远为后人所景仰。"诗圣"是指造诣很高的诗人，后人用来专称杜甫。"著"是著名的意思。

"草堂留后世，诗圣著千秋" means that the straw-roofed house (where Du Fu used to live in Chengdu) remains and the poet himself will forever be respected and admired by the future generations". "诗圣" means "Sage Poet", that is, poet of great attainments. It is used for Du Fu only by the later generations. "著" means "famous or noted".

三、生　词

1. 圣地	(名)	shèngdì	sacred place, shrine
2. 故居	(名)	gùjū	former residence (or home)
3. 忧国忧民		yōuguóyōumín	to be concerned about one's country and people
忧	(动、名)	yōu	to worry, to be worried; sorrow, anxiety
4. 诗篇	(名)	shīpiān	poem
5. 描绘	(动)	miáohuì	to depict, to describe, to represent
6. 遭遇	(名、动)	zāoyù	bitter experience, hard lot; to meet with, to run up against, to encounter
7. 他乡	(名)	tāxiāng	a place far away from one's home, an alien land, a distant land
8. 大门	(名)	dàmén	gate

9. 年底	(名)	niándǐ	the end of the year
10. 流亡	(动)	liúwáng	to exile, to go into exile
11. 景物	(名)	jǐngwù	scenery
12. 几乎	(副)	jīhū	almost, nearly
13. 背诵	(动)	bèisòng	to recite, to repeat from memory
14. 黄鹂	(名)	huánglí	oriole
15. 鸣	(动)	míng	(of bird, etc.) to cry
16. 翠	(形)	cuì	green
17. 柳	(名)	liǔ	willow
18. 行	(量)	háng	a *measure word*, line
19. 白鹭	(名)	báilù	egret
20. 青天	(名)	qīngtiān	blue sky
21. 含	(动)	hán	to contain
22. 岭	(名)	lǐng	ridge, mountain range
23. 泊	(动)	bó	to anchor, to lie (or be) at anchor
24. 说不定		shuō bu dìng	perhaps, maybe
25. 面前	(名)	miànqián	in the face of, in front of
26. 灵感	(名)	línggǎn	inspiration
27. 解释	(动)	jiěshì	to explain
28. 鸟	(名)	niǎo	bird
29. 沉思	(动)	chénsī	to ponder, to meditate, to be lost in thought
30. 细	(形)	xì	thin, slender, fine
31. 浓密	(形)	nóngmì	dense, thick
密	(形)	mì	dense, thick
32. 枝	(名)	zhī	branch, twig

33. 对唱	（动）	duìchàng	(of birds) to cry in an antiphonal way
34. 动人	（形）	dòngrén	moving, touching
35. 目光	（名）	mùguāng	sight
36. 积	（动）	jī	to accumulate, to store up
37. 终年	（名）	zhōngnián	all the year round, throughout the year
38. 化	（动）	huà	to melt
39. 个人	（名）	gèrén	individual person
40. 理解	（动）	lǐjiě	to comprehend, to understand
41. 码头	（名）	mǎtóu	dock, port, wharf
42. 船只	（名）	chuánzhī	ship
43. 停泊	（动）	tíngbó	to anchor, to berth
44. 一带	（名）	yídài	area, surroundings
45. 漫游	（动）	mànyóu	to roam, to wander
46. 果然	（副）	guǒrán	really, as expected, sure enough
47. 反映	（动、名）	fǎnyìng	to reflect, to mirror, to depict
48. 强盛	（形）	qiángshèng	(of a country) powerful and prosperous
49. 去世	（动）	qùshì	to die, to pass away
50. 忧伤	（形）	yōushāng	distressed
51. 朱门	（名）	zhūmén	vermilion gate or red-lacquered doors (of wealthy homes)
52. 臭	（形）	chòu	stinking, smelly, foul
53. 冻	（动）	dòng	to freeze

54. 骨	（名）	gǔ	bone
55. 千古	（名）	qiāngǔ	through the ages, for all time
56. 另外	（形、副）	lìngwài	other, another
另	（形、副）	lìng	other, another
57. 齐名	（动）	qímíng	to enjoy equal popularity, to be equally famous
58. 相同	（形）	xiāngtóng	same, alike, identical
59. 现实主义	（名）	xiànshízhǔyì	realism
60. 般	（助）	bān	type, way, class, sort
61. 穷困	（形）	qióngkùn	poverty-stricken, impoverished
62. 诗圣	（名）	shīshèng	sage poet
63. 平静	（形）	píngjìng	calm, quiet, tranquil
64. 乐府	（名）	yuèfǔ	(poetic genre of) folk songs and ballads in the Han style
65. 词	（名）	cí	ci, poetry written to certain tunes with strict tonal patterns and rhyme schemes, in fixed numbers of words and lines originating in the Tang Dynasty and fully developed in the Song Dynasty
66. 曲	（名）	qǔ	qu, a type of verse for singing, which emerged in the Southern Song Dynasty and Jin Dynasty and became

221

popular in the Yuan Dynasty

67. 悠久　（形）yōujiǔ　long, long-standing, age-old

68. 同样　（形）tóngyàng　same, equal, similar

69. 剧本　（名）jùběn　play

70. 悲剧　（名）bēijù　tragedy

71. 流　（名）liú　rate, class, grade

72. 长篇小说　chángpiān xiǎoshuō　novel

73. 熟悉　（动）shúxī　to know very well, to be familiar with

74. 障碍　（名）zhàng'ài　barrier, obstacle

专　名

1. 杜甫草堂　Dù Fǔ Cǎotáng　Du Fu's Straw-roofed House

2. 杜甫　Dù Fǔ　Du Fu

3. 东吴　Dōngwú　the Eastern Wu State, another name for the Wu Dynasty

4. 岷山　Mín Shān　Minshan Mountain

5. 洛阳　Luòyáng　Luoyang

6. 朱德　Zhū Dé　Zhu De

7. 《楚辞》　《Chǔcí》　"the Songs of Chu"

8. 宋　Sòng　the Song Dynasty

9. 元　Yuán　the Yuan Dynasty

10. 春秋　Chūnqiū　the Spring and Autumn Period (770-476 B.C.)

11.	关汉卿	Guān Hànqīng	*a personal name*
12.	《窦娥冤》	《Dòu'éyuān》	"The Wrongly Accused Dou E"
13.	《西厢记》	《Xīxiāngjì》	"A Story of the West Chamber"
14.	《牡丹亭》	《Mǔdāntíng》	"The Peony Pavilion"

四、词语例解

1. 把…叫做（称做）…

(1) 因为这个城市到处是鲜花，所以人们都把它叫做花城。

(2) 王羲之常在他家的一个水池里洗笔，后来，池水变成了黑色，大家就把这个水池叫做墨池。

(3) 人们把杜甫称做"诗圣"，把李白称做"诗仙"。

除了"把…叫做（称做）…"以外，常用的还有"把…看做（看成、看成是）…""把…当做（当成）…"等结构。

(4) 他把人民群众的事情看成是自己的事情，一切都从人民的利益出发。

(5) 姐弟俩从小失去了父母。一位邻居就把她们当做自己的孩子，抚养、教育了十几年，现在她们都已经长大成人了。

2. 杜甫的诗流传到今天的有一千四百多首

这种句子的特点是，先说出全部，然后再说出其中某部分的情况。

(1) 他的作品，最受读者欢迎的是这部长篇小说。

(2) 暑假里，我们班的同学，有的人要去杭州游览西湖，有的人要去西安参观秦始皇墓兵马俑。

(3) 展销会上展出的这类机床，大部分是上海生产的。

3. 几乎

"几乎"在这里有差不多的意思。

（1）杜甫比较著名的诗，他几乎都看过。有些还可以背诵。

（2）秦国侵占了楚国的国都以后，屈原万分悲痛，他几乎完全绝望了。

（3）一九一九年五月四日那天，参加游行示威的学生几乎有三千人。

4. 说不定

"说不定"是个动补结构①，可以作谓语，意思是："不能肯定"。

（1）这场乒乓球比赛，是北京队赢还是上海队赢，谁也说不定。

（2）下雨了，他可能不来了吧？

——那也说不定。

"说不定"更常作状语，意思是"很可能"。

（3）有人说，晁衡在海上遇难了；但是也有人说，这个消息不一定确实，说不定他还活着。

（4）他们这个舞蹈团有很多精采节目，如果到其他省市去演出，说不定会轰动全国呢！

5. 远望窗外的景色

"远望"（"远看"）意思是"看到远处""向远处看"。相同的结构还有"近看"，意思是"向近处看""看到近处"。

（1）秋天我们来到八达岭，登高远望，啊，多么壮丽的景色！

（2）在颐和园的昆明湖东岸，可以远望西山，近看湖水，风景十分迷人。

"远看""近看"还有"从远处看""从近处看"的意思。

（3）"远看象座山，近看不是山，仔细看一看，原来是山

224

上山。"这是什么字？想得出来吗？

——我想出来了，这是"出"字，对不对？

(4) 这张画儿近看不好，远看才好呢！

6．个人

(1) 我个人的意见是：把他在会上宣读的论文，作为这次辩论会的主题。

(2) 这只是个人（我自己）的看法，不代表别人；如果不对，欢迎大家批评。

(3) 在工作中他从来不考虑个人的利益。

7．一带

"一带"常用在表示地方的名词或名词结构后面，也可以说"这一带""那一带"。

(1) 唐朝的时候，陇西一带出产的葡萄非常有名。

(2) 那一带最近新建了好几座饭店和旅馆。

(3) 我们这一带有一所中学、两所小学和两个幼儿园。

8．反映

(1) 这一期的《电影作品》杂志上发表了一个反映大学生生活的电影剧本。

(2) 请你向老师反映一下：我们希望他讲讲李白和杜甫在诗的风格上的不同。

——好，我一定把你们的要求反映给老师。

(3) 文艺作品要反映现实生活。

(4) 大家听了他的演说，有什么反映？

9．名句

"名句"就是著名的诗句或文章中的句子。同样结构的词，还有"名人""名家（专家）""名著（著作）""名作（作品）""名篇（某篇文章）""名产（产品）""名牌（牌子）""名城（城市）""名山""名酒"等等。

10. 另外　另　别的

"另外"和"别的"

A. "另外"是形容词，只能作定语。指在一定范围之内的，除了前面说到的以外的人或事物。"另外"常和数量词一起用，用时"另外"在数量词前面。

(1) 杜甫的诗我们一共要学四首，今天先学这两首，**另外**(的)两首明天再学。

(2) 这本《唐诗三百首》送给你吧，我还有另外(的)一本（《唐诗三百首》）。

"别的"是代词，指除了前面说的以外的人或事物，多用于没有一定范围的情况下。有时后面的中心语可以省略。"别的"较少和数量词一起用，同时，常在数量后面。

(3) 中国现代的文学作品，我看的很少，只读过鲁迅的《野草》和《彷徨》，还有老舍的《骆驼祥子》，别的作品都没读过。

(4) 除了书以外，你还想给他寄点儿别的吗？

(5) 你们谈吧，我还有一些别的事情，先走了。

B. "另外"也是副词，作状语，可以放在动词前。

(1) 给帕兰卡的信已经寄走了，我们另外写一封吧！

"另外"也可以放在句子外面，表示在说过的事情之外还有补充。

(2) 他在中国古典文学方面的知识很丰富，对中国的唐诗和宋词都有较深的研究，另外，对元曲也有一定的了解。

"别的"不能作状语。

"另外"和"另"

"另外"作状语放在动词之前，或作定语放在数词"一"之前，这时都可以换成"另"。

(1) 这张纸破了，再另外(另)拿一张纸写吧！

(2) 我的两本《汉英词典》，一本借给了老王，另外(另)
一本借给了老李。

用"另外"的句子，副词"再""又""还"等可以在"另外"的前或
后。用"另"的句子，其他状语都只能在"另"之前。

(3) 那封信已经寄走了，我们另外再写一封吧！

(4) 那封信已经寄走了，我们再另外(另)写一封吧！

五、练 习

课文部分

1. 根据课文内容回答下列问题：

(1) 布朗夫妇和杜米先生怀着什么样的心情去参观杜甫草堂
的？

(2) "两个黄鹂鸣翠柳，一行白鹭上青天。窗含西岭千秋雪，
门泊东吴万里船。"这首诗是谁写的？请你解释一下这首
诗的意思。

(3) 唐朝有一位和杜甫一样伟大的诗人是谁？他的诗和杜甫
的诗风格一样吗？他们怎样结下了兄弟般的友谊？

2. 进行会话，然后讲讲杜甫故居的情况和关于诗人的传说：

A：杜甫草堂是诗人在成都的故居，他的故乡是哪儿呢？

B：河南省东部有一座样子象笔架 (bǐjià, pen rack, pen-
holder)的山，公元七一二年杜甫
就诞生在这座山下。

A：现在那儿还有杜甫的故居吗？

B：有。中国政府重新修整了杜甫故
居，郭沫若先生还亲笔写 了"杜
甫纪念馆"五个大字。现在人们

都是怀着敬佩的心情去那儿参观。

A：你能介绍介绍那儿的情况吗？

B：去年我去过那儿一次。到了杜甫故居门前，首先看到的
是大门西边墙上有一块五尺多高的石碑，上面刻着"诗圣
故里"。故里就是故乡的意思。从大门进去是一个小院，
有两间房子和一个窑洞 (yáodòng, cave dwelling)，杜
甫青少年时在这儿学习和生活过。现在，窑洞和房子里
挂满了字和画儿，都是书法家抄写的杜甫的诗句和名画
家按照他的诗句画的画儿，其中有齐白石的作品，也有
徐悲鸿的作品。除了这些以外，还有中外出版的杜甫诗
集七十多种。

A：在杜甫的故乡有关于他的传说吗？

B：有很多。比如，说杜甫原来是天上一颗会作诗的星，后
来来到地上，成了一个诗人；还比如，说在笔架山的右
边，有一个一人多深的土坑 (tǔkēng, hollow; puddle)，
每当下雨，土坑里就会流进一池象墨一样的黑水，杜甫
用高山作笔架，大地作砚池 (yànchí, inkstone, inkslab)，
才写出了那么多好诗。

A：看起来杜甫确实是一位受到人民热爱的诗人。

B：所以人们称他为"诗圣"啊！

3．课堂讨论题：

为什么人们把杜甫的诗叫做诗史？怎样理解"朱门酒肉臭，路
有冻死骨"这一千古名句？

会话部分

1．根据所给的语言情境进行会话：

(1) 对你所了解的中国唐代的几个诗人以及他们的诗进行讨
论。

228

内容：背诵两首诗；你喜欢谁的诗，他们的风格是不是相同，有什么特点，试用英文翻译一下大概的意思。

(2) 介绍你知道的中国小说或电影。

内容：介绍小说或电影中的故事或人物，如孙悟空、唐僧、《红楼梦》、《茶馆》、《城南旧事》等。

2. 进行会话，然后根据出土文物介绍宋代戏剧表演的情况。

A：中国的戏剧历史悠久，内容丰富，现在我们可以看演员的表演，但是，怎么才能知道古代演出的情况呢？

B：有些情况可以从出土 (chūtǔ, unearthed, excavated) 文物中了解到。比如，一九五八年在河南省，从一个宋代的墓里挖出六块砖，上面都有雕刻。其中三块砖刻的是演戏的情况。第一块砖刻的好象是演员正在对观众说话，第二块砖是两个人正在表演，第三块砖是两个人在跳舞，样子很可笑。

A：宋代戏剧是在唐代戏剧的基础上发展起来的，听说比较简单，活泼 (huópo, lively)，它通过音乐、舞蹈、演唱和说话来表达感情。

B：一九五二年也是在河南一座宋代墓里挖出了一组戏剧雕砖，四块砖上各刻一个戏剧人物，除了演员外还有乐队 (yuèduì, band, orchestra)，这个乐队由七个人组成，其中有五个男的，两个女的。

A：啊！真有意思。当时的舞台是什么样子的呢？

B：一九六〇年在河北省出土的宋代墓中，发现了一座用砖雕的小型舞台，前面有栏杆 (lángān, railing, balustrade) 台上有八个人正在表演。

A：有机会我一定要亲眼去看看这些东西。

B：我们先找到这样的照片也行。

A：对。

词语部分

1. 选择适当词语填空：

(1) 个人　自己

A：一场球赛能不能打好，不是哪个运动员____可以决定的，而要靠全体队员的努力。你说呢？

B：是啊。每个运动员都有____的特点，如果他们都打得好，才能打出全队的水平。

A：你认为我们学校篮球队运动员的____技术怎么样？

B：都不错。这可不是我____的看法，很多人都这么看。

(2) 另外　别的

A：同志，我要这本画报和这本杂志。

B：好，还要____吗？

A：再要一张今天的晚报吧。____，请您给我两个信封。一共多少钱？

B：画报、杂志和晚报一共是一块零五，信封钱____算。

(3) 一带　附近

A：我们学校____有一个书店，你去过吗？

B：去过，那____我很熟悉。

(4) 相同　同样　一样

A：李白的诗好，还是杜甫的诗好？

B：我认为，从诗的水平看，____好，只是风格不____。

A：我和你有____的看法。他们虽然风格各有特点，但有一点____，就是他们的诗都有人民性。

(5) 平静　安静

A：这儿可真____，我们在这儿看会儿书吧。

B：我的心可有点儿不____，因为刚才那件事使我太激

230

动了。

A：你____地坐一会儿，心情自然会____下来的。

2．用以下词语改写下面这段话里划线的部分：

解释　描绘　说不定

据说，宋朝的时候，在一个寺庙的墙上写着一首杜甫的诗。诗中有一句是"林花著（zhuó, to be drenched）雨胭脂（yānzhǐ, rouge）□"，因为年代久了，风吹雨打，少了一个字。这句话是什么意思呢？它是说，树上的花被雨水冲过以后，象胭脂□了一样，红得可爱。

一天，苏东坡（Sū Dōngpō, Su Dongpo）等四个诗人到这儿来玩儿。他们看了以后，都想按照自己对这首诗的理解补上一个字。他们每个人都补了一个，而且都认为自己补的可能就是杜甫原来的那个字。

回去以后，他们马上去查书，一看，都不对，并且都没有杜甫原来的那个字好。杜甫写的是一个"湿"字。他们都很敬佩杜甫用词准确。一个"湿"字，写出了雨后大自然的景色。

写作部分

写一段描写景物的文章。（180字）

第二十八课

一、课　文

蛐　蛐　儿

明朝的时候，有个皇帝喜欢斗蛐蛐儿，每年都要向老百姓征收蛐蛐儿。

陕西华阴县有个县官想升官发财，他弄到了一只好蛐蛐儿，献了上去。皇帝很满意，从此每年都要这个县献蛐蛐儿。可是华阴县本来不产蛐蛐儿，那个县官就借这个机会要老百姓出钱买。买一只好蛐蛐儿要花很多钱，因此这个县每年都有很多人家破产。

县里有个叫成名的读书人，很老实，为了买蛐蛐儿交差，把仅有的一点儿家产都卖光了。可是，不久又碰上皇帝征收蛐蛐儿，成名愁得要死。他妻子说："愁有什么用？买不起蛐蛐儿就自己去捉吧，说不定还能捉到一只好的。"

成名觉得妻子说的有道理，就早起晚睡，到墙脚下，草丛里找蛐蛐儿。他见到石头缝就捅，看见小洞就挖，好不容易捉到一只，但个儿很小，不符合要求。到了期限交不了差是要挨打的，成名的两条大腿都被打烂了，连走路都很困难。他躺在床上，翻来复去地想，怎么也想不出个好办法，他真不想活了。妻子劝他说："你死了也没用，死了咱们家也还得交蛐蛐儿，我看，还是再去找一找吧！"

成名忍着疼痛起床，挣扎着走到一座大庙背后，在那草深树密的地方仔细寻找。突然，在树丛里发现了一只蛐蛐儿：个儿很大，尾巴很长，黑亮的脖子，金黄的翅膀，看样子是一只好蛐蛐儿。成名高兴极了，把它捉进笼子带回家去。全家人象得了宝贝似的，都非常高兴。成名把蛐蛐儿养在罐子里，打算过几天就交上去。

成名有个儿子，才九岁。他想看看这只蛐蛐儿，就趁他爸爸不在家时，偷偷地打开了罐子盖儿。谁知那蛐蛐儿一下子就从里边跳了出来，孩子怎么捉也捉不着。最后他猛地向前一扑，没想到把蛐蛐儿拍死了。孩子吓坏了，哭着去告诉妈妈。他妈妈一听吓得脸色都变了、大骂道："该死的，你这不是要你爸爸的命吗？等你爸爸回来，看他跟你算帐吧！"

孩子抽泣着从家里跑了出去。

没多久，成名回来了。听了妻子的话，他气得要命，非要打孩子不可。可是孩子到哪儿去了呢？他们到处找，后来在一口井里找到了孩子的尸体，成名夫妇俩把尸体抬回家去，哭得死去活来。天快黑了，他们决定先把孩子的尸体埋掉，可是用手一摸，发现孩子好象还有一点呼吸，他们忙把他放在床上。到了半夜，孩子果然苏醒过来，可是他呆呆的，象没有魂儿似的，整天只是睡觉。

成名看到空空的蛐蛐儿笼子，也顾不得照看孩子，又发起愁来。忽然，成名听到房门外有蛐蛐儿的叫声，他走出去一看，好象看见那个长尾巴蛐蛐儿还活着，忙去捕捉。成名连扑几下，好不容易才把它捉住。一看，却是只小蛐蛐儿，他嫌太小，不想要。小蛐蛐儿却跳到他的袖子上。他仔细一看：梅花翅膀，方头长腿，样子不错，也许是只好蛐蛐儿。成名把它收进笼子里，准备用它交差。他还有点不放心，想先让它跟别人的蛐蛐儿斗一斗。

村里有个青年，养了一只很厉害的蛐蛐儿，整天和别人的蛐蛐儿斗，每次都是他的赢。成名决定用他的小蛐蛐儿试一试。他们把两只蛐蛐儿放在一个罐子里。开始小蛐蛐儿趴着不动，那个青年就用一根又细又长的草去捅它，它还是不动，青年得意地笑了起来。接着他又捅了几下，小蛐蛐儿急了，一抖翅膀，直向大蛐蛐儿扑去。两只蛐蛐儿咬得很凶。结果小蛐蛐儿斗赢了。成名非常高兴，他正欣赏着自己的小蛐蛐儿，突然，一只公鸡跳

过来，要啄小蛐蛐儿，成名吓得大声喊叫。这时候，小蛐蛐儿猛地一跳，公鸡没有啄着，但它又扑了上去。成名吓慌了，不知道怎样才能救出小蛐蛐儿。正在着急的时候，只见那公鸡伸着脖子，拍着翅膀，摇着脑袋，象得了急病似的。成名低头一看，原来小蛐蛐儿已经跳到公鸡的头上，死死地咬住不放。这一下成名可高兴了，连忙把小蛐蛐儿收进笼子里。第二天就把它交给了县官。县官派人连夜给皇帝送去。

小蛐蛐儿到了皇宫以后，皇帝让他跟各地送来的蛐蛐儿斗，结果每次小蛐蛐儿都赢了。它还有一个特别的本领，就是能跟着音乐跳舞，这就让人感到更加珍贵了。皇帝得了这只小蛐蛐儿，比得了一个能带兵打仗的大将军还高兴，他认为华阴县的县官很会办事，就命令重重地赏赐他。

一年多以后，成名的儿子精神恢复到原来的样子了。他说，他记得自己变成了一只勇敢的小蛐蛐儿，进皇宫以后，把皇帝的蛐蛐儿都斗败了。成名这时才明白，小蛐蛐儿原来是自己孩子的魂儿变的。

二、会　　话

分析作品（1）

A：读了《蛐蛐儿》这篇课文，你有什么感想？

B：我觉得故事很有意思。可是因为我对作品的时代背景和作家的情况不太了解，所以对作品的主题也就不十分清楚。

A：这篇课文是根据清代作家蒲松龄的《聊斋志异》里面的一篇小说改写的。蒲松龄生活的时代，正是清代统治者对汉族和国内其他民族进行残酷统治和掠夺的时代。作家出生于贫苦的家庭，一生都过着穷困的生活，因此他对当时人民的苦难生活有很深的体会，对封建统治者非常痛恨。

B：那么这篇小说就是为了揭露当时社会的黑暗，表达作家对人民的同情了。

A：对。作家直接揭露了当时最高的封建统治者——皇帝。皇帝为了自己玩蛐蛐儿，却造成了千千万万个家庭的悲剧。成名是个老实的读书人，他为了向皇帝交蛐蛐儿，把家产都卖光了，最后连自己的儿子也被逼死了，这是多么悲惨的遭遇啊！

B：可是，后来他的儿子又活过来了，而且变成了一只勇敢的小蛐蛐儿，这个情节又说明了什么呢？

A：这个情节看上去并不真实，但它却反映了当时封建社会的可怕的生活现实；人民从肉体到精神都受尽了统治者的迫害，甚至最后还要成为他们的玩物。

B：这样看来，这篇故事的内容是非常深刻的了。

A：《聊斋志异》里有不少作品是描写这方面的内容的，还有很多作品写的是当时青年男女争取恋爱自由的故事，作家塑造了很多可爱的男女青年的形象。

B：是吗？我真想早点读到这本书。

三、生　词

1. 蛐蛐儿　（名）qūqur　　cricket
2. 斗　　　（动）dòu　　to make animals fight (as a game)
3. 征收　　（动）zhēngshōu　to levy, to collect
4. 县官　　（名）xiànguān　county magistrate
5. 发财　　　　fā cái　　to make a fortune (or pile), to get rich
6. 老实　　（形）lǎoshí　honest
7. 交差　　　　jiāo chāi　to report to one's immediate superior after accomplishing a task
8. 家产　　（名）jiāchǎn　family property
9. 碰　　　（动）pèng　to meet, to run into, to encounter
10. 愁　　　（动）chóu　to worry, to be anxious
11. 捉　　　（动）zhuō　to catch
12. 墙脚　　（名）qiángjiǎo　the foot of a wall
13. 草丛　　（名）cǎocóng　a thick growth of grass
14. 缝　　　（名）fèng　crack, crevice
15. 捅　　　（动）tǒng　to poke, to stab
16. 符合　　（动）fúhé　to accord with, to conform to
17. 期限　　（名）qīxiàn　deadline, time limit, allotted time
18. 挨　　　（动）ái　to be beaten, to take (a beating), to get (a thra-

237

shing)

19.	烂	(形，动) làn	festering, rotten, wornout, to rot, to fester
20.	翻来复去	fānlái fùqù	(to think) again and again (or repeatedly)
21.	忍	(动) rěn	to bear, to endure, to tolerate
22.	疼痛	(形) téngtòng	painful, ache
	痛	(动) tòng	to hurt, to ache
23.	挣扎	(动) zhēngzhá	to struggle
24.	背后	(名) bèihòu	back, rear
25.	尾巴	(名) wěiba	tail
26.	脖子	(名) bózi	neck
27.	翅膀	(名) chìbǎng	wing
28.	笼子	(名) lóngzi	cage, coop
29.	宝贝	(名) bǎobèi	treasure
30.	似的	(助) shìde	like, as
31.	罐子	(名) guànzi	jar, pot
32.	趁	(介) chèn	by, to take advantage of
33.	猛	(形) měng	sudden, abrupt
34.	扑	(动) pū	to throw (oneself) on, to spring on
35.	吓	(动) xià	to frighten, to intimidate, to scare
36.	骂	(动) mà	to scold, to abuse
37.	该死	(形) gāisǐ	damn, damned, Damn you.
38.	要命	yào mìng	to drive sb. to his death, to kill oneself

238

39. 算帐		suàn zhàng	to get even with sb, to make sb. pay (for what he did), to do (or work out) accounts
40. 抽泣	(动)	chōuqì	to sob
41. 死去活来		sǐqù huólái	half dead, half alive, hovering between life and death
42. 埋	(动)	mái	to bury
43. 苏醒	(动)	sūxǐng	to come to (or round), to regain consciousness
44. 呆	(形)	dāi	dumbstruck, dull
45. 魂儿	(名)	húnr	soul
46. 空	(形)	kōng	blank
47. 照看	(动)	zhàokàn	to look after, to take care of
48. 袖子	(名)	xiùzi	sleeve
49. 方	(形)	fāng	square
50. 趴	(动)	pā	to lie prone, to lie on one's stomach, to bend over
51. 根	(量)	gēn	*a measure word*, piece
52. 急	(形、动)	jí	irritated, annoyed, angry; to irritate, to annoy, to get angry
53. 抖	(动)	dǒu	to shake, to spread, to vibrate
54. 咬	(动)	yǎo	to bite, to snap at
55. 凶	(形)	xiōng	fierce, ferocious, violent
56. 公鸡	(名)	gōngjī	cock

鸡	（名）	jī	chicken
57. 啄	（动）	zhuó	to peck
58. 慌	（形、动）	huāng	flurried, flustered; to confuse
59. 伸	（动）	shēn	to stretch, to extend, to hold out
60. 摇	（动）	yáo	to shake
61. 脑袋	（名）	nǎodai	head
62. 打仗		dǎ zhàng	to fight, to go to war, to make war
63. 赏赐	（动）	shǎngcì	to award, to grant (or bestow) a reward
赏	（动）	shǎng	to award, to grant a reward
64. 勇敢	（形）	yǒnggǎn	brave, courageous
65. 背景	（名）	bèijǐng	background
66. 改写	（动）	gǎixiě	to rewrite, to adapt
67. 掠夺	（动）	lüèduó	to plunder, to rob
68. 罪恶	（名）	zuì'è	crime, sin
69. 造成	（动）	zàochéng	to cause
70. 悲惨	（形）	bēicǎn	miserable
71. 肉体	（名）	ròutǐ	the human body, flesh
72. 尽	（动）	jìn	to use up, to exhaust, to the utmost
73. 玩物	（名）	wánwù	plaything, toy
74. 塑造	（动）	sùzào	to model, to mould, to portray
75. 形象	（名、形）	xíngxiàng	image, figure

专 名

1. 华阴县　　Huàyīn Xiàn　　Huayin County
2. 成名　　　Chéng Míng　　*a personal name*
3. 蒲松龄　　Pú Sōnglíng　　*a personal name*
4. 汉　　　　Hàn　　　　　 the Han (nationality)

四、词语例解

1. 借…机会

"借…机会"这个动宾结构，在句子里作状语。"借"后也可以加"着"。

 (1) 杜米先生借来中国讲学的机会，游览了中国许多名胜古迹。

 (2) 最近我们要去西安旅游，我想借这个机会把阿倍仲麻吕纪念碑的碑文抄（写）下来。

2. 成名愁得要死

用"要死"作程度补语①，表示达到一种极高的程度，并不是真的要死。有时也说"…得要命"。

 (1) 成名听说儿子把蛐蛐儿拍死了，气得要命，非要打他不可。

 (2) 成名夫妇在井里发现了孩子的尸体，两个人难过得要死。

 (3) 成名看到自己的小蛐蛐儿斗赢了，高兴得要命。

也可以用"死"或"坏"作结果补语，表示极高的程度。句尾一般要有"了"。

 (4) 看到公鸡要啄小蛐蛐儿，成名真是急坏了。

 (5) 听说皇帝又要征收蛐蛐儿，老百姓简直愁死了。

在这类句子里，有时施事也可以作为宾语出现，或者用"把"

字句。

> (6) 孩子得了重病，抢救的结果还不知道，真急死我了。

> (7) 孩子得了重病，抢救的结果还不知道，真把我急死了。

3. 愁有什么用

这是个反问句，"有什么用"意思就是"没用"。

> (1) 这篇文章有什么意思？一点儿意思也没有！

> (2) 吸烟有什么好处？我认为一点儿好处也没有。

> (3) 着急有什么用处？还是快想办法吧！

另外，要注意："没什么用"不是"有什么用"的否定形式，"没什么用"的意思是"基本上没用"或"用处不大"。

4. 买不起

"…不起"的肯定形式是"…得起"。

> (1) 几年前，我们这儿的农民哪儿买得起彩色电视机啊！好些人连黑白的都买不起呢！

> (2) 我们都是学生，住不起那样的大旅馆。

> (3) 穷人看不起病，孩子上不起学，这在过去是常有的事。

5. 翻来复去

在"…来…去"这个结构中除了可以插入同一个动词，(比如："跑来跑去""走来走去")以外，还可以插入意思相近②的动词。

> (1) 成名交不了差，愁得要命，晚上翻来复去，总是睡不着。

这个结构也可以用来表示反复地作一个动作。这时，后面必须有其他句子说明结果。

> (2) 我们讨论来讨论去，好不容易才取得了一致的看法。

> (3) 这个人我好象见过，可是想来想去，想不出他是谁。

242

"…来…去"后面不能带宾语,前置宾语⑧一般在主语的前面。

　　(4) 那个问题,我们研究来研究去,一直没研究出结果来。

6. 怎么也…不…

"怎么也…不…"有"不论怎么样也…不…"的意思,"也"后面多是动词带上否定的可能补语④。

　　(1) 他们夫妇俩到处找孩子,可是怎么也找不到。

　　(2) 成名夫妇觉得孩子好象睡着了,他们想把他叫醒,可是怎么也叫不醒。

　　(3) 公鸡想啄那只小蛐蛐儿,可是怎么也啄不着。

　　有时,在"也"的前后用同一个动词。

　　(4) 夫妇俩到处找孩子,可是怎么找也找不到。

　　(5) 他们想把孩子叫醒,可是怎么叫也叫不醒。

　　(6) 公鸡怎么啄也啄不着那只小蛐蛐儿。

7. 象…似的

"象…似的"意思是"象…一样",还可以说"好象…似的",常作谓语、状语或补语等。

　　(1) 那只小蛐蛐儿真象听得懂音乐似的,音乐一响,它就跟着跳起舞来。

　　(2) 小蛐蛐斗赢了,就抖着翅膀,好象是个英雄似地不停地叫着。

　　(3) 他得意得好象要跳起来似的。

8. 趁

"趁"的宾语常是"时候""机会"等,或者是主谓结构或动词结构,不过也都含有"时候"或"机会"的意思。

　　(1) 小蛐蛐儿先是趴着不动,过了一会儿,它趁大蛐蛐儿不注意的时候,一下子跳过去咬住了它的大腿。

　　(2) 成名的妻子说:"趁着天气还不太冷,咱们赶快捉一

243

只好蛐蛐儿，到时候，就可以交差了。"

    (3) 我们要趁着年轻，多学习一些知识。

9. 开始小蛐蛐儿趴着不动

    (1) 小蛐蛐儿跳到公鸡的头上，死死咬住不放。

    (2) 那辆汽车突然在路旁边停下不走了。

    (3) 乐曲演完了，大家仍然坐着不动，好象都已经听得入了迷。

这种连动句，前一个动词结构表示肯定的意思，后一个动词结构表示否定的意思，从相反的两个方面来说明一个事实。

10. 死死地

    (1) 他死死地抓住一棵小树，才没有摔到山下去。

    (2) 孩子恐怕蛐蛐儿跑了，把它死死地握在手里不放。

11. 造成

    (1) 由于皇帝每年都要华阴县献蛐蛐儿，结果造成了这里很多人家破产。

    (2) 只要我们工作比较细致，就不会给下一道工序造成困难。

    (3) 手术如果不成功，就很可能造成病人死亡。

"造成"的宾语都是不好的或不幸的结果。

词组：

造成损失	造成悲剧
造成很坏的影响	造成不幸
造成不好的结果	

12. 尽

动词"尽"常作结果补语。

    (1) 我们要想尽办法克服困难，争取在最近几天之内解决这两个重点问题。

    (2) 以暴虐奢侈而闻名的慈禧，在她掌握实权的时代，确实是作尽了坏事。

    (3) 屈原在被放逐期间，受尽了苦难，但他仍然为挽救国家的命运，坚持正确的政治主张。

"尽"也可以作谓语。

    (4) 我们一定要尽一切努力来抢救病人的生命。

    (5) 任务虽然完成得不太理想，但她是不应该受到谴责的，因为她对工作已经尽到责任了。

五、练 习

课文部分

1. 根据课文内容回答问题：

    (1) 明朝的时候，华阴县为什么有很多人家破产？

    (2) 成名为什么变穷了？

    (3) 谈一谈为了献蛐蛐儿，成名一家的遭遇。

    (4) 皇帝为什么重重赏赐华阴县县官？

    (5) 成名的蛐蛐儿为什么总能斗赢别的蛐蛐儿？

2. 阅读下面短文并请你提出五个问题：

《聊斋志异》是一部短篇小说集（jí, collection），共包括四百九十多篇作品。

作者蒲松龄（1640年—1715年）生活于清朝初年，他出生在山东省一个读书人的家里。他自小跟着父亲读书，十分认真刻苦。十九岁那年，他考上了秀才（xiùcai, xiucai, one passed the imperial examination at the county level in the Ming and Qing Dynasties），但以后三十多年他再也没有通过更高的考试。他的大半辈子都是靠教书生活的。

蒲松龄是一位有才华的作家。他在文学创作上作过多方面的探索，一生创作了大量作品。

蒲松龄自二十五岁就开始创作狐鬼(húguǐ, fox and ghost)的故事，前后一共用了四十多年的时间。《聊斋志异》在思想内容和艺术表现方面都远远高出前人同类的作品。

揭露封建社会的腐败黑暗是《聊斋志异》一个重要内容。在这一类作品中，《蛐蛐儿》写得特别深刻(shēnkè, deep, profound)。

揭露科举(kējǔ, imperial examination system)的弊端(bìduān, malpractice, corrupt practice)，批评考官无能，是《聊斋志异》的又一重要内容。蒲松龄是科举制度的受害者，对其中的情况非常了解，在他的作品中多次反映了这方面的问题。

在这部小说里数量最多的是人和鬼狐之间的恋爱故事。这些故事之所以引起人们的兴趣，不仅是因为故事情节曲折，更为重要的是其中鬼狐变成的少女形象，写得非常可爱，虽然她们的性格各不相同，但大都是善良的，有时候虽经艰难曲折，但仍忠于(zhōngyú, to be loyal to)爱情。

《聊斋志异》的内容非常丰富，其中还有一些寓言故事。

《聊斋志异》的高度艺术成就在当时就产生了很大影响，当时曾出现创作这类短篇小说的热潮(rècháo, upsurge)。

这部书在上个世纪就有译本流传在国外，到现在已有十四种语言的三十多种译本。一些国家的学者一直在对《聊斋志异》进行研究，把它列入世界名著之一。

3. 课堂讨论题：

根据课文和阅读短文谈谈你对《聊斋志异》的看法。

会话部分

阅读下面的故事，并和你的朋友按照故事的内容互相问答。(这个故事是根据《聊斋志异》中的《鸦头》一篇改写的。)

山东(Shāndōng, Shandong Province)有个读书人，叫王文。有一次，他到南方去旅行，经过朋友赵东楼的介绍，认识了妓院

(jìyuàn, brothel) 里的一位叫鸦头 (Yātóu) 的美丽的姑娘。两人一见面就产生了感情。鸦头告诉王文，她们一家都不是人，是狐狸 (húli, fox)，她因为受不了养母 (yǎngmǔ, foster mother) 的虐待，早就想逃走，但一直没有遇上个合适的人，今天见到王文，觉得他非常老实，自己的愿望 (yuànwàng, aspiration, desire) 总算可以实现了。王文听了很受感动。两人半夜偷偷逃出了妓院，到了汉江，就在汉江住了下来。

有一天，鸦头的养母突然来到他们家，抓走了鸦头。王文立刻追去找妻子，可是没有找着。王文失去鸦头以后，非常痛苦，也不想再在汉江生活下去，就回山东了。

过了几年，他去北京办事，见到育婴堂 (yùyīngtáng, foundling hospital) 里有个孩子，长得很象自己，他想，自己过了大半辈子还没有个儿子，就把那个孩子领了出来。王文问这个孩子叫什么名字，那个孩子告诉他叫王孜 (Wáng Zī)，是山东王文的儿子。王文大吃一惊，但又一想同名同姓的人很多。

有一天，王文上街办事，忽然遇到赵东楼，他立刻问他关于鸦头的情况。赵东楼说：“鸦头的养母把她抓回去以后，打了她一顿，全家就搬到燕都，还逼她接待客人，鸦头坚决不同意，养母就把她关在小屋子里。过了几个月，鸦头生了个男孩子，养母立刻把孩子送给了育婴堂，不许鸦头抚养。”王文一听才知道王孜正是自己的儿子。赵东楼又从怀里拿出一封信，对王文说：“这是鸦头写的信，她托我一定要想办法带给你。”

信上写道：“我知道孜儿会到你身边的，我所受的苦，赵东楼先生自然会详细告诉你。我在这里度日如年 (dùrìrúnián, One day seems like a year)，等孜儿长大以后，请你把我的情况告诉他，他能救我。”

王文一边读信，一边流泪，最后不禁痛哭起来。

王孜长到十八岁了。他知道了母亲的情况以后，立刻来到燕都，找到了母亲住的小屋子，把母亲救出。母子俩一起回到了山东。分离了十八年的王文夫妻终于团圆了。

> **词语部分**

1. 完成下列对话：
   (1) A：你不要去他家了，他不在家。

   B：怎么了？

   A：你还不知道啊，_____（愁得要命），他常去医院，他孩子的病很重，_____（住院）。

   B：_____（有什么用），你应该劝劝他。

   (2) A：这几天牙疼，_____（要命），饭都不想吃。

   B：人们常说："牙疼不算病，疼起来真要命。"有一天晚上，我也牙疼了，_____（……要死），我躺在床上_____（…来…去），只好在屋子里_____（…来…去），把我母亲_____（…死了）。她赶快把我送到医院去了。

   A：后来怎么样呢？

   B：大夫告诉我针灸止痛最快，我同意用这种办法止痛。_____（果然）。

   A：针灸痛吗？

   B：不，我觉得_____（象…似的），我陪你到医院去看看。

   A：好吧，谢谢，_____（说不定）。

2. 把下列句子译成中文：

   1. You haven't been to Hangzhou yet. Our school will

arrange a tour there for the teachers this year. Why don't you take the opportunity to go and see it?

2. He is nice and bright, and can keep in mind whatever he has ever read or heard about.

3. Don't you sit idle! Do come and give me a hand!

4. Look, the cat is crouching still as if she fell asleep.

5. Taking the opportunity of touring the south, he wants to visit his eldest Aunt.

6. Taking the opportunity of going to Xian, he acquainted himself with the customs and habits in the locality.

7. Frightened to death whenever he enters water, the boy grabs his mother by the hand with all his strength.

8. The old woman was really fond of talking, but what she talked about over and over again was merely domestic trivia.

9. Having exerted their utmost effort, at long last the doctors brought him back to life.

10. Whenever he knows his friends are in times of difficulty, he is always ready to do his best to help them.

写作部分

介绍一个有名的小说家，写一写他所生活的时代背景、作品的特点等。（200 字）

第二十九课

一、课 文

痛 苦 的 重 逢①

前面假山背后转出来一个人影，是一个女子。她低着头慢慢地走着，手里拿了一枝柳条。她猛然抬起头，看见觉新立在树下，便站住了，嘴唇微微动一下，象要说话，但是她并不说什么，就转过身默默地走了。她分明是梅。

觉新觉得一下子全身都冷了。他不明白她为什么要避开他，他要找她问个明白。他便追上去。

他转过假山，看见她立在一株桃树下。"梅!"他禁不住叫了一声，向着她走去。

她抬起头，这一次她却不避开了。她默默地望着他。

他走到她面前，用激动的声音问道："梅，你为什么要避开我?"

她埋下头，半晌不答话。

"你还不肯饶恕我吗?"

她抬起头，把他望了一些时候，才淡淡地说："大表哥，你并没有亏负我的地方。"

只有这短短的一句话。

“这样看来，你是不肯饶恕我了。”他差不多悲声说。

她微笑了，这并不是快乐的笑，是悲伤的笑。她的眼光变得很温柔了。她用右手按住自己的胸膛，低声说："大表哥，你难道还不知道我的心？我何曾有一个时候怨过你！"

“那么你为什么要避开我？我们分别了这么久，好容易才见到了，你连话也不肯跟我多说。你想我心上怎么过得去？我怎么会不想到你还在恨我？”他痛苦地说。

梅埋下头，她咬了咬嘴唇，慢慢地说："我没有恨过你，不过我害怕多跟你见面，免得大家想起从前的事情。"

觉新呆呆地望着她，一时答不出话来。梅接着说："大表哥，我先走了，我去看他们打牌。"

觉新抬起头，看见她快要转过假山去了，忍不住又叫了一声："梅！"

她又转过身站住了，就站在假山旁边，等着他过去。

“也许你明天就要回去了，我们以后永远就没有机会再见面，或死或活，我们都好象住在两个世界里头。你就忍心这样默默无语地跟我告别？”他抽泣地说。

她依旧不答话，只是急促地呼吸着。

“梅，我负了你。……我也是没有办法的啊。……我结了婚……忘记了你。……我不曾想到你的痛苦，”他从怀里掏出手帕，却不去揩眼睛，让眼泪沿着面颊流下来。“我后来知道你这几年受够了苦，都是我带给你的。想到这一层，我怎么能够放下这颗心？你看，我也受够了苦，你连一句饶恕的话也不肯说？"

她抬起了头，两只眼睛闪闪地发光。她终于忍不住低声哭起来，断续地说了两句话："大表哥，我此刻心乱如麻。……你叫我从何说起？"于是一只手拊着心，连续咳嗽了几声。

他看见她这样难过，忘了自己地挨近她的身子，用他的手帕去揩她的脸。

她起初默默地任他这样做,但是过了一会儿,她忽然推开他，悲苦地挣扎说："不要这样挨近我，你也应该避点嫌疑！"她做出要走开的样子。

"到这个时候还避什么嫌疑？我已经是有孩子的人了。……不过我不应该使你悲伤到这样。人说：'忧能伤人'，你也应当爱惜你的身体啊。"他挽住她的手，不要她走，又说："你看你哭成这样，怎么能够出去？"

她渐渐地止了悲,从他的手里接过手帕,自己把泪痕完全揩去,然后还给他,凄然说:"这几年来我哪一天不想念你。我回到省城来很想见你,我又害怕跟你相见。我也是不能作主啊。我有我的母亲,你有大表嫂。大表嫂又是那么好,连我也喜欢她。我不愿给你唤起往事。我自己倒不要紧,我这一生已经完了。不过我不愿使你痛苦,也不愿使她痛苦。在家里,我母亲不知道我的心事,我的悲哀她是不会了解的。我这样活下去,还不如早死的好。"她长叹了一声。

　　觉新默默地按着自己的胸膛,因为他的心痛得太厉害了。两个人面对面地望着,过了好些时候,他凄然地笑了,他说:"从前你在我们家跟我一起读书的时候,我们对着一盏灯,做过多少好梦啊!当时的快乐真令人心醉,哪会想到有今天这样的结局?"

　　"我现在差不多是靠着回忆生活的了,"梅仍旧低声说,"回忆有时候真可以使人忘记一切。我真想回到儿时去,可惜时光不能够倒流。大表哥,你一定要保重身体啊……"

二、会　话
分析作品(2)

A:长篇小说《家》是巴金的代表作。这部作品深刻地揭露了封建制度的罪恶,歌颂了象觉慧那样的觉醒的青年。我觉得小说里的主要人物之一——觉新,塑造得非常成功。

B： 读了小说以后，这个形象给我的印象也非常深。觉新跟他弟弟觉慧不一样，是一个还没有觉醒的青年。他性格上的最大特点就是软弱，对专制的父亲、爷爷一点儿也不敢反抗。由于家里的反对，他不能跟他心爱的梅表妹结婚，眼看着梅表妹悲惨地死去。后来，他连自己的妻子也保护不了，又眼看着善良的妻子被活活害死了②。他只能痛苦地流泪，一点办法也没有。

A： 这个人物的性格是非常复杂的。他明明知道他的悲剧是怎样造成的，但是又不敢反抗；他不想对封建势力屈服，但又不得不屈服；他同情他弟弟的反抗，但是又不自觉地站在封建势力一边，对弟弟进行劝阻。

B： 小说很真实地塑造了一个受封建制度毒害的青年的形象。你认为作者对觉新这个人物的态度怎么样？

A： 作者对他的软弱和屈服是有一些批判的，但更多的还是同情。通过这个人物形象，作者有力地揭露了封建制度的残酷。

B： 同时也告诉人们：对封建势力屈服，不但害了别人，也害了自己，青年人不能走觉新这条路。

注 释：

① "痛苦的重逢" 是自巴金的长篇小说《家》中选出的一段（略有删节）。《家》描写了五四运动后一个没落的封建大家庭里几个青年的生活、痛苦和斗争。主要人物高觉新和表妹梅自幼在一起读书、生活，逐渐产生了感情，但长大后，都被迫按照父母之命各自结婚。梅婚后不久，丈夫又死去。"痛苦的重逢"，就是描写经历了这些不幸之后，在高家两人见面的情景。

254

"痛苦的重逢" is an extract (slightly abridged by the compilers) from the novel "Family" by Ba Jin. "Family" gives a description of the life and agony of several young people as well as the struggle they carried in a big declining feudal family shortly after the "May 4th Movement of 1919"; Gao Juexin and Mei, the main characters of the novel, fell in love with each other as they lived and learned together ever since their childhood. But, when growing up, they were forced to separately get married at their parents' command. Mei's husband died shortly after their marriage. "A Painful Reunion" tells what was happening when Gao Juexin and Mei, having met with all these misfortunes and sorrows, met again in the Gao's residence.

② 善良的妻子被活活害死了　觉新的祖父死了，封建的家长们借口在家里分娩不吉利，把觉新临产的妻子赶到城外去住，结果她因难产得不到及时抢救而死去。

"善良的妻子被活活害死了" Juexin's grandfather died. The feudal elders, by cooking up the pretext that it was improper and inauspicious for Juexin's wife to have childbirth at home then, made her move out and live outside the town. So, getting no timely medical care, she died of difficult labour.

三、生　词

1.	重逢	(动)	chóngféng	to meet again, to have a reunion
2.	假山	(名)	jiǎshān	rockery
3.	人影	(名)	rényǐng	the shadow of a human figure

255

4. 柳条	（名）	liǔtiáo	willow twig. wicker
5. 便	（副）	biàn	then, thereupon
6. 嘴唇	（名）	zuǐchún	lip
7. 微微	（副）	wēiwēi	slightly, faintly
8. 默默	（副）	mòmò	quietly, silently
9. 分明	（形）	fēnmíng	obviously, evidently, clearly
10. 避开		bì kāi	to avoid, to evade, to keep clear of
避	（动）	bì	to avoid, to evade
11. 禁不住		jīn bu zhù	cannot help, can't refrain from
12. 半晌	（名）	bànshǎng	a long time, quite a while
13. 答话	（动）	dáhuà	to make a reply, to answer
14. 饶恕	（动）	ráoshù	to forgive, to pardon, to excuse
15. 淡	（形）	dàn	dry, thin, light
16. 表哥	（名）	biǎogē	cousin
17. 亏负	（动）	kuīfù	to let sb. suffer, to let sb. down
负	（动）	fù	to bear, to shoulder, to suffer, to owe
18. 差不多	（副、形）	chàbuduō	almost, nearly; about the same, similar
19. 悲哀	（形）	bēi'āi	grieved, sorrowful
20. 眼光	（名）	yǎnguāng	eye, sight
21. 温柔	（形）	wēnróu	gentle and soft
22. 胸膛	（名）	xiōngtáng	chest
23. 难道	（副）	nándào	is it possible…? could it

possibly be…?

24. 何曾	(副)	hécéng	it's not that…but…
25. 怨	(动、名)	yuàn	to blame, to complain; resentment, enmity
26. 免得	(连)	miǎndé	so as not to, so as to avoid, lest
27. 一时	(名)	yìshí	a short time (or while)
28. 打牌		dǎ pái	to play *mah-jong*
29. 忍心		rěn xīn	to have the heart to, to be hard-hearted to
30. 依旧	(形)	yījiù	as before, still
31. 急促	(形)	jícù	hurried, rapid, short (of breath)
32. 不曾	(副)	bùcéng	never
33. 怀	(名)	huái	bosom
34. 掏	(动)	tāo	to draw out, to pull out, to fish out, to take sth. out of
35. 手帕	(名)	shǒupà	handkerchief
36. 揩	(动)	kāi	to wipe
37. 面颊	(名)	miànjiá	cheek
38. 颗	(量)	kē	*a measure word*
39. 闪闪	(形)	shǎnshǎn	sparkling, glittering
40. 断续	(形)	duànxù	intermittent, disjointed
41. 此刻	(名)	cǐkè	this moment, now, at present
42. 心乱如麻		xīnluànrúmá	to have one's mind as confused as a tangled skein, to be utterly confused and

disconcerted

43.	何	（代）	hé	what, where
44.	拊	（动）	fǔ	to strike, to slap, to beat
45.	连续	（动）	liánxù	continuously, successively
46.	挨	（动）	āi	to get close to, to be near to
47.	身子	（名）	shēnzi	body
48.	任	（介）	rèn	to let, to allow, to give free rein to
49.	悲苦	（形）	bēikǔ	sad, sorrowful, grieved
50.	嫌疑	（名）	xiányí	suspicion
51.	悲伤	（形）	bēishāng	sad, sorrowful
52.	爱惜	（动）	àixī	to cherish, to treasure
53.	挽	（动）	wǎn	to pull, to draw
54.	泪痕	（名）	lèihén	tear stains
55.	凄然	（形）	qīrán	sad, mournful
56.	省城	（名）	shěngchéng	provincial capital
57.	相见	（动）	xiāngjiàn	to meet each other
58.	作主		zuò zhǔ	(to do sth.) on one's own responsibility, to take the responsibility for a decision
59.	表嫂	（名）	biǎosǎo	cousin sister-in-law
60.	往事	（名）	wǎngshì	past events, the past
61.	不要紧		bú yàojǐn	it doesn't matter, it's nothing
62.	心事	（名）	xīnshì	something weighing on one's mind, a load on one's mind
63.	不如	（动、连）	bùrú	not equal to: not as good as

258

64.	叹	(动) tàn	to sigh, to heave a sigh
65.	盏	(量) zhǎn	*a measure word*
66.	心醉	(形) xīnzuì	to be charmed (enchanted or fascinated)
67.	结局	(名) jiéjú	(final) result, outcome, ending
68.	仍旧	(副) réngjiù	still, as usual
69.	儿时	(名) érshí	childhood
70.	时光	(名) shíguāng	time
71.	倒	(动) dào	to move backward, to back up
72.	保重	(动) bǎozhòng	to take care of oneself
73.	制度	(名) zhìdù	system
74.	专制	(名) zhuānzhì	autocracy
75.	自觉	(形、动) zìjué	to be (or become) conscious (or aware) of
76.	毒害	(动) dúhài	to poison sb's mind
77.	批判	(动) pīpàn	to criticize

专 名

1.	巴金	Bā Jīn	Ba Jin
2.	觉新	Juéxīn	*a personal name*
3.	梅	Méi	*a personal name*
4.	觉慧	Juéhuì	*a personal name*

四、词语例解

1. 他要找她问个明白

(1) 她为什么要这样作，我问了几次，她都不说。等着吧，我一定要问个明白。

(2) 在展销会上，小李为了学习别人的经验，他把各厂家展出的样机，一台一台看了个仔细。

(3) 他们小组对什么问题都不能很快作决定，一点小事也讨论个没完！

(4) 雨一直下个不停，还怎么去公园呢？真急死人了！

带"个"的补语也是程度补语的一种，"个"就象程度补语前面的"得"一样，不过"个"前的动词可以带"了"。带这种补语的句子，往往带有一定的感情色彩。

2. 禁不住

(1) 没等他把故事讲完，我们都禁不住笑了起来。

(2) 听了他的话，我禁不住哭出了声。

(3) 看到这种情况，她禁不住流下了眼泪。

(4) 表嫂听她说完自己的身世，禁不住叹了一口气。

3. 你是不肯饶恕我了

在这个句子里，"是"的作用是说明一种情况，"了"表示肯定的语气。

(1) 梅对觉新说，她现在差不多是靠着回忆生活了。

(2) 看起来，我是不该说这句话了。

(3) 那里实在太远，以后我是不会再去了。

4. 差不多

副词"差不多"作状语时，它所修饰①的动词或形容词前后往往带有表示范围的状语或数量词语。

(1) 老人的胡子差不多全白了。

(2) 我差不多等了他半个小时，他才来。

(3) 在唐朝，来中国的外国留学生，最多的时候，差不多有一万人。

260

（4）梅差不多是抽泣着说："大表哥，我此刻心乱如麻……你叫我从何说起？"

副词"差不多"也可以用在作补语或定语的数量词前面。

（5）她是个业余音乐爱好者，差不多三分之二的业余时间她都在弹钢琴。

（6）他和表妹分别差不多四年了。

形容词"差不多"常作谓语或补语。

（7）这两座宫殿的高度大概差不多。

（8）我看，咱们讨论得差不多了，可以作决定了。

作定语时意思是"一般"。

（9）差不多的农活儿他都会干。

5．难道

"难道"可以用在主语前，也可以用在动词或形容词前，增加②反问的语气，句尾常有"吗"。

（1）觉新对梅说："难道你就忍心这样默默无语地跟我告别？"

（2）她说："难道男人能做到的事，我们妇女就做不到吗？"

（3）他是现代第一流的戏剧家，你难道不知道吗？

6．你想我心上怎么过得去

用"怎么"的反问句里，常常有能愿动词"能"、"会"等，或带可能补语。句尾可以有"呢"。"怎么"已经失去了原来的意思。

（1）柳条已经发绿，桃花正在盛开；小鸟在枝头唱歌，白鹭从天空飞过。看到这样的景色，画家怎么能不画画儿，诗人怎么能不作诗呢？

（2）窗外的春天正在向孩子们招手，他们在屋子里怎么坐得住？

（3）今天这个约会是他定的，他怎么会不来呢？一定会来的。

7. 免得

(1) 梅对觉新说:"我不愿意提起过去的事情,**免得又引**起你难过。"

(2) 咱们走路轻一点,**免得**影响他们休息。

(3) 你到了那里要立刻写信或者打电话来,**免得**我们不放心。

用"免得"连接两个分句,表示这样做(第一分句),就可以不发生那种不好的结果(第二分句)。

8. 一时

"一时"常作状语。

(1) 我好象见过她,可是一时想不起她的名字了。

(2) 由于激动,我一时竟不知道说什么才好。

"一时"也可以作定语。

(3) 这只是一时的困难,我们是有条件也有能力克服的。

(4) 作工作不能只凭一时的热情。

9. 或死或活

(1) 看过展览之后,希望你们留下宝贵意见,或多或少都可以。

(2) 明天你一定要到我这里来一下,或早或晚都没关系。

(3) 他对妻子说:"我已经想出一个很好的名字,我们未来的孩子或男或女都可以用它。"

10. 够

形容词"够"可以作结果补语或可能补语。

(1) 她说她已经过够了封建大家庭的生活。

(2) 今天咱们要买的东西很多,一定要把钱带够。

(3) 这种水果,我们小时候差不多天天吃,姐姐总吃不够,她到现在还常说:"我一直没吃够啊!"

"够"用在动词前，动词后面可以加"的"。

(4) 要学的知识太多了，我总觉得时间不够用（的）。

(5) 你家有几口人？四间房子够住（的）吗？

"够"和动词之间可以插入其他词语。

(6) 这间房子很大，够三个人住（的）。

(7) 船上的淡水不多了，只够三天用（的）了。

"够"用在形容词前，形容词后面总要有"的"、"了"或"的了"。

(8) 你穿的已经够多（的）了，怎么还觉得冷呢？是不是发烧了？

(9) 他家离学校真够远的，每天坐公共汽车，要用一个多小时。

11. …还避什么嫌疑

动词和宾语之间插入"什么"，就可以使句子带上反问语气，意思是"根本不能…"、"根本不用…"或"根本不应该…"。

(1) 雪下得这么大，还去什么公园啊！（不能）

(2) 布朗先生对布朗太太说："帕兰卡他们明天就回来了，还写什么信！"（不用）

(3) 天这么冷，还洗什么冷水澡啊！你看，感冒了吧！（不应该）

(4) 你着什么急啊？时间还早，来得及的。（不用）

12. 还不如早死的好

"A不如B"意思是"A没有B好"，也可以说"A不如B好"。B可以是名词。

(1) 这儿的春天不如我们那里的春天好。

(2) 觉新看到梅十分瘦弱，知道她的身体更不如从前了。

B也可以是形容词、动词等，如果是动词、动词结构，也可以说成"A不如B的好"。

(3) 晚不如早好。

（4）我们在这儿站着谈不如进屋坐下来谈。

（5）去南方，坐飞机还不如坐火车的好，坐火车一路上可以欣赏江南的景色。

B 后面除了"好"以外，也可以用其他形容词，形容词多是积极意义的。

（6）他们的卧室不如书房大，也不如书房亮。

13．断续　连续

"断续"的意思是动作有时中断③，有时继续。更常见的是它的重叠形式。

（1）她断断续续地说了几句话以后，就再也说不下去了。

（2）我只断断续续地学过两年中文，水平还差得远呢！

"连续"的意思是：一个接着一个。"连续"不能重叠。

（3）在每年一次的大学生运动会上，她曾经连续两年得到了女子自由体操的冠军。

（4）连续下了三天大雨，院子里积了不少水。

五、练　习

课文部分

1．根据课文内容回答下列问题：

（1）刚一看见觉新，梅心情很矛盾，请你找出作者描写她这种矛盾心情的词语来。

（2）觉新是一种什么心情？从他的哪些话和行动可以看出他这种心情？

（3）梅怨觉新吗？她为什么说这样活下去还不如早死的好？

2．根据下面的内容进行会话，然后讲一讲觉新和梅的恋爱悲剧。

A：我没有看过《家》，你能给我讲讲觉新和梅的事吗？

B：梅的母亲和觉新的母亲是姐妹，觉新和梅从小就在一起，两个人感情很好，他们相爱了。后来觉新的母亲死了，他的父亲又娶了个年轻的妻子，而梅的母亲和她关系又不好，就不同意梅和觉新结婚。他们俩被迫分开了。

A：觉新说："我结了婚，忘记了你。"他真的忘记梅表妹了吗？

B：你说呢？生活在封建专制的家庭，觉新结婚是不自由的。在他中学毕业的那年，父亲让他和李家的姑娘瑞珏(Ruìjué, Ruijue)结婚，他虽然不愿意，但不敢反抗，只能把痛苦藏在心里。

A：梅说："大表嫂那么好，连我也喜欢她。"那么说，觉新婚后还是幸福的了？

B：瑞珏很爱自己的丈夫，觉新跟她也慢慢有了感情。但是当觉新知道了梅的情况以后非常痛苦。梅结了婚，不到一年丈夫就死了，她又回到自己家里和母亲一起生活，精神上的痛苦使她的心情越来越坏，身体也越来越瘦弱。觉新对弟弟说："你想我怎么能够安心，我又怎么能够忘掉她！但是一想到她，我又觉得我对不起现在的大嫂……象这样过下去，我会害了两个女人。……现实太痛苦了，……"这说明他婚后并没有得到真正的幸福。

A：梅后来怎么样？

B：不久梅就死了。她是病死的，但还不如说是因为悲伤而死的。

3. 课堂讨论题：

觉新和梅的恋爱悲剧是怎样造成的？

会话部分

1. 根据所给的语言情境进行会话：

(1) 分析文学作品

内容：介绍巴金以及你看过的巴金的作品，谈谈这些作品的内容和艺术性,试分析一两个典型人物形象。

(2) 介绍一部你喜欢的文学作品。

内容：谈谈你最近在看什么书。最喜欢哪部作品，介绍作品的主要内容，你的体会是什么。

2. 阅读下面的短文并讨论以下问题：

在中国，一般地说，青年人到了二十岁，特别是参加工作以后，就开始考虑恋爱和组织家庭的问题了。过了二十五岁，如果还没有找到对象，亲戚朋友们就会积极帮助介绍。而过了三十岁还没有对象，就有些着急了。

他们大多数人选择(xuǎnzé, to choose, to select)爱人首先考虑对方的表现怎么样，两个人的性格、爱好是不是差不多，文化水平高不高……经过一段时间的了解，产生了爱情，就可以登记(dēngjì, to register)结婚了。

父母不同意怎么办？在中国有尊重老人的传统，大多数青年是重视父母意见的，作父母的也总觉得自己有经验而提出自己的意见，意见不同的时候就常常有矛盾。这时，亲戚、朋友就会来劝说老人。最后的决定权还在儿女手中。

在旧中国，特别是在农村，青年人没有恋爱结婚的自由，他们要由父母包办(bāobàn, arranged marriage)，新郎只有入洞房(dòngfáng, bridal chamber)后，才能揭开盖在新娘头上的红绸布，看见新娘的样子。结果，有很多相爱的人被拆开，而不少被拉到一起的夫妻又没有感情。因此，造成了很多悲剧。

二十世纪以来，千千万万的人为了结束这种现象而斗争，有不少人还献出了生命。

讨论题：

(1) 现在中国青年找对象和恋爱的情况。

(2) 比较觉新和梅与现在中国青年恋爱的情况，谈谈他们为什么有不同的结果。

266

词语部分

1. 选择适当的词语完成以下几段对话：

(1) 掏　拿

A：你不是给我买了一本书吗？在哪儿呢？

B：在我的桌子上，你_____。

A：你给我买的电影票放在什么地方了？

B：在我衣服的口袋儿里，我的手上有水，你_____。

A：在文学作品中，描写一个人怕别人不了解自己，为了表示自己的心，常常说_____，掏和拿有什么不同？

B：_____。

(2) 避　躲

A：我想跟他讨论这个问题，可是他_____，说起别的事来了。

B：他对这个问题一定有想法，你不要着急，慢慢让他了解你就好了。

A：可能，这几天他总是_____，好象是不愿意见我。

(3) 结局　结果

A：前些天老王跟他爱人闹离婚，吵架吵得很厉害，你知道_____？

B：他们又找法院，又找街道办事处，现在_____，还在等着呢。

(4) 连续　断断续续

A：你已经_____，该休息休息了。

B：没关系，我不累。你还坚持业余学汉语吗？学得怎么样了？

A：_____，坚持得不好，不过还是有收获。

B：你学习都是在下班以后吗？

A：对了。不过不是每天学，有时不学，有时只学半小时，
也有时可能＿＿＿＿＿＿＿两三个小时。

2．用"什么""怎么"把下面的句子改写成反问句：

(1) 在上星期的学术讨论会上，他的论文受到了大家的称赞，
他非常高兴。

(2) 现在已经八点了，不能再睡了。

(3) 在平常的时候只想着自己的人，在困难的时候根本谈不
上帮助别人。

(4) 在班里他身体最好，他不会病的。

(5) 梅表妹是因为不能和觉新一起生活，精神上太痛苦才得
病的，她不会忘记觉新。

(6) 现在树叶也落了，花也没了，天也冷了，不能画出动人
的景色了。

3．把下面一段话翻译成英文并按照这个情境自由对话：

老张在院子里遇到了小丁，就问他最近参加摄影训练班的情
况。小丁说："够难的，我看不如学绘画好。"老张说："难道画画儿
就不难吗？学习哪儿能不苦一点儿呢！徐悲鸿、齐白石，哪个不
是刻苦学习才取得重大成就的？"小丁说："我学了差不多有一个月
了，可是连一张好的照片也没照成，所以我不得不想想以后怎么
办。"老张说："不要被一时的困难吓倒，已经学这么长时间了，还
动摇什么？一定要坚持下去，免得白白学了那么长时间。"小丁说：
"我也知道，就是有点儿怕苦。"老张说："好好学，我还等着你给照
一张漂亮的相呢！"小丁禁不住笑了。

写作部分

学了本课课文以后写一篇感想，可以着重分析觉新与梅爱情
悲剧的社会原因。（200字）

第 三 十 课

一、课　文

茅 盾 和《子 夜》
——帕兰卡的一次报告

一九八一年三月二十七日，伟大的文学家、中国革命文艺运动的领导人之一、中国作家协会①主席茅盾先生逝世了。这是中国以及世界文学艺术事业的重大损失。茅盾先生对中国现代文学的贡献是多方面的，他不仅是五四以来中国优秀的小说家、散文家，也是著名的文艺理论家和翻译家。在六十多年的文学活动中，他为我们留下了大量的小说、散文、历史故事、剧本和文学评论。其中象《子夜》《林家铺子》等都是中国现代文学史上的优秀作品。

　　我和你们一样，都是中国现代文学的爱好者，都非常崇敬茅盾先生。我在中国留学期间曾经跟老师一起去访问过茅盾先生。这位八十多岁的老作家在他家里热情地接待了我们，耐心地回答了我们所提的问题。记得当时我问了这样一个问题："茅盾先生，您为什么用'茅盾'这两个字作笔名？"他风趣地说："五四以后，我看到有不少人的思想实在有矛盾，甚至言行也有矛盾，却又总以为自己没有矛盾，于是我就取了'矛盾'二字作笔名。'矛'字上加个草头，是叶圣陶同志建议加的，因姓茅的人很多，不会引起注意。从此'茅盾'这个笔名就一直沿用下来了。"我现在回忆起茅盾先生谈话时的情景，还感到非常亲切。今天，你们要我介绍一下茅盾和他的《子夜》。当然，这个题目很大，我只能大概地谈一谈，用它来表示我对这位伟大作家的怀念。

茅盾，原名沈雁冰，一八九六年七月四日生于浙江省桐乡县。父亲是清朝秀才，却接受了资产阶级的新思想，热爱自然科学；母亲受过良好的旧文学教育，茅盾十岁时，父亲不幸去世，在母亲的教育下，他一方面上当时新办的小学，学习自然科学；一方面读古书，练习写诗词。中国优秀的传统文化为他打下了深厚的文学基础。一九一六年茅盾在北京大学预科毕业，因为家庭经济困难，不能继续升学，就进入上海商务印书馆当编辑。从此开始了他的文学活动。

五四运动时期，茅盾积极参加并提倡新文学运动。一九二一年"文学研究会"②成立，这是中国现代文学史上第一个有影响的文学社团，茅盾是它的发起人和主要成员。就在这一年，他担任了《小说月报》的主编，对这个文学杂志进行了全面革新，使它成为新文学的第一个大型刊物。他努力提倡"为人生而艺术"的现实主义创作原则，主张文学应该促进社会进步。他还大量翻译介绍了世界进步文学。

茅盾的文学创作活动是一九二七年开始的。这年秋天，他写了第一部小说《蚀》，就是用茅盾这个笔名发表的。

一九三〇年，茅盾从日本东京回到上海③，积极参加组织"中国左翼作家联盟④"。他与中国新文化运动的旗手鲁迅并肩战斗。一九三五年，当中国工农红军⑤经过长征胜利到达陕北时，他与鲁迅共同拍发了祝贺的电报，写道："在你们的身上，寄托着中国和人类的希望"。

三十年代是茅盾创作最旺盛的时期，他的最优秀作品《子夜》就是这个时期创作的。

《子夜》是茅盾的代表作，是中国现代文学史上第一部杰出的长篇小说。它以民族资本家吴荪甫与买办资本家赵伯韬之间的矛盾斗争为中心线索，深刻地反映了三十年代初期中国的社会面貌。在吴荪甫这个典型形象的塑造上，作家的艺术构思和创作才华得到了充分的体现。吴荪甫是一个野心勃勃的民族工业资本家，他去过欧美，学会了一些办现代工业的知识。想在中国走独立发展资本主义的道路。他一方面在上海办起丝厂，另一方面又把手伸到农村，在他的家乡办了电厂，米厂等工业。他还联合了几个资本家，组织信托公司，用"大鱼吃小鱼"的办法，吞并了八个小工厂，挤垮了一个丝厂和一个绸厂。

他想打败一切竞争者。但是生活在半封建半殖民地的中国，他的发展民族工业的计划只不过是一场美梦。从一开始，他就遇到了最厉害的对手——得到外国金融资本支持的买办资产阶级的代表赵伯韬。赵伯韬不但堵住了他发展企业的道路，而且要把他一口吞掉。吴荪甫千方百计与赵伯韬展开了拼死的斗争，但不论他怎样挣扎，最后还是彻底失败了。吴荪甫的悲剧命运，是由民族资产阶级在半殖民地中国所处的地位决定的。正如茅盾先生所说的那样：《子夜》是一篇说明半封建半殖民地的中国民族资产阶级没有任何出路的真实记录。《子夜》象征着黑暗既然已经到了极点，光明也就快要到来了。

这部长篇小说以上海为背景，反映了当时中国社会的各方面的矛盾和斗争，内容非常丰富深刻，在人物形象的塑造，情节结构的安排，文学语言的运用与细腻的心理描写等方面，都达到了很高的水平。这部作品先后被翻译成英、法、俄、日等各种文字出版。《子夜》作为中国现代长篇小说创作的里程碑，写进了中国及世界文学史册。茅盾先生也和伟大的文学大师鲁迅、郭沫若一样，永远铭记在人民的心里。

我的简单介绍就谈到这里。现在请大家看根据小说《子夜》改编的电影。

二、会　话

分　析　作　品　（3）

A：你觉得这个话剧改编得怎么样？

B：原来我是抱着很大希望的，但看了话剧以后，觉得很不满意。当然，把这样一部文学名著搬上舞台也是不太容易的。

A：我觉得总的看来话剧还是符合原著的精神的，基本上体现了小说的主要内容和风格。

B：可是话剧远远没有小说那么感动人。

A：我想小说反映的社会生活是非常广阔的，矛盾冲突也比较复杂。改编者抓住了小说的主要线索，删去了一些次要矛盾，这样就显得更集中。

B：可是这样一来也就大为减色了。比如小说中的那个大夫，是一个塑造得很成功的形象，话剧里就删去了。

A：为了集中刻画主要人物，看来改编者不得不在这些地方割爱了。我觉得话剧里主要人物形象还是很成功的。演员的表演也给人留下了深刻的印象。

B：你认为现在这样的结局好吗？符合原著的精神吗？

A：原来小说的结局，反映了作者在当时历史条件下思想的局限性。现在这样一改动，更符合人物的典型性格和情节发展的逻辑。听说作者本人也是同意这样改动的。

注　释：

① 中国作家协会　简称"作协"，是组织和领导作家进行创作、批评、学习等活动的团体。一九五三年九月成立。

"中国作家协会", called "作协" for short, is an association in the literary circles for organizing and leading writers themselves in various activities such as literary creation, literary criticism and studies, etc. It was set up in September, 1953.

② 文学研究会　一九二一年──一九三二年,是五四新文学运动中著名的新文学团体,由沈雁冰等十二人发起,成立于北京。

"文学研究会"(1921-1932) was a well-known organization of the new-vernacular literature in the New Culture Movement around the time of the May 4th Movement of 1919. It was sponsored by Shen Yanbing and other Chinese writers (12 in all) and set up in 1921 in Beijing.

③ 茅盾从日本东京回到上海　茅盾一九二八年夏去日本,一九三〇年四月回到上海。

"茅盾从日本东京回到上海" Mao Dun left for Japan in the summer of 1928 and returned to Shanghai in April, 1930.

④ 中国左翼作家联盟　一九三〇年 ── 一九三六年,简称"左联",是中国共产党领导的革命文学界的组织,成立于上海。

"中国左翼作家联盟"(1930—1936), called "左联" for short and set up in Shanghai, was a revolutionary organization in the world of literature under the leadership of the Chinese Communist Party.

三、生　词

1. 运动	（名）	yùndòng	movement
2. 重大	（形）	zhòngdà	great, mighty, major
3. 大量	（形）	dàliàng	a large number of, a great quantity of, enormous
4. 评论	（动）	pínglùn	to comment, to make comments on
5. 崇敬	（动）	chóngjìng	to esteem, to respect, to

revere

6. 留学	（动）	liúxué	to study abroad
7. 记得	（动）	jìde	to remember
8. 笔名	（名）	bǐmíng	pen name
9. 言行	（名）	yánxíng	words and deeds, statements and actions
10. 草头	（名）	cǎotóu	the "grass" radical "艹"
11. 沿用	（动）	yányòng	to continue to use (the pen name)
12. 回忆	（动）	huíyì	to recollect, to recall, to call to mind
13. 题目	（名）	tímù	subject, theme
14. 原名	（名）	yuánmíng	original name, former name
15. 秀才	（名）	xiùcai	*xiucai*, one who passed the imperial examination at the county level in the Ming and Qing Dynasties
16. 预科	（名）	yùkē	preparatory course (in a university or college)
17. 升学		shēng xué	to go to a school of higher grade, to enter a higher school
18. 团体	（名）	tuántǐ	organization, group
19. 发起	（动）	fāqǐ	to sponsor, to initiate
20. 成员	（名）	chéngyuán	member
21. 主编	（名、动）	zhǔbiān	editor-in-chief, chief editor
22. 革新	（动）	géxīn	to innovate
23. 大型	（形）	dàxíng	large-scale, full-length

24. 刊物	（名）	kānwù	publication, periodical
25. 人生	（名）	rénshēng	human life
26. 原则	（名）	yuánzé	principle
27. 旗手	（名）	qíshǒu	standard-bearer
28. 并肩	（副）	bìngjiān	shoulder to shoulder, side by side
29. 拍发	（动）	pāifā	to send (a telegram)
30. 寄托	（动）	jìtuō	to place (hope, etc.) on, to entrust to sb's care
31. 旺盛	（形）	wàngshèng	vigorous, exuberant
32. 资本家	（名）	zīběnjiā	capitalist
33. 买办	（名）	mǎibàn	comprador
34. 线索	（名）	xiànsuǒ	thread, clue
35. 初期	（名）	chūqī	initial stage, early days
36. 面貌	（名）	miànmào	appearance, look
37. 构思	（动）	gòusī	(of writers, etc.) to work out the plot of a literary work; plot
38. 充分	（形）	chōngfèn	full, ample
39. 野心勃勃		yěxīn bóbó	to be overweeningly ambitious, to be obsessed with ambition
40. 信托	（动）	xìntuō	to trust
41. 垮	（动）	kuǎ	to collapse, to fall
42. 半殖民地	（名）	bànzhímíndì	semi-colony
43. 金融	（名）	jīnróng	finance, banking
44. 堵	（动）	dǔ	to block up, to stop up
45. 拼死	（副）	pīnsǐ	to risk one's life, to fight

276

			desperately, to defy death
46. 处	（动）	chǔ	to be located (or situated)
47. 任何	（代）	rènhé	any
48. 记录	（动）	jìlù	to record
49. 极点	（名）	jídiǎn	the limit, the extreme, the utmost
50. 光明	（形）	guāngmíng	light
51. 结构	（名）	jiégòu	structure, construction
52. 安排	（动）	ānpái	to arrange
53. 运用	（动）	yùnyòng	to use, to utilize, to make use of
54. 细腻	（形）	xìnì	minute, exquisite
55. 作为	（动）	zuòwéi	to act as, to serve as
56. 里程碑	（名）	lǐchéngbēi	milestone
57. 史册	（名）	shǐcè	history, annals
58. 铭记	（动）	míngjì	to always remember, to engrave on one's mind
59. 改编	（动）	gǎibiān	to adapt
60. 原著	（名）	yuánzhù	original work, original
61. 广阔	（形）	guǎngkuò	broad, wide, vast
62. 冲突	（动）	chōngtū	to conflict, to clash
63. 删	（动）	shān	to omit, to leave out, to cut out
64. 次要	（形）	cìyào	secondary, minor, less important
65. 显得	（动）	xiǎndé	to appear, to look, to seem
66. 减色	（动）	jiǎnsè	to lose lustre, to impair excellence of, to spoil

277

67. 刻画	(动)	kèhuà	to depict, to portray
68. 割爱	(动)	gē'ài	to give up what one treasures, to part with one's cherished possession
69. 局限性	(名)	júxiànxìng	limitations
70. 逻辑	(名)	luójí	logic

专　名

1. 茅盾　　　　Máo Dùn　　　Mao Dun

2. 《子夜》　　《Zǐyè》　　　"Midnight"

3. 中国作家协会 Zhōngguó Zuòjiā Xiéhuì

　　　　　　　the Chinese Writers' Union

4. 《林家铺子》 《Línjiāpùzi》　"The Lin Family Shop"

5. 叶圣陶　　　Yè Shèngtáo　*a personal name*

6. 沈雁冰　　　Shěn Yànbīng　*a personal name*

7. 桐乡　　　　Tóngxiāng　　*name of a county*

8. 商务印书馆　Shāngwù Yìnshūguǎn

　　　　　　　the Commercial Press

9. 文学研究会　Wénxué Yánjiūhuì

　　　　　　　Literary Society

10. 《小说月报》《Xiǎoshuōyuèbào》

　　　　　　　"Story Monthly"

11. 《蚀》　　　《Shí》　　　　"Eclipse"

12. 中国左翼作家联盟 Zhōngguó Zuǒyì Zuòjiā Liánméng

　　　　　　　the China Left-Wing League

13. 中国工农红军 Zhōngguó Gōngnóng Hóngjūn

　　　　　　　the Chinese Workers' and

278

		Peasants' Red Army
14. 长征	Chángzhēng	the Long March
15. 陕北	Shǎnběi	short for the North of Shaanxi Province
16. 吴荪甫	Wú Sūnfǔ	*a personal name*
17. 赵伯韬	Zhào Bótāo	*a personal name*

四、词语例解

1. …贡献是多方面的

"多"单独作定语是有限制的，多用在固定词组①里。

(1) 中国是一个多民族的国家。

(2) 由于他们多方面的帮助，我们才取得这样大的成绩。

(3) 必须采取多种经营方式，才能促进生产的发展。

(4) 我们是多年的老朋友了，互相都很了解。

(5) 现在多子女的家庭不多了，很多人都觉得还是只要一个孩子好。

2. 大型

(1) 他工作能力强，热情高，又有改革创新的精神，让他来管理一个小型工厂是没有问题的。

(2) 最近市场上有很多这一类的新型产品。

(3) 人民剧场今天有大型古典舞剧《红楼梦》，你想去看吗？

(4) 你的血是什么型的？

——我不记得了，是O型的，还是A型的？也许是AB型的吧!

词组：

血型　　　白鹭牌三型洗衣机

脸型　　JB二型和面机

3．充分

(1) 这部作品在艺术构思上，在典型形象的塑造上，都充分体现了作者的创作才华和水平。

(2) 那个年轻的农业科学家，在参加这次国际科学报告会之前，已经作好了充分的准备。

(3) 你着什么急！只要提前一个小时到达车站，时间就会很充分，买车票，运行李，都来得及。

(4) 关于怎样评价三十年代中国进步文学作品的问题，我们讨论得还不很充分，需要再开一次座谈会。

4．垮

(1) 我们打垮了侵略者几十万军队，并且把他们赶出了我们的国家。

(2) 再大的水也冲不垮这座大坝。

(3) 应该爱惜自己的身体，如果身体垮了，还怎么能坚持工作呢？

5．只不过（是）……

"不过"在这里是"仅仅""只是"的意思，前面也可以再加上"只"。

(1) 这只不过是诗人的想象，在实际生活中，这种现象是不会有的。

(2) 我来没有什么重要的事情，不过是想和你聊聊。

(3) 他的字很漂亮，只不过写得慢一些。

6．从一开始

这里的"一"是副词，"从一…"表示"从开始…"。后面常有"就"。

(1) 大会从一开始就开得非常热烈。

(2) 从新厂长一当选，我们的工厂就开始发生变化。到现在，工厂的面貌已经有了很大的改变。

(3) 小英从一上学就非常努力，每年都考第一（名）。

7．任何

(1) 觉新看到梅听了他的话没有任何表示，觉得一下子全身都凉了。

(2) 任何国家任何民族都有自己的文化艺术。

(3) 屈原想，如果不想办法使自己的国家强大起来，任何时候都有可能被秦国灭掉。

(4) 事情很好办，你放心，任何问题都没有。

"任何"修饰主语、前置宾语或时间状语等时，谓语动词常有"都"或"也"。

8．记录（纪录）

(1) 帕兰卡作的关于茅盾和《子夜》的报告，你听了吧！作记录了吗？

——作了，不过我不是为个人作的，我是大会的记录。

(2) 今天晚上礼堂里有电影，可能是新闻纪录片。

(3) 这次游泳比赛，她打破了女子一百米自由泳（自由式游泳）的全国纪录。

词组：

把…记录下来	会议记录
记录了整个过程	创造了新纪录

9．作为

"作为"的一种意思是"当作"。

(1) 我们以天安门为背景照一张照片，作为我们来北京旅游的纪念吧！

(2) 那件精美的雕刻品，已经作为珍贵的礼物送给了我们的外国朋友。

还有一种意思是：从人的某一种身份或事物的某一种性质②

来说。

    (3) 王教授是作为一位文艺理论家，而不是作为一位翻译家，被请到我们学校来作报告的。

    (4) 作为一个厂长在制定全厂生产计划时，必须要有远见。

10．总的看来

"总的看来"也可以说"总的来看"。另外，还有"总的来说（说来）"。常用在句子前面。

    (1) 总的看来，这部作品无论在人物形象的塑造、情节结构的安排上，还是文学语言的运用上，都是很成功的。当然，也还有个别的地方需要修改和提高。

    (2) 总的来看，他已经基本上恢复了健康，不过还要再休息几天，才能开始工作。

    (3) 我认为总的来说这个刊物办得不错，我们提不出更多的意见来。

11．显得

    (1) 电影的改编者把情节改了一下，这样一来，人物的性格就显得更加突出了。

    (2) 因为她穿了一件黑衣服，就显得更瘦弱了；如果穿一件淡红色的，也许会显得胖一点儿。

    (3) 他虽然已经四十多岁了，可是仍然显得很年轻。

"显得"的宾语常常是形容词或主谓结构。用"显得"的分句前面，往往有另一个分句表示条件。比如：第 (1) 句的"这样一来（'来'代替'电影的改编者把情节改了一下'）"，第 (2) 句的"穿了一件黑衣服"和"如果穿一件淡红色的"。

12．这样一来

    "来"代替③前面提到的情况，后面的分句表示由于这种情况的发生而产生的结果。

（1）夜里我连续咳嗽了好几声，这样一来，把他也吵醒了。

（2）领导上表示支持我们的改革，这样一来，大家的决心更大了。

（3）茅盾先生说，叶圣陶先生建议他在"矛"字上面加个草头，这样一来，就不会引起别人注意了，因为姓"茅"的人很多。

五、练　习

课文部分

1. 根据课文内容回答问题：

（1）茅盾是谁的笔名，他为什么要用这个笔名？

（2）请你谈谈茅盾少年时代所受的教育。

（3）茅盾是怎么开始文学活动的？

（4）请你谈谈五四时期茅盾的情况。

（5）请你谈谈三十年代茅盾的情况。

（6）请你介绍一下《子夜》这部长篇小说。

2. 课堂讨论题：

（1）为什么说茅盾的逝世是中国和世界文学艺术事业的重大损失？

（2）为什么说《子夜》是中国现代长篇小说创作的里程碑？

会话部分

参考下面的短文跟你的朋友评论一部改编的作品（电视剧、电影或戏剧）。

小丁和小王都看了昨晚的电视剧。这个电视剧是根据中国清朝时候的一个真实故事改编的。

小丁看了电视剧以后，觉得总的说来还是成功的，基本上可以肯定。他觉得这个剧通过曲折的情节和对人物的心理描写，表现了主要人物的爱国主义精神，这是它的积极方面，也是主要方面。电视剧基本上体现了原来故事的精神。可是小王并不这么看，他觉得很失望。因为他在看电视剧以前已经知道这个故事，他自己已经在心里塑造了主要人物的形象，希望在剧中看到自己塑造的形象。但是剧中人物并不象他自己想象的那样，因此他不太满意，而且剧中有一些情节是为了追求武打效果 (xiàoguǒ, effect) 而加上去的，这样一来，主题 (zhǔtí, subject, theme) 就不够突出，使电视剧大为减色。小丁也同意小王的最后一条意见，他们一致认为如果删去那些与主题无关的情节，就更好了。

词语部分

1. 完成下列对话：

(1) A：你在看什么？那么专心，＿＿＿＿＿＿＿（连…也…）。

B：对不起，我真没看见你进来。请坐。我正在＿＿＿
＿＿＿＿＿＿（出版），这本杂志＿＿＿＿＿＿＿
（以…为…），也包括一些生活知识，以及古今中外
科学家的故事。看了以后，不但＿＿＿＿＿＿＿
（科学知识），而且还能学到人物的优秀品质，所以
＿＿＿＿＿＿＿（多方面）。

A：＿＿＿＿＿＿＿（做广告），我看你倒是一个很好
的推销员。

B：＿＿＿＿＿＿＿（相信），你可以看看，你一看就
＿＿＿＿＿＿＿（入迷），我现在每期都买，＿＿＿
＿＿＿＿＿＿（一口气）。

(2) A：小丁，几天不见，＿＿＿＿＿＿＿（显得），病了

吗？

B：没有，我正准备考试呢！一想起自己准备得＿＿＿

＿＿＿＿＿＿＿＿＿（充分），就着起急来。

A：不用着急，＿＿＿＿＿＿＿＿＿＿＿（平常），考试没问题，

你不要太紧张。

(3) A：今天的讨论会开得很好，我觉得＿＿＿＿＿＿＿＿＿

（收获）。你觉得怎么样？

B：我也觉得很好，＿＿＿＿＿＿＿＿＿＿＿（充分），特别是，

＿＿＿＿＿＿＿＿＿＿＿（发言）。这个讨论会使我学到了

很多东西。

2．把下列句子译成中文：

1．The nature of the character the writer depicted is multifaceted. He depicted his goodheartedness and zeal as well as his unsteadiness in purpose.

2．Wearing a new suit and having had his hair cut, he looks much younger today.

3．What a large number of people are attending the rally today! The originally wide square looks small.

4．He has already collected sufficient data on the question and made a full study of it.

5．They have recently produced a plane of a new design for agricultural usage, which has been well received by the peasants. Now many of them want to get one.

6．Yesterday evening I saw a full-length song and dance drama which was created in light of the construction of the Changjiang River water conservation project.

7．Here's his workbook in which the way he worked

and the experience he gained are all recorded. Read
it. It'll be of value to your cooperative work.

3．阅读下面短文并回答问题：

一九二一年商务印书馆的《小说月报》开始发表新文艺作品，
茅盾同志当了编辑。那时我（巴金）在成都。我特别喜欢读他翻译
和介绍的短篇小说。一九二八年他用"茅盾"的笔名在《小说月报》
上发表长篇小说《蚀》的时候，我正在法国，我很欣赏这位新的小说
家。回国以后，我才知道"茅盾"就是那位《小说月报》的编辑。三
十年代在上海看见他时，我就称他为"沈先生"，直到最后一次见
面，我一直把他当作一位老师。我十几岁就读他写的文学论文和翻
译文章。那些年他站在鲁迅先生身边用笔进行战斗 (zhàndòu to
fight, to combat)，用作品教育青年。我还记得一九三二年他的
长篇小说《子夜》在上海出版时的情景，那是《阿Q正传》以后我国
现代文学的又一伟大胜利。那时候他还连续发表了象《林家铺子》
等现实主义的优秀短篇小说。我国现代文学沿着"为人生"的现实
主义道路成长(chéngzhǎng to grow up)、发展少不了茅盾同志几
十年的心血。除了创作，茅盾同志还翻译了不少外国作家的作品，
介绍过很多世界文学名著，曾经和鲁迅先生一起在三十年代创办
了《译文》。《译文》是一个很有影响的刊物。茅盾又是文艺园中一
位辛勤的老园丁。他在这方面也留下了不少珍贵的文章。

一九三七年八月十三日上海抗战爆发，文艺刊物停刊(tíngkān
to stop publication〈of a newspaper, magazine, etc.〉)《文学》
等四份杂志联合创办《呐喊》周报，我们一致同意茅盾同志担任这
份刊物的编辑。不久，他离开上海，由我接他的工作，这时，我才
发现他看过并采用的每篇稿件 (gǎojiàn manuscript, contribu-
tion) 都用红笔改得清清楚楚，而且不留下一个不清楚的字。看
到他交给我的稿件，我只有敬佩。他做任何工作都是那样认真负
责，连最后写《回忆录》时也是这样。他在病床上还不忘写作，一

直到生命的最后时刻，还没有放下手中的笔。

　　人到老年，对生死的看法不象过去那样明白，同亲友分别，也不象青年人那样痛苦，因为心想我就要跟上来了，但是得到茅盾同志逝世的消息，我十分悲痛。他是我们那一代作家的代表和榜样，他为祖国和人民留下了不少宝贵财富，他应该没有遗憾。

　　去年三月，访问日本的前夕，我去看他，和他谈了近一个小时。他谈得很生动，我不愿意离开，却又不能不让他休息，只好和他告别了。这两年我心里一直有一个孤寂老人的形象，其实我并不理解。今天我读到他的遗书 (yíshū, a letter or note written by one immediately before death)，他把大量的稿费 (gǎofèi, payment for an article or book, etc., contribution fee)作为长篇小说文学奖金(jiǎngjīn, money award, bonus) 基金 (jījīn, fund)，他心里装着祖国的文学事业，他为这个事业贡献了自己的一生，他怎么会感到寂寞呢？

*　　　　*　　　　*

　　(1) 巴金为什么称茅盾为沈先生？

　　(2) 为什么巴金说中国现代文学沿着"为人生"的现实主义道路成长、发展少不了茅盾几十年的心血？

　　(3) 为什么巴金说茅盾应该没有遗憾，也不感到寂寞？

写作部分

　　分析一部长篇小说中的一两个主要人物，产生这个或这些人物的时代背景，人物的性格特点等。（200字）

复　习（六）

一、总结本单元学过的有关文学艺术方面的词语：

体裁　诗歌　散文　_____　_____　_____

_____　_____　_____

描绘　塑造　刻画　_____　_____　_____

形象　典型　冲突　_____　_____　_____

细腻　奔放　风趣　_____　_____　_____

二、用下列表示动作的动词各造一个句子：

掏　揩　碰　挨　挽　摇　捅　伸　扑　趴

三、用汉语解释下列词语，选择其中四个造句：

千方百计　以身殉国　忧国忧民　翻来复去　死去活来
野心勃勃　心乱如麻　"朱门酒肉臭，路有冻死骨"

四、根据下面所介绍的三种构词方式，确定下列词语属于哪一种：

粽子　侵略者　小张　推销员　厂长　可惜　可笑　烈士
罐子　学者　凄然　浪漫主义　诗篇

　　1．附加词头，如：老伴儿　老天爷

　　2．附加词尾，如：革命者　科学家

　　3．附加量词，如：船只　房间

五、汉语中有些词是由两个双音节词中各选一字简缩而成的。
如：

　　职工——→职员工人　妇幼——→妇女儿童　科技——→科学技术

下面每个双音节词是由哪两个词简缩而成的：

　　　　外语——→　　　　语文——→

　　　　文艺——→　　　　外商——→

有些专名或词组有简称或简略的说法。如：

　　　　北京大学——→北大　　师范学院——→师院

288

女子排球——→女排　　工业农业——→工农业

亚洲、非洲、拉丁美洲地区——→亚、非、拉地区

下面专名或词组的简称或简略说法是什么？

1．人民大学——→　　　师范大学——→

　　交通大学——→　　　作家协会——→

2．外语学院——→　　　钢铁学院——→

3．男子篮球——→　　　科学研究——→

4．工业商业——→　　　冠军亚军——→　　　伯父伯母——→

5．亚洲、太平洋地区——→

注意：简称或简略的说法是选择词组中有代表性的字，有时是按照人们的习惯而构成的，不能生造，特别是一些双音节词。如：

左翼作家联盟——→左联　　教师学生——→师生

丈夫妻子——→夫妻　　　绘画展览会——→画展

六、区分下列每组词的意思，选择适当的词填空：

用——沿用　　运用

1．在这部作品里，作家_____现实主义的方法，塑造了很多成功的艺术形象。

2．最早人们翻译京剧这个词时用了opera，后来就这样_____下来了。

遭——遭受　　遭遇

1．这决不是她一个人的悲惨_____。

2．《蛐蛐儿》这篇小说反映了封建社会人民从肉体上到精神上_____的迫害。

传——相传　　流传

1．这个故事已经_____了好几百年了。

2．_____孟姜女为了寻找丈夫，跋山涉水，来到长城脚下。

评——评论 评价

1. 对历史人物应该有一个正确的 _____，要指出他的功绩，也要分析他的错误。

2. 这个剧本出版以后不久，报上就发表了很多 _____它的文章。

醒——觉醒 苏醒

1. 打了针以后，他慢慢 _____ 过来了。

2. 秋瑾希望妇女们 _____ 起来，为争取自由、幸福而斗争。

救——抢救 挽救

1. 为了 _____ 大熊猫，四川省政府和人民作了许多工作。

2. 大家对他的错误进行批评，正是为了 _____ 他。

七、阅读下面的短文，然后说一说鲁迅是怎样走上文学创作道路的。

鲁迅是中国现代文学史上最伟大的作家，也是伟大的思想家、革命家，一八八一年九月二十五日生于浙江绍兴。他的名字叫周树人，鲁迅是他常用的笔名。

鲁迅是怎样走上文学创作道路的呢？鲁迅的少年（shàonián, juvenile）时代正是中国变成半封建半殖民地社会的时代，这种社会的变化对他思想上的影响很大。那时，他的家庭也遭到破产，父亲因病去世。他的青少年时代是在穷困中度过的，这使他更深地体会到封建社会的黑暗。他母亲家在农村，因此他常有机会到农村去了解农民的生活。他对农民所受的痛苦非常同情。

为了寻找救国的道路，年轻的鲁迅离开了家乡到外边去读书。开始，他认为科学可以使中国强大起来，于是就到日本去留学，想当一个医生。有一次在教室里放（fàng, to project, to show）关于日俄战争（Rì É zhànzhēng, the Japanese-Russian War）的幻灯片（huàndēngpiān,〈lantern〉slides），其中有一个中国人，据说是为俄国当侦探(zhēntàn, detective, spy)的，被日本军队捉住了准备杀头，很多中国人都在旁边看热闹。这个镜头使鲁迅受到很大的震动(zhèndòng, to shake, to shock)他感到当医生只能治人们的病，不能改变人们的精神；而当时最重要的还是使人们觉醒起来。所以他决定不再学医，改学文艺，从此走上了文学创作的道路。他的最早作品《狂人日记》、《阿Q正传》成了中国现代文学史上的里程碑。

词 汇 表
Vocabulary

A

āi	挨	（动） āi	to get close to, to be near to	29
	哀悼	（动） āidào	to mourn (or grieve) over somebody's death, to lament somebody's death	22
ái	挨	（动） ái	to be beaten, to take (a beating), to get (a thrashing)	28
ài	爱惜	（动） àixī	to cherish, to treasure	29
ān	安排	（动） ānpái	to arrange	30
	安全	（形） ānquán	safe, secure	16
	安危	（名） ānwēi	safety and danger	23

B

bá	跋涉	（动） báshè	to trudge, to trek	25
bái	白鹭	（名） báilù	egret	27
bài	败	（动） bài	to fail, to be defeated	22

292

bān	般	（助）	bān	type, way, class, sort	27
	搬	（动）	bān	to move (house)	18
bàn	半晌	（名）	bànshǎng	a long time, quite a while	29
	半殖民地	（名）	bànzhímíndì	semi-colony	30
bāo	包围	（动）	bāowéi	to surround, to encircle	23
bǎo	宝贝	（名）	bǎobèi	treasure	28
	宝贵	（形）	bǎoguì	precious, valuable	18
	保护	（动）	bǎohù	to protect	23
	保留	（动）	bǎoliú	to retain, to keep	17
	保证	（动、名）	bǎozhèng	to guarantee, to ensure; guarantee, pledge	20
	保重	（动）	bǎozhòng	to take care of oneself	29
bào	抱	（动）	bào	to take (or carry) in one's arms, to embrace	16
	爆发	（动）	bàofā	to break out	23
	报告	（动、名）	bàogào	to report; report	19
	报刊	（名）	bàokān	newspapers and periodicals, the press	18
	报名		bào míng	to enter one's name, to sign up	18
	暴虐	（形）	bàonüè	brutal, tyrannical	23
	爆炸	（动）	bàozhà	to explode	17
bēi	悲	（形）	bēi	sad, grievous	22
	悲哀	（形）	bēi'āi	grieved, sorrowful	29
	悲惨	（形）	bēicǎn	miserable	28
	悲愤	（形）	bēifèn	grievous and indignant	22
	悲剧	（名）	bēijù	tragedy	27

	悲苦	(形)	bēikǔ	sad, sorrowful, grieved	29
	悲伤	(形)	bēishāng	sad, sorrowful	29
	悲痛	(形)	bēitòng	grievous, grieved, sorrowful	24
bēi	倍	(量)	bèi	fold, times	20
	背后	(名)	bèihòu	back, rear	28
	背景	(名)	bèijǐng	background	28
	被迫		bèi pò	to be compelled, to be forced	23
	背诵	(动)	bèisòng	to recite, to repeat from memory	27
bēn	奔放	(形)	bēnfàng	bold and unrestrained, overflowing	26
bǐ	笔	(量)	bǐ	*a measure word*, a sum (of money)	20
	笔名	(名)	bǐmíng	pen name	30
	比如	(动)	bǐrú	for example, for instance	18
	比赛	(动、名)	bǐsài	to compete; competition, match, race	26
bǐ	避	(动)	bì	to avoid, to evade	29
	避开		bì kāi	to avoid, to evade, to keep clear of	29
	必须	(能动)	bìxū	must, to have to	26
biān	边境	(名)	biānjìng	border, frontier	24
biàn	便	(副)	biàn	then, thereupon	29
	变法	(名、动)	biànfǎ	political reform; to carry on political reform	23

	变化	（名、动）	biànhuà	change; to change	16
	辩论	（动）	biànlùn	to debate, to argue	25
biǎo	表哥	（名）	biǎogē	cousin	29
	表嫂	（名）	biǎosǎo	cousin sister-in-law	29
bié	别介意		bié jièyì	don't take offence, don't mind	20
bīng	并肩	（副）	bīngjiān	shoulder to shoulder, side by side	30
bó	泊	（动）	bó	to anchor, to lie (or be) at anchor	27
	驳	（动）	bó	to refute, to contradict, to gainsay	25
	脖子	（名）	bózi	neck	28
bú	不必	（副）	búbì	need not, not have to	22
	不幸	（形、名）	búxìng	unfortunate; misfortune	26
	不要紧		bú yàojǐn	it doesn't matter, it's nothing	29
bǔ	（被）捕	（动）	(bèi) bǔ	(to be) arrested	22
	补充	（动）	bǔchōng	to supplement, to complement, to add	18
bù	不曾	（副）	bùcéng	never	29
	部分	（名）	bùfen	part	23
	不仅…也…		bùjǐn…yě…	not only… but (also)…	25
	不久	（名）	bùjiǔ	before long, soon	26
	不满	（形）	bùmǎn	resentful, discontented, dissatisfied	23
	不如	（动、连）	bùrú	not equal to, not as good as	29

C

cái	材料	（名）	cáiliào	material	24
cǎi	踩	（动）	cǎi	to tread, to step on	19
	采购	（动）	cǎigòu	to purchase, to make purchases for an enterprise	20
	采购员	（名）	cǎigòuyuán	purchasing agent	20
	采取	（动）	cǎiqǔ	to adopt	24
cān	餐车	（名）	cānchē	dining car	16
	参数	（名）	cānshù	parameter	20
cán	残酷	（形）	cánkù	cruel, brutal, ruthless	23
cǎo	草丛	（名）	cǎocóng	a thick growth of grass	28
	草头	（名）	cǎotóu	the "grass" radical "艹"	30
cè	策略	（名）	cèlüè	tactics	24
chá	查票		chá piào	to check (or examine) ticket	16
	茶叶	（名）	cháyè	tea leaf	17
chà	差	（形）	chà	poor, not up to standard	19
	差不多	（副、形）	chàbuduō	almost, nearly; about the same, similar	29
chǎn	产量	（名）	chǎnliàng	output, yield	17
	产品	（名）	chǎnpǐn	product	17
	产区	（名）	chǎnqū	(wheat-producing) area	19
cháng	长处	（名）	chángchù	strong (good) point, good quality	20
	长篇小说		chángpiān xiǎoshuō		

					novel	27
chǎng	厂家	（名）	chǎngjiā		factory, firm	17
	厂长	（名）	chǎngzhǎng		factory manager	17
chàng	畅谈	（动）	chàngtán		to talk freely and to one's heart's content, to speak glowingly	17
chāo	超过	（动）	chāoguò		to surpass, to outstrip, to exceed	19
	抄写	（动）	chāoxiě		to copy, to write down	25
cháo	朝	（名）	cháo		dynasty	17
chē	车厢	（名）	chēxiāng		carriage, coach	16
chè	彻底	（形）	chèdǐ		thorough	21
chén	沉思	（动）	chénsī		to ponder, to meditate, to be lost in thought	27
chèn	趁	（介）	chèn		by; to take advantage of	28
chēng	称号	（名）	chēnghào		title	24
chéng	乘	（动）	chéng		to ride (on a train or bus)	16
	成本	（名）	chéngběn		cost	19
	程度	（名）	chéngdù		level, degree	18
	成立	（动）	chénglì		to found, to establish, to set up	21
	成千上万		chéngqiānshàngwàn		tens of thousands (of people), thousands upon thousands (of people)	19
	城墙	（名）	chéngqiáng		city wall	23
	成员	（名）	chéngyuán		member	30

	成长	（动）	chéngzhǎng	to grow, to grow to maturity	18
chì	翅膀	（名）	chìbǎng	wing	28
chōng	充分	（形）	chōngfèn	full, ample	30
	充满	（动）	chōngmǎn	to be full of, to be imbued with	26
	冲突	（动）	chōngtū	to conflict, to clash	30
chóng	重逢	（动）	chóngféng	to meet again, to have a reunion	29
	崇敬	（动）	chóngjìng	to esteem, to respect, to revere	30
	重新	（副）	chóngxīn	again, anew	24
chōu	抽泣	（动）	chōuqì	to sob	28
chóu	愁	（动）	chóu	to worry, to be anxious	28
chòu	臭	（形）	chòu	stinking, smelly, foul	27
chū	出口		chū kǒu	to export	17
	出路	（名）	chūlù	wayout	26
	初年	（名）	chūnián	initial stage (or period), early days, beginning	25
	初期	（名）	chūqī	initial stage, early days	30
	出生	（动）	chūshēng	to be born	22
	出使	（动）	chūshǐ	to be sent on a diplomatic mission, to serve as an envoy abroad	25
	出席	（动）	chūxí	to attend, to be present	22
chǔ	处	（动）	chǔ	to be located (or situated)	30
chù	畜力	（名）	chùlì	animal power	24

chuán	传单	（名）	chuándān	leaflet	21
	船只	（名）	chuánzhī	ship	27
chuàng	创办	（动）	chuàngbàn	to establish, to set up, to initiate	22
chuí	垂	（动）	chuí	to hang down, to droop	19
chún	唇齿相依		chúnchǐxiāngyī	to be as close as lips and teeth, to be closely related and mutually dependent	25
cí	词	（名）	cí	*ci*, poetry written to certain tunes with strict tonal patterns and rhyme schemes, in fixed numbers of words and lines originating in the Tang Dynasty and fully developed in the Song Dynasty	27
cǐ	此刻	（名）	cǐkè	this moment, now, at present	29
cì	赐	（动）	cì	to bestow, to grant	17
	次要	（形）	cìyào	secondary, minor, less important	30
cóng	从此	（连）	cóngcǐ	from this time on, from now on	21
	从事	（动）	cóngshì	to be engaged in, to go in for	18

cù	促进	（动）	cùjìn	to promote, to accelerate, to advance	24
cuì	翠	（形）	cuì	green	27
cuò	措施	（名）	cuòshī	measure, step	24

D

dā	答应	（动）	dāying	to promise, to agree	20
dá	答复	（动）	dáfù	to answer, to reply	17
	答话	（动）	dáhuà	to make a reply, to answer	29
dǎ	打	（动）	dǎ	to catch (fish)	19
	打牌		dǎ pái	to play *mah-jong*	29
	打仗		dǎ zhàng	to fight, to go to war, to make war	28
dà	大臣	（名）	dàchén	ministers of a monarchy	23
	大地	（名）	dàdì	land, earth, mother earth	16
	大量	（形）	dàliàng	a large number of, a great quantity of, enormous	30
	大门	（名）	dàmén	gate	27
	大怒		dà nù	to fly into a great rage, to get very angry	23
	大型	（形）	dàxíng	large-scale, full-length	30
dāi	呆	（形）	dāi	dumbstruck, dull	28
dài	代表作	（名）	dàibiǎozuò	representative work	26
dān	担任	（动）	dānrèn	to act as, to hold the

九龍紅磡
鶴園東街4號
恒藝珠寶大廈二樓
商務印書館（香港）有限公司
顧客服務部收

商務印書館 📖 讀者回饋咭

請詳細填寫下列各項資料，傳真至2764 2418，以便寄上本館門市優惠券，憑券前往商務印書館本港各大門市購書，可獲折扣優惠。

所購本館出版之書籍：＿＿＿＿＿＿＿＿＿＿＿＿＿＿＿＿＿＿＿＿＿＿＿＿＿＿＿＿

購書地點：＿＿＿＿＿＿＿＿＿＿＿＿＿＿＿＿ 姓名：＿＿＿＿＿＿＿＿＿＿＿

通訊地址：＿＿＿＿＿＿＿＿＿＿＿＿＿＿＿＿＿＿＿＿＿＿＿＿＿＿＿＿＿＿＿＿＿

電話：＿＿＿＿＿＿＿＿＿＿＿＿＿＿＿ 傳真：＿＿＿＿＿＿＿＿＿＿＿＿＿＿＿

電郵：＿＿＿＿＿＿＿＿＿＿＿＿＿＿＿＿＿＿＿＿＿＿＿＿＿＿＿＿＿＿＿＿＿＿＿

您是否想透過電郵收到商務文化月訊？　1☐是　2☐否

性別：1☐男 2☐女

年齡：1☐15歲以下　2☐15-24歲　3☐25-34歲　4☐35-44歲　5☐45-54歲
　　　6☐55-64歲　7☐65歲以上

學歷：1☐小學或以下　2☐中學　3☐預科　4☐大專　5☐研究院

每月家庭總收入：1☐HK$6,000以下　2☐HK$6,000-9,999　3☐HK$10,000-14,999
　　　　　　　　4☐HK$15,000-24,999　5☐HK$25,000-34,999　6☐HK$35,000或以上

子女人數（只適用於有子女人士）1☐1-2個　2☐3-4個　3☐5個以上

子女年齡（可多於一個選擇）1☐12歲以下　2☐12-17歲　3☐17歲以上

職業：1☐僱主　2☐經理級　3☐專業人士　4☐白領　5☐藍領　6☐教師
　　　7☐學生　8☐主婦　9☐其他

最多前往的書店：＿＿＿＿＿＿＿＿＿＿＿＿＿＿＿＿＿＿＿＿＿＿＿＿＿＿＿＿

每月往書店次數：1☐1次或以下　2☐2-4次　3☐5-7次　4☐8次或以上

每月購書量：1☐1本或以下　2☐2-4本　3☐5-7本　4☐8本或以上

每月購書消費：1☐HK$50以下　2☐HK$50-199　3☐HK$200-499
　　　　　　　4☐HK$500-999　5☐HK$1,000或以上

您從哪裏得知本書：1☐書店　2☐報章或雜誌廣告　3☐電台　4☐電視　5☐書評/書介
　　　　　　　　　6☐親友介紹　7☐商務文化網站　8☐其他 (請註明：＿＿＿＿＿＿)

您對本書內容的意見：＿＿＿＿＿＿＿＿＿＿＿＿＿＿＿＿＿＿＿＿＿＿＿＿＿＿＿

＿＿＿＿＿＿＿＿＿＿＿＿＿＿＿＿＿＿＿＿＿＿＿＿＿＿＿＿＿＿＿＿＿＿＿＿＿

您有否進行過網上買書？　1☐有　2☐否

您有否瀏覽過商務文化網站（網址：http://www.commercialpress.com.hk）？1☐有　2☐否

您希望本公司能加強出版的書籍：

1☐辭書　2☐外語書籍　3☐文學/語言　4☐歷史文化　5☐自然科學　6☐社會科學
7☐醫學衛生　8☐財經書籍　9☐管理書籍　10☐兒童書籍　11☐流行書
12☐其他 (請註明：＿＿＿＿＿＿＿＿＿＿)

根據個人資料「私隱」條例，讀者有權查閱及更改其個人資料。讀者如須查閱或更改其個人資料，請來函本館，信封上請註明「讀者回饋咭-更改個人資料」

				post of	16
	单位	（名）	dānwèi	unit	19
dàn	淡	（形）	dàn	dry, thin, light	29
dāng	当年	（名）	dāngnián	in those years (or days)	18
	当选	（动）	dāngxuǎn	to be elected as	20
	当众	（副）	dāngzhòng	in the presence of all, in public	18
dāo	刀	（名）	dāo	sword	22
dǎo	倒	（动）	dǎo	to fall, to collapse	25
dào	倒	（副）	dào	but, actually	18
	倒	（动）	dào	to move backward, to back up	29
	道	（量）	dào	a measure word	20
	到达	（动）	dàodá	to reach, to arrive, to get to	16
	道德	（名）	dàodé	morals, morality	21
	到底		dào dǐ	to the end, to the finish	26
	道路	（名）	dàolù	road	21
děng	等待	（动）	děngdài	to wait	16
dī	低温	（名）	dīwēn	low temperature	20
dì	帝国主义	（名）	dìguózhǔyì	imperialism	21
	地球	（名）	dìqiú	the earth, the globe	24
diǎn	典礼	（名）	diǎnlǐ	ceremony, celebration	21
diàn	殿	（名）	diàn	hall	23
	电子	（名）	diànzǐ	electron	20
diāo	雕刻	（动、名）	diāokè	to carve, to engrave; carving	23
	雕刻品	（名）	diāokèpǐn	carving	23

diào	调	（动）	diào	to transfer	21
dòng	冻	（动）	dòng	to freeze	27
	动人	（形）	dòngrén	moving, touching	27
	动摇	（动）	dòngyáo	to shake, to waver, to vacillate	26
dǒu	抖	（动）	dǒu	to shake, to spread, to vibrate	28
dòu	斗	（动）	dòu	to make animals fight (as a game)	28
	斗争	（动、名）	dòuzhēng	to struggle, to wage a struggle, to fight against; struggle	22
dú	毒害	（动）	dúhài	to poison sb's mind	29
dǔ	堵	（动）	dǔ	to block up, to stop up	30
dù	度	（量）	dù	a measure word, degree	21
	度过	（动）	dùguò	to spend	22
	度量衡	（名）	dùliànghéng	weights and measures	24
duǎn	短期	（形）	duǎnqī	short, short-term	18
duàn	段	（量）	duàn	a measure word, section	16
	断续	（形）	duànxù	intermittent, disjointed	29
duì	对唱	（动）	duìchàng	(of birds) to cry in an antiphonal way	27
	队伍	（名）	duìwu	contingent, ranks	21
dūn	蹲	（动）	dūn	to squat	19
	吨	（量）	dūn	a measure word, ton	24
duō	多疑	（形）	duōyí	doubtful, suspicious, oversensitive	23
duó	夺	（动）	duó	to seize, to take by	

E

ə	恶	（形）	è	vicious, ferocious, fierce	26
ér	而	（连）	ér	and, but, whereas	18
	儿时	（名）	érshí	childhood	29
	儿童	（名）	értóng	child (children)	16

F

fā	发布	（动）	fābù	to issue, to release	23
	发财		fā cái	to make a fortune (or pile), to get rich	28
	发车		fā chē	departure (signal)	16
	发达	（形）	fādá	developed	25
	发起	（动）	fāqǐ	to sponsor, to initiate	30
	发言		fā yán	to speak (at a meeting), to make a speech (at a meeting)	26
fá	罚款		fá kuǎn	to fine, to impose a fine	16
fǎ	法律	（名）	fǎlǜ	law	24
fān	翻来复去		fānlái fùqù	(to think) again and again (or repeatedly)	28
	翻山越岭		fānshān yuèlǐng	to cross over mountain after mountain, to tramp	

				over hill and dale	24
fán	繁荣	（形）	fánróng	prosperous, flourishing, booming	25
fǎn	反驳	（动）	fǎnbó	to refute, to retort	25
	反对	（动）	fǎnduì	to oppose, to fight against, to combat	21
	反而	（副）	fǎn'ér	but, on the contrary	20
	反抗	（动）	fǎnkàng	to resist, to revolt	24
	返青		fǎn qīng	(of winter crops) to turn green	19
	返修	（动）	fǎnxiū	to repair low-quality instrument or machine, etc. over again	20
	反映	（动、名）	fǎnyìng	to reflect, to mirror, to depict	27
fāng	方	（形）	fāng	square	28
fáng	防御	（动）	fángyù	to defend, to guard against	24
	防止	（动）	fángzhǐ	to prevent, to guard against	23
fàng	放（火）	（动）	fàng(huǒ)	to set fire to, to set on fire	21
	放逐	（动）	fàngzhú	to exile, to send into exile	26
fēi	非	（动、头）	fēi	to censure, to blame; non	24
	妃子	（名）	fēizi	imperial concubine	23
féi	肥料	（名）	féiliào	fertilizer, manure	19

fèi	费心		fèi xīn	to give (or devote) a lot of care, to take a lot of trouble	18
fēn	分	（名）	fēn	mark, point	18
	分	（动）	fēn	to divide	17
	分明	（形）	fēnmíng	obviously, evidently, clearly	29
	分数	（名）	fēnshù	mark, point	18
	分析	（动）	fēnxī	to analyse	22
fén	焚书坑儒		fénshū kēngrú	burning of books and burying Confucianists alive in ravines by the First Emperor of the Qin Dynasty in 213-212 B.C.	24
fèn	愤怒	（形）	fènnù	angry, indignant, furious	22
fēng	封建	（名、形）	fēngjiàn	feudalism; feudal	21
	封建主义	（名）	fēngjiànzhǔyì	feudalism	21
	风俗	（名）	fēngsú	custom	26
	封锁	（动）	fēngsuǒ	to blockade, to block	23
	风险	（名）	fēngxiǎn	risk, danger, hazard	25
fěng	讽刺	（动、名）	fěngcì	to mock, to satirize; satire	23
fèng	缝	（名）	fèng	crack, crevice	28
fó	佛经	（名）	fójīng	Buddhist sutra, Buddhist scripture	25

fú	浮雕	（名）	fúdiāo	relief	21
	符合	（动）	fúhé	to accord with, to conform to	28
	俘虏	（名）	fúlǔ	captive	26
	辐射	（动）	fúshè	to radiate	17
	辐射病	（名）	fúshèbìng	radiation sickness	17
fǔ	抚	（动）	fǔ	to strike, to slap, to beat	29
	腐败	（形）	fǔbài	corrupt, rotten	23
fù	付	（动）	fù	to pay, to expend	24
	负	（动）	fù	to bear, to shoulder, to suffer, to owe	29
	富	（形）	fù	rich, wealthy	25
	负担	（动、名）	fùdān	to burden; burden	18
	妇女	（名）	fùnǚ	woman	22
	富强	（形）	fùqiáng	prosperous and powerful	25
	负责	（动、形）	fùzé	(of a person) to be held responsible for, to take the responsibility for, to be responsible for	20
	副作用	（名）	fùzuòyòng	side effect, by-effect	17

G

gāi	该死	（形）	gāisǐ	damn, damned, Damn you.	28
gǎi	改	（动）	gǎi	to change, to transform	22
	改编	（动）	gǎibiān	to adapt	30
	改革	（动）	gǎigé	to reform	26

	改写	（动） gǎixiě	to rewrite, to adapt	28
	改造	（动） gǎizào	to transform, to reform, to remake	20
	改组	（动） gǎizǔ	to reorganize	22
gài	盖	（动） gài	to build	20
gǎn	敢	（能动） gǎn	dare, to dare	20
	感激	（动） gǎnjī	to feel grateful (or indebted), to be thankful	20
gāng	缸	（名） gāng	vat, jar	17
gāo	高产	gāo chǎn	high yield (or production)	19
	高度	（形、名） gāodù	highly; height	25
	高峰	（名） gāofēng	height, peak, summit	26
gǎo	搞	（动） gǎo	to be engaged in, to do	20
gē	割爱	（动） gē'ài	to give up what one treasures, to part with one's cherished possession	30
	歌颂	（动） gēsòng	to sing the praises of, to eulogize	22
gé	革命	（名、动） gémìng	revolution; to make revolution	21
	革新	（动） géxīn	to innovate	30
gè	个人	（名） gèrén	individual person	27
gēn	根	（量） gēn	*a measure word*, piece	28
	根本	（形、副、名） gēnběn	basic, fundamental, essential; simply; basis, foundation	23

	根据	(介、动、名)	gēnjù	according to, on the basis of; to base; foundation	22
gōng	宫	(名)	gōng	palace	23
	宫殿	(名)	gōngdiàn	palace	23
	功绩	(名)	gōngjī	merits and achievements	24
	公鸡	(名)	gōngjī	cock	28
	恭敬	(形)	gōngjìng	respectful	16
	公爵	(名)	gōngjué	duke	25
	公开	(动、形)	gōngkāi	to make known to the public, to make public, to bring into the open; open	25
	公里	(量)	gōnglǐ	kilometre	16
	公司	(名)	gōngsī	company, corporation	17
	工序	(名)	gōngxù	working procedure, process	20
	工艺	(名)	gōngyì	technology	17
	公元	(名)	gōngyuán	the Christian era, A.D.	24
	公元前		gōngyuán qián	B.C.	24
gǒng	巩固	(形、动)	gǒnggù	to consolidate, to strengthen, to solidify	20
gòng	供词	(名)	gòngcí	confession, statement made under examination	22
	共和国	(名)	gònghéguó	republic	22
	共同	(形)	gòngtóng	common, joint	18
gòu	构思	(动)	gòusī	(of writers, etc.) to	

				work out the plot of	
				a literary work; plot	30
gǔ	骨	（名） gǔ		bone	27
	鼓舞	（动、名） gǔwǔ		to inspire, to hearten,	
				to enhance; inspiration,	
				enhancement	22
gù	故居	（名） gùjū		former residence (or	
				home)	27
guān	官	（名） guān		official, officeholder	22
	观点	（名） guāndiǎn		point of view, viewpoint	24
	关键	（名、形） guānjiàn		key; crucial, critical	18
	官僚	（名） guānliáo		bureaucrat	22
	关照	（动） guānzhào		to look after, to keep	
				an eye on	17
guǎn	管理	（动） guǎnlǐ		to manage, to run,	
				to administer	16
guàn	罐子	（名） guànzi		jar, pot	28
guāng	光	（形、名） guāng		bare; light	19
	光明	（形） guāngmíng		light	30
	光荣	（形） guāngróng		glorious	18
guǎng	广阔	（形） guǎngkuò		broad, wide, vast	30
guī	规定	（动、名） guīdìng		to formulate, to make a	
				rule; rule, regulation	19
guì	贵	（形） guì		your (company);	
				expensive	17
	跪	（动） guì		to kneel, to go down	
				on one's knees	24
	贵族	（名） guìzú		aristocrat, noble	26

guó	国都	（名）	guódū	capital	26
guǒ	果然	（副）	guǒrán	really, as expected, sure enough	27
	果实	（名）	guǒshí	fruit	22
guò	过程	（名）	guòchéng	course, process	24
	过关		guò guān	(of the quality of a product) to reach a standard, up to standard	20

H

hǎi	海军	（名）	hǎijūn	navy	23
hán	含	（动）	hán	to contain	27
háng	行	（量）	háng	a measure word, line	27
hǎo	好处	（名）	hǎochu	good, benefit, advantage	17
	好汉	（名）	hǎohàn	hero, brave man, true man	24
	好说	（形）	hǎoshuō	It's nothing. With pleasure.	17
hé	合	（动）	hé	to join, to combine, to unite	19
	何	（代）	hé	what, where	29
	何曾	（副）	hécéng	it's not that…but…	29
	合同	（名）	hétóng	contract	17
	合作	（动）	hézuò	to co-operate	17
héng	恒温室	（名）	héngwēnshì	house with heating controlled by thermostat	20
hōng	轰动	（动）	hōngdòng	to cause a sensation, to

				make a stir	25
hóng	红领巾	（名）	hónglǐngjīn	red scarf (worn by	
				Young Pioneers)	16
	红烧	（动）	hóngshāo	(of fish, pork, etc.) to	
				be braised in soy sauce	19
hòu	候车		hòu chē	to wait for the train	
				(or bus)	16
	候车室	（名）	hòuchēshì	waiting room (in a	
				railway or bus station)	16
	后期	（名）	hòuqī	later period (or stage)	25
	后世	（名）	hòushì	later generation	26
	候选人	（名）	hòuxuǎnrén	candidate	20
hū	呼声	（名）	hūshēng	voice, cry	21
	呼吸	（动）	hūxī	to breathe	21
hú	糊涂	（形）	hútu	muddle-headed	26
hù	互赠		hù zèng	to give each other as a	
				present, to present as	
				a gift to each other	25
huā	花坛	（名）	huātán	flower bed, flower	
				terrace	16
huà	化	（动）	huà	to melt	27
huái	怀	（动）	huái	to cherish, to harbour	
				(feelings)	21
	怀	（名）	huái	bosom	29
	怀恨在心		huáihèn zài xīn		
				to nurse hatred, to	
				harbour resentment	23
huān	欢呼	（动）	huānhū	to cheer, to hail,	

				to acclaim	16
huāng	慌	（形、动） huāng		flurried, flustered; to confuse	28
huáng	皇城禁地	huángchéng jìndì		the forbidden area around the Forbidden City	21
	皇宫	（名） huánggōng		imperial palace	17
	皇后	（名） huánghòu		empress	23
	黄鹂	（名） huánglí		oriole	27
huí	回顾	（动） huígù		to look pack, to review	25
	回忆	（动） huíyì		to recollect, to recall, to call to mind	30
huì	会场	（名） huìchǎng		meeting-place, conference (or assembly) hall	19
	会见	（动） huìjiàn		to meet with	22
	贿赂	（动） huìlù		to bribe	26
hún	魂儿	（名） húnr		soul	28
huó	活动	（动、名） huódòng	activity		18
	活跃	（动、形） huóyuè		to enliven, to liven up; brisk, active	16
huò	货	（名） huò		goods, commodity	20
	货币	（名） huòbì		money, currency	24

J

jī	积	（动） jī		to accumulate, to store up	27
	鸡	（名） jī		chicken	28

基本	（形）	jīběn	basic, main, in the main	20
机床	（名）	jīchuáng	machine tool	20
激愤	（形）	jīfèn	indignant	23
几乎	（副）	jīhū	almost, nearly	27
击剑	（名）	jījiàn	fencing	22
积累	（动）	jīěi	to accumulate	18
激起	（动）	jīqǐ	to arouse, to evoke, to stir up	24
机械	（名）	jīxiè	machinery, machanism	24
极	（副）	jí	extremely	19
急	（形、动）	jí	irritated, annoyed, angry; to irritate, to annoy, to get angry	28
急促	（形）	jícù	hurried, rapid, short (of breath)	29
极点	（名）	jídiǎn	the limit, the extreme, the utmost	30
集合	（动）	jíhé	to gather, to assemble	21
集会	（动、名）	jíhuì	to hold a mass rally; assembly, rally, gathering	21
即使	（连）	jíshǐ	even if, even though	26
系	（动）	jì	to wear, to tie	16
季	（名）	jì	season	18
记得	（动）	jìde	to remember	30
季节	（名）	jìjié	season	18
记录	（动）	jìlù	to record	30
纪念	（动、名）	jìniàn	to commemorate, to	

				mark; souvenir,	
				memento	16
	寄托	（动）	jìtuō	to place (hope, etc.) on,	
				to entrust to sb's care	30
	继续	（动）	jìxù	to continue, to go on	22
jiā	家	（尾）	jiā	a nominal suffix, equi-	
				valent to "-er, -or,	
				-ist", etc.	19
	家产	（名）	jiāchǎn	family property	28
	加大		jiā dà	to add, to increase,	
				to broaden	18
	佳话	（名）	jiāhuà	a story on everybody's	
				lips, a deed praised far	
				and wide	25
	家乡	（名）	jiāxiāng	native place, hometown	19
	家喻户晓		jiāyù hùxiǎo	known to every house-	
				hold, known to all,	
				widely known	25
jiǎ	假山	（名）	jiǎshān	rockery	29
jià	嫁	（动）	jià	(of a woman) to marry,	
				to get married to	22
	价格	（名）	jiàgé	price	20
jiān	坚定	（形）	jiāndìng	firm, staunch	26
	坚决	（形）	jiānjué	firm, resolute, deter-	
				mined	23
	艰难	（形）	jiānnán	hard, difficult	21
	尖锐	（形）	jiānruì	sharp, intense, acute	22
jiǎn	检票		jiǎn piào	to have one's ticket	

				punched	16
	检票员	（名）	jiǎnpiàoyuán	the station worker who punches passengers' tickets	16
	减轻	（动）	jiǎnqīng	to lighten, to reduce	18
	减色	（动）	jiǎnsè	to lose lustre, to impair excellence of, to spoil	30
Jiàn	渐渐	（副）	jiànjiàn	gradually, step by step	24
	见证	（名）	jiànzhèng	witness, testimony	21
jiāng	将军	（名）	jiāngjūn	general	25
jiǎng	讲师	（名）	jiǎngshī	lecturer	19
	讲述	（动）	jiǎngshù	to tell about, to relate, to narrate	21
	讲台	（名）	jiǎngtái	lecture platform, dais, rostrum	18
jiàng	降低	（动）	jiàngdī	to reduce, to decrease	19
jiāo	浇	（动）	jiāo	to water, to pour (or sprinkle) water on	19
	交差		jiāo chāi	to report to one's immediate superior after accomplishing a task	28
	交流	（动）	jiāoliú	to exchange, to interchange	25
	交通总长		jiāotōng zǒngzhǎng Minister of Communications	21
	交往	（动）	jiāowǎng	to associate, to contact	25
	交易	（名）	jiāoyì	deal, trade, business	17

	交易团	（名）jiāoyìtuán	trade delegation	17
jiào	教师	（名）jiàoshī	teacher	18
	教育局	（名）jiàoyùjú	education bureau	18
jiē	接待	（动）jiēdài	to receive, to admit	25
	接见	（动）jiējiàn	to receive, to give an interview to	25
	揭露	（动）jiēlù	to expose	26
jié	节	（量）jié	*a measure word*	16
	结	（动）jié	to forge, to form	25
	杰出	（形）jiéchū	outstanding, prominent, remarkable	22
	结构	（名）jiégòu	structure, construction	30
	结果	（名、副）jiéguǒ	result, outcome; as a result	17
	结局	（名）jiéjú	(final) result, outcome, ending	29
jiě	解除	（动）jiěchú	to relieve, to get rid of	17
	解释	（动）jiěshì	to explain	27
jiè	借口	（名、介）jièkǒu	pretext, excuse; to use as an excuse	23
jīn	斤	（量）jīn	*jin*, a unit of weight (= 0.5 kilogram)	19
	禁不住	jīn bu zhù	cannot help, can't refrain from	29
	巾帼英雄	jīnguó yīngxióng heroine		22
	金融	（名）jīnróng	finance, banking	30
jìn	尽	（动）jìn	to use up, to exhaust,	

316

			to the utmost	28
进出口		jìn chū kǒu	imports and exports	17
近代	（名）	jìndài	modern times	21
近代史	（名）	jìndàishǐ	modern history	21
进攻	（动）	jìngōng	to attack, to take (or launch) an offensive	26
进口		jìn kǒu	to import	17
进入	（动）	jìnrù	to enter	20
进修	（动）	jìnxiū	to engage in advanced studies, to take a refresher course	18
进修班	（名）	jìnxiūbān	class for advanced studies	18
经	（名）	jīng	scripture, canon	25
精采	（形）	jīngcǎi	brilliant, wonderful, splendid	25
精美	（形）	jīngměi	exquisite, elegant	23
精辟	（形）	jīngpì	penetrating, incisive, brilliant	25
惊奇	（形）	jīngqí	surprised	16
经商		jīng shāng	to engage in trade, to be in business	25
经受	（动）	jīngshòu	to undergo, to experience, to withstand	24
经营	（动）	jīngyíng	to engage, to manage, to run	17
井	（名）	jǐng	well	23
景物	（名）	jǐngwù	scenery	27

jīng — 经, 精采, 精美, 精辟, 惊奇, 经商, 经受, 经营

jǐng — 井, 景物

jìng	境	（名）	jìng	boundary, border	25
	敬佩	（动）	jìngpèi	to admire, to esteem	22
	竞赛	（动）	jìngsài	to compete, to contest, to emulate	22
	竞争	（动）	jìngzhēng	to compete	20
jiù	就义	（动）	jiùyì	to die a martyr	22
jū	居住	（动）	jūzhù	to live, to dwell, to reside	23
jú	局	（名）	jú	bureau	18
	局限性	（名）	júxiànxìng	limitations	30
jǔ	举办	（动）	jǔbàn	to hold, to run, to conduct	17
jù	巨	（形）	jù	huge, giant	24
	剧本	（名）	jùběn	play	27
	据说	（动）	jùshuō	it is said, they say	24
	具有	（动）	jùyǒu	to possess, to have	26
jué	决裂	（动）	juéliè	to break with, to rupture	22
	绝望		jué wàng	to despair, to give up all hope	26
	觉醒	（动）	juéxǐng	to awaken	22
jūn	军队	（名）	jūnduì	troops	23
	军阀	（名）	jūnfá	warlord	22
	军事	（名）	jūnshì	military affairs	22

K

| kā | 揩 | （动） | kāi | to wipe | 29 |

	开国	（形）	kāiguó	to found a state	21
kān	刊物	（名）	kānwù	publication, periodical	30
kàng	抗	（动）	kàng	to resist	21
	抗日		kàng Rì	short for the War of Resistance Against Japan	21
	抗议	（动）	kàngyì	to protest, to lodge a protest	21
kào	靠	（动）	kào	to rely on, to depend on	20
kē	颗	（量）	kē	*a measure word*	29
	科长	（名）	kēzhǎng	section chief	20
kě	渴	（形）	kě	thirsty	19
	可不		kě bù	That is just the way it is. That's it.	19
	可可	（名）	kěkě	cocoa	17
kè	课本	（名）	kèběn	textbook	18
	课程	（名）	kèchéng	course, curriculum	19
	克服	（动）	kèfú	to overcome	25
	刻画	（动）	kèhuà	to depict, to portray	30
	客商	（名）	kèshāng	travelling trader	17
	课堂	（名）	kètáng	classroom	18
kěn	肯	（能动）	kěn	to be willing to, to be ready to	23
kōng	空	（形）	kōng	blank	28
kǒng	恐怕	（副）	kǒngpà	I'm afraid, perhaps, maybe	24
kòng	控制	（动）	kòngzhì	to control	19
kǒu	口	（量）	kǒu	*a measure word*	23
	口袋	（名）	kǒudài	pocket	16

	口腔	（名）	kǒuqiāng	mouth, oral cavity	17
	口香糖	（名）	kǒuxiāngtáng	chewing gum	17
kǔ	苦	（名、形）	kǔ	hard, bitter	26
	苦难	（名）	kǔnàn	suffering, hardship, misery	26
kuǎ	垮	（动）	kuǎ	to collapse, to fall	30
kuān	宽阔	（形）	kuānkuò	broad, wide	21
kuǎn	款子	（名）	kuǎnzi	a sum of money	20
kuī	亏负	（动）	kuīfù	to let sb. suffer, to let sb. down	29
kuò	扩建	（动）	kuòjiàn	to extend	24

L

lái	来源	（名）	láiyuán	origin, source	26
àn	烂	（形、动）	làn	festering, rotten, worn-out; to rot, to fester	28
láo	劳动力	（名）	láodònglì	labour (or work) force, manpower	19
lǎo	老实	（形）	lǎoshi	honest	28
lè	乐	（动）	lè	to find pleasure in; pleasure, merry-making	22
lèi	类	（量）	lèi	a measure word, class, grade	18
	泪	（名）	lèi	tear	24
	泪痕	（名）	lèihén	tear stains	29
lěng	冷宫	（名）	lěnggōng	cold palace, limbo	23
lí	离别	（动）	líbié	to part, to leave, to	

				bid farewell	25
lǐ	里程碑	（名）	lǐchéngbēi	milestone	30
	理解	（动）	lǐjiě	to comprehend, to understand	27
	理论	（名）	lǐlùn	theory	18
	礼貌	（名、形）	lǐmào	courtesy, politeness; courteous, polite	20
lì	利益	（名）	lìyì	interest	26
lián	联合	（动）	liánhé	to unite, to ally	22
	连接	（动）	liánjiē	to join, to link	24
	连续	（动）	liánxù	continuously, successively	29
	连夜	（副）	liányè	the same night, that very night	23
	莲叶		lián yè	lotus leaf	23
liáng	良好	（形）	liánghǎo	good, well	25
liàng	量	（名）	liàng	(sales) volume	17
liǎo	了不起	（形）	liǎobuqǐ	amazing, terrific	20
liè	列	（量）	liè	a measure word	16
	列	（动）	liè	to list, to enter in a fist	26
	列车	（名）	lièchē	train	16
	列车员	（名）	lièchēyuán	train (or car) attendant	16
	列车长	（名）	lièchēzhǎng	conductor, guard	16
lín	临	（介、动）	lín	on the point of, just before	23
	邻邦	（名）	línbāng	neighbouring country	25
líng	凌晨	（名）	língchén	in the small hours, before dawn	21

	灵感	(名)	línggǎn	inspiration 27
	陵墓	(名)	língmù	tomb, mausoleum 24
	零下		líng xià	below zero 21
lǐng	领	(动)	lǐng	to lead, to take 16
	岭	(名)	lǐng	ridge, mountain range 27
lìng	另	(形、副)	lìng	other, another 27
	另外	(形、副)	lìngwài	other, another 27
liú	流	(动)	liú	to flow 19
	流	(名)	liú	rate, class, grade 27
	流传	(动)	liúchuán	to hand down, to spread, to circulate 26
	流亡	(动)	liúwáng	to exile, to go into exile 27
	留学	(动)	liúxué	to study abroad 30
liǔ	柳	(名)	liǔ	willow 27
	柳条	(名)	liǔtiáo	willow twig, wicker 29
lóng	龙	(名)	lóng	dragon 24
	隆隆	(象声)	lónglóng	onomatopoeia, rumble 16
	隆重	(形)	lóngzhòng	grand, solemn, ceremonious 21
	笼子	(名)	lóngzi	cage, coop 28
lóu	楼房	(名)	lóufáng	building 16
lù	露	(动)	lù	to be exposed, to reveal 24
	陆续	(副)	lùxù	successively, in succession, one after another 26
luàn	乱七八糟		luànqībāzāo	in a great mess, in a muddle, at sixes and sevens 18
lùn	论文	(名)	lùnwén	thesis, paper 25

luó	萝卜	（名）	luóbo	radish	19
	逻辑	（名）	luóji	logic	30
luò	落后	（形、动）	luòhòu	backward; to fall behind, to lag behind	19
lǘ	驴	（名）	lǘ	donkey	19
lǚ	旅客	（名）	lǚkè	passenger	16
lǜ	率	（尾）	lǜ	rate, ratio, proportion	17
lüè	掠夺	（动）	lüèduó	to plunder, to rob	28

M

mǎ	码头	（名）	mǎtóu	dock, port, wharf	27
mà	骂	（动）	mà	to scold, to abuse	28
mái	埋	（动）	mái	to bury	28
mǎi	买办	（名）	mǎibàn	comprador	30
	买方	（名）	mǎifāng	the buying party (of contract, etc.), buyer	20
mài	卖国贼	（名）	màiguózéi	traitor (to one's country)	21
mǎn	满	（动、形）	mǎn	to fill; full, filled	18
	满怀	（动）	mǎnhuái	to have one's heart filled with, to be imbued with	24
màn	漫长	（形）	màncháng	very long, endless	25
	漫游	（动）	mànyóu	to roam, to wander	27
mào	冒	（动）	mào	to brave (rain, cold, etc.)	21
měng	猛	（形）	měng	sudden, abrupt	28
mèng	梦	（名、动）	mèng	dream; to dream	24

	梦想	（动）	mèngxiǎng	to dream of, to vainly hope	24
mì	密	（形）	mì	dense, thick	27
	秘诀	（名）	mìjué	secret (of success), key (to one's success)	18
	密切	（形）	mìqiè	close, intimate, intense	25
miǎn	免得	（连）	miǎndé	so as not to, so as to avoid, lest	29
miàn	面	（量）	miàn	a measure word	21
	面	（名）	miàn	face	26
	面颊	（名）	miànjiá	cheek	29
	面临	（动）	miànlín	to be faced (or confronted) with	26
	面貌	（名）	miànmào	appearance, look	30
	面前	（名）	miànqián	in the face of, in front of	27
miáo	苗	（名）	miáo	seedling, young plant	19
	描绘	（动）	miáohuì	to depict, to describe, to represent	27
	描述	（动）	miáoshù	to describe	23
miào	庙	（名）	miào	temple	24
	庙会	（名）	miàohuì	temple fair	19
miè	灭	（动）	miè	to destroy, to wipe out, to exterminate	24
mín	民主	（名、形）	mínzhǔ	democracy, democratic	20
míng	鸣	（动）	míng	(of bird, etc.) to cry	27
	铭记	（动）	míngjì	to always remember, to engrave on one's mind	30

	明明	(副)	míngmíng	obviously, undoubtedly,	
				plainly	20
	名牌	(名)	míngpái	famous brand	20
	名气	(名)	míngqì	reputation, fame	18
	名人	(名)	míngrén	famous (or eminent)	
				person, notable	26
	明月		míng yuè	bright moon	25
míng	命令	(动、名)	mìnglìng	to order; order	23
	命运	(名)	mìngyùn	destiny, fate	26
mò	默默	(副)	mòmò	quietly, silently	29
mǔ	亩	(量)	mǔ	*mu*, a unit of area	
				(= 0.0667 hectares)	19
	亩产		mǔ chǎn	per *mu* yield	19
mù	木	(名)	mù	wood, timber, here: tree	26
	墓碑	(名)	mùbēi	gravestone, tombstone	25
	目的	(名)	mùdì	aim, purpose	20
	目光	(名)	mùguāng	sight	27

N

ná	拿…来说		ná…láishuō	to take… as an example	18
nài	耐心	(形)	nàixīn	patient	18
nán	难道	(副)	nándào	is it possible…? could	
				it possibly be…?	29
	难得	(形)	nándé	rare, hard to find out	20
nǎo	脑袋	(名)	nǎodai	head	28
nào	闹	(动)	nào	to turn (a place) upside	
				down	25

nèi	内廷	（名）	nèitíng	the inner court of the Forbidden City, the living quarters of the emperor and his family	23
néng	能力	（名）	nénglì	ability, capacity, capability	20
nián	年底	（名）	niándǐ	the end of the year	27
niǎo	鸟	（名）	niǎo	bird	27
niú	牛	（名）	niú	ox	22
nóng	浓	（形）	nóng	dense, thick	26
	浓厚	（形）	nónghòu	dense, thick	26
	农历	（名）	nónglì	lunar calendar	22
	农贸市场		nóngmào shìchǎng agricultural products show		19
	浓密	（形）	nóngmì	dense, thick	27
nüè	虐待	（动）	nüèdài	to maltreat, to ill-treat, to mistreat	23

P

pā	趴	（动）	pā	to lie prone, to lie on one's stomach, to bend over	28
pāi	拍发	（动）	pāifā	to send (a telegram)	30
pài	派	（动）	pài	to send, to dispatch	20
péi	培育	（动）	péiyù	to cultivate, to breed	19
pèng	碰	（动）	pèng	to meet, to run into,	

				to encounter	28
pī	批	（量）	pī	*a measure word*	20
	批判	（动）	pīpàn	to criticize	29
pí	疲劳	（形）	píláo	weary, fatigued	17
piàn	片	（量）	piàn	*a measure word*, stretch, tract	23
piāo	飘	（动）	piāo	(of fragrance of ripening grapes) to float in the air	18
	飘扬	（动）	piāoyáng	to flutter, to fly, to wave	21
pīn	拼死	（副）	pīnsǐ	to risk one's life, to fight desperately, to defy death	30
pín	贫苦	（形）	pínkǔ	poor, poverty-stricken	22
pǐn	品尝	（动）	pǐncháng	to taste, to savour, to sample	17
	品尝会		pǐncháng huì	exhibition (allowing attendants to sample the products exhibited)	17
	品种	（名）	pǐnzhǒng	variety, assortment	17
píng	凭	（动）	píng	by	16
	平等	（形、名）	píngděng	equal; equality	21
	平方米	（量）	píngfāngmǐ	*a measure word*, square metre	23
	评价	（动、名）	píngjià	to appraise, to evaluate	24
	平静	（形）	píngjìng	calm, quiet, tranquil	27
	平均	（动、形）	píngjūn	to average; average	18

	评论	（动） pínglùn	to comment, to make comments on	30
pò	迫害	（动） pòhài	to persecute	26
	破坏	（动） pòhuài	to destroy, to undermine	24
pū	扑	（动） pū	to throw (oneself) on, to spring on	28

Q

qī	期待	（动） qīdài	to expect, to await, to look forward to	19
	欺负	（动） qīfu	to bully	22
	期间	（名） qījiān	period, time	22
	凄然	（形） qīrán	sad, mournful	29
	期限	（名） qīxiàn	deadline, time limit, allotted time	28
qí	齐	（形） qí	even, uniform	18
	奇迹	（名） qíjī	miracle, wonder	24
	齐名	（动） qímíng	to enjoy equal popularity, to be equally famous	27
	旗手	（名） qíshǒu	standard-bearer	30
	旗帜	（名） qízhì	banner	21
	其中	（名） qízhōng	between, among	24
qǐ	起点	（名） qǐdiǎn	starting point	24
	企业	（名） qǐyè	enterprise	20
	起义	（动） qǐyì	uprising, insurrection	22
qì	汽笛	（名） qìdí	steam whistle, siren	16
	气氛	（名） qìfēn	atmosphere	17

328

qià	洽谈	(动)	qiàtán	to hold (trade) talks.	
				to talk over with	17
qiān	签订	(动)	qiāndìng	to sign (a contract)	17
	千方百计		qiānfāng bǎijì		
				in a thousand and one ways, by every possible means, by hook or by crook	26
	千古	(名)	qiāngǔ	through the ages, for all time	27
	签名		qiān míng	to sign one's name	16
	千秋	(名)	qiānqiū	a thousand years, centuries	24
	千秋万代		qiānqiū wàndài		
				throughout the ages to come, through the ages, in all the generations to come	24
	谦虚	(形)	qiānxū	modest	18
qián	前景	(名)	qiánjǐng	prospects, future, vista	17
	前途	(名)	qiántú	future. prospect	22
	前夕	(名)	qiánxī	eve	22
qiǎn	谴责	(动)	qiǎnzé	to condemn, to denounce	26
qiáng	强	(形)	qiáng	strong, powerful, better	20
	强大	(形)	qiángdà	strong, powerful	22
	墙脚	(名)	qiángjiǎo	the foot of a wall	28
	强盛	(形)	qiángshèng	(of a country) powerful and prosperous	27

qiǎng	抢救	（动）	qiǎngjiù	to save, to rescue	26
	强迫	（动）	qiǎngpò	to compel, to force	24
qiǎo	巧妙	（形）	qiǎomiào	ingenious, clever	24
qīn	侵犯	（动）	qīnfàn	to violate, to invade	24
	侵略	（动）	qīnlüè	to commit aggression, to invade	22
	亲人	（名）	qīnrén	dear ones, those dear to one	24
	侵占	（动）	qīnzhàn	to invade and occupy, to seize	25
	亲自	（副）	qīnzì	personally, in person	24
qīng	卿	（名）	qīng	*a term of endearment formerly used among close friends*	25
	轻	（形）	qīng	(of sickness) not serious	17
	清洁	（形、动）	qīngjié	clean; to clean	17
	青天	（名）	qīngtiān	blue sky	27
qíng	情不自禁		qíngbùzìjīn	cannot help, cannot refrain from	16
	情景	（名）	qíngjǐng	scene, circumstances, sight	21
qǐng	请教	（动）	qǐngjiào	to consult, to ask for advice	21
qìng	庆祝	（动）	qìngzhù	to celebrate	21
qióng	穷困	（形）	qióngkùn	poverty-stricken, impoverished	27
qiū	秋风秋雨愁煞人		qiū fēng qiū yǔ chóu shā rén	I'm bored to death in	

				this horrible weather with autumn wind blowing hard and autumn rain falling heavily.	22
qiú	求和		qiú hé	to sue for peace	23
qū	蛐蛐儿	（名）	qūqur	cricket	28
	屈辱	（名）	qūrǔ	humiliation, mortification	23
	曲折	（形）	qūzhé	tortuous, winding	21
qǔ	曲	（名）	qǔ	*qu*, a type of verse for singing, which emerged in the Southern Song Dynasty and Jin·Dynasty and became popular in the Yuan Dynasty	27
	取	（动）	qǔ	to get, to fetch, to take	16
	取得	（动）	qǔdé	to achieve, to obtain	19
qù	去世	（动）	qùshì	to die, to pass away	27
quán	全部	（名）	quánbù	all, whole	17
quàn	劝阻	（动）	quànzǔ	to dissuade sb. from, to advise sb. not to	23
qún	群	（量）	qún	*a measure word*, group	16
	群众	（名）	qúnzhòng	the masses	21

R

rán	然而	（连）	rán'ér	but, however, nevertheless	24

ráo	饶恕	(动)	ráoshù	to forgive, to pardon, to excuse	29
rè	热爱	(动)	rè'ài	to love, to have deep love for	18
rén	人才	(名)	réncái	a person of ability, a talented person	20
	人次	(量)	réncì	person-time, here: measure for attendance or passenger volume	16
	人类	(名)	rénlèi	human being, mankind	24
	人力	(名)	rénlì	manpower	24
	人山人海		rénshān rénhǎi	a sea of people, huge crowds of people	21
	人生	(名)	rénshēng	human life	30
	人影	(名)	rényǐng	the shadow of a human figure	29
	人员	(名)	rényuán	personnel, staff	20
rěn	忍	(动)	rěn	to bear, to endure, to tolerate	28
	忍心		rěn xīn	to have the heart to, to be hard-hearted to	29
rèn	任	(介)	rèn	to let, to allow, to give free rein to	29
	任何	(代)	rènhé	any	30
	认为	(动)	rènwéi	to consider. to think	26
	任务	(名)	rènwu	task	20
réng	仍旧	(副)	réngjiù	still, as usual	29

ròu	肉体	（名）	ròutǐ	the human body, flesh	28
ruǎn	软禁	（动）	ruǎnjìn	to put (or place) sb.	
				under house arrest	23
	软弱	（形）	ruǎnruò	weak, feeble	23
	软卧		ruǎn wò	soft berth	16

S

sǎn	散文	（名）	sǎnwén	prose	26
sàn	散发	（动）	sànfā	to distribute, to issue,	
				to give out	21
sàng	丧权辱国		sàngquánrǔguó		
				to humiliate the nation	
				and forfeit its sover-	
				eignty, to surrender a	
				country's sovereign rights	
				under humiliating terms	23
sè	色彩	（名）	sècǎi	colour.	26
shā	杀害	（动）	shāhài	to kill	22
shān	删	（动）	shān	to omit, to leave out,	
				to cut out	30
shǎn	闪闪	（形）	shǎnshǎn	sparkling, glittering	29
shāng	伤	（动）	shāng	to injure, to hurt, to harm	26
	伤害	（动）	shānghài	to injure, to hurt, to harm	26
	商人	（名）	shāngrén	trader, businessman	17
shǎng	赏	（动）	shǎng	to award, to grant a	
				reward	28
	赏赐	（动）	shǎngcì	to award, to grant (or

				bestow) a reward	28
shāo	烧	（动）	shāo	to burn	21
shào	少先队员	（名）	shàoxiānduìyuán		
				Young Pioneer	16
shē	奢侈	（形）	shēchǐ	luxurious, extravagant	23
shè	设备	（名）	shèbèi	equipment, installations,	
				facilities	20
shēn	伸	（动）	shēn	to stretch, to extend,	
				to hold out	28
	身材	（名）	shēncái	frame, figure stature	17
	深情	（名）	shēnqíng	deep feeling (or love)	16
	申请	（动、名）	shēnqǐng	to apply for	18
	深远	（形）	shēnyuǎn	far-reaching, profound	
				and lasting	26
	身子	（名）	shēnzi	body	29
shén	神经	（名）	shénjīng	nerve	17
	什么的	（助）	shénmede	and so on, and what not	18
shèn	渗透	（动）	shèntòu	to permeate, to seep	24
	甚至	（连）	shènzhǐ	even	20
shēng	升	（动）	shēng	to hoist, to raise	21
	声	（名）	shēng	sound, voice, cry	21
	生产大队		shēngchǎn dàduì		
				production brigade	19
	声称	（动）	shēngchēng	to claim, to assert	25
	生动	（形）	shēngdòng	vivid, lively	25
	升学		shēng xué	to go to a school of	
				higher grade, to enter a	
				higher school	30

	生意	（名）	shēngyì	business, trade	17
	声音	（名）	shēngyīn	voice	21
	生长	（动）	shēngzhǎng	to grow	19
shěng	省	（名）	shěng	province	19
	省城	（名）	shěngchéng	provincial capital	29
shèng	盛大	（形）	shèngdà	grand, magnificent	17
	圣地	（名）	shèngdì	sacred place, shrine	27
	盛开	（动）	shèngkāi	(of flowers) to be in full bloom	18
	胜利	（动、名）	shènglì	to win victory, to triumph; victory	22
shī	失败	（动）	shībài	to fail, to be defeated, to lose (a war, etc.)	22
	诗歌	（名）	shīgē	poetry	26
	诗篇	（名）	shīpiān	poem	27
	诗人	（名）	shīrén	poet	25
	诗圣	（名）	shīshèng	sage poet	27
	尸体	（名）	shītǐ	corpse, dead body, remains	24
shí	时代	（名）	shídài	age, epoch, era, times	17
	十分	（副）	shífēn	very, rather, extremely	20
	时光	（名）	shíguāng	time	29
	实际	（名、形）	shíjì	reality, situation; realistic, practical, actual	20
	实力	（名）	shílì	actual strength	24
	实权	（名）	shíquán	real power	23
	实现	（动）	shíxiàn	to realize, to come true	26
	实在	（形、副）	shízài	really, indeed	16

335

shǐ	史册	(名) shǐcè	history, annals	30
shì	式	(尾) shì	a nominal suffix, meaning the same as "type" or "kind"	22
	市场	(名) shìchǎng	market, marketplace, bazaar	19
	似的	(助) shìde	like, as	28
	事迹	(名) shìjī	deeds	22
	世家	(名) shìjiā	old and well-known family	18
	势力	(名) shìlì	forces (of darkness)	26
	示威	(动) shìwēi	to demonstrate, to hold a demonstration	21
	试验	(动、名) shìyàn	to experiment, to test; experiment, test, trial	17
	事业	(名) shìyè	cause	18
shōu	收成	(名) shōucheng	harvest	19
	收获	(名、动) shōuhuò	harvest; to harvest	19
shǒu	手帕	(名) shǒupà	handkerchief	29
	首先	(副) shǒuxiān	first, first of all	16
shòu	瘦弱	(形) shòuruò	thin and weak, emaciated	19
shū	抒情诗	(名) shūqíngshī	lyric poetry, lyrics	26
shú	熟悉	(动) shúxī	to know very well, to be familiar with	27
shù	竖	(形、动) shù	vertical, upright; to prick up (one's ear)	19
	漱	(动) shù	to rinse, to gargle	17
	树丛	(名) shùcóng	grove, thicket	16

	漱口		shù kǒu	to rinse the mouth, to gargle 17
	树立	（动）	shùlì	to set (an example) 22
	数学	（名）	shùxué	mathematics 18
shuāi	衰落	（动）	shuāiluò	to decline 26
shuài	率领	（动）	shuàilǐng	to lead, to command, to head 25
shùn	顺便	（副）	shùnbiàn	conveniently. in passing 19
	顺利	（形）	shùnlì	smooth, successful 17
shuō	说不定		shuō bu dìng	perhaps, maybe 27
	说明书	（名）	shuōmíngshū	(technical) manual, directions 20
sī	丝	（名）	sī	silk 25
sǐ	死去活来		sǐqù huólái	half dead, half alive, hovering between life and death 28
	死亡	（动）	sǐwáng	to die 17
	死亡率	（名）	sǐwánglù	death rate, mortality 17
sì	四周	（名）	sìzhōu	all around 18
sū	苏醒	（动）	sūxǐng	to come to (or round), to regain consciousness 28
sù	塑造	（动）	sùzào	to model, to mould, to portray 28
suàn	算	（动）	suàn	to calculate, to count, to reckon 24
	算帐		suàn zhàng	to get even with sb., to make sb. pay (for what he did), to do (or work

337

			out) accounts	28
suì	穗	（名）suì	the ear (of wheat)	19
sǔn	损失	（动、名）sǔnshī	to lose; loss, damage	20
suǒ	所	（名）suǒ	(research) institute	20

T

tā	他乡	（名）tāxiāng	a place far away from one's home, an alien land, a distant land	27
tái	台	（量）tái	*a measure word*	20
tài	太后	（名）tàihòu	empress dowager, queen mother	23
	太监	（名）tàijiàn	eunuch	23
tàn	叹	（动）tàn	to sigh, to heave a sigh	29
	探索	（动）tànsuǒ	to explore, to probe	18
tàng	趟	（量）tàng	*a measure word*	16
tāo	掏	（动）tāo	to draw out, to pull out, to fish out, to take sth. out of	29
táo	桃李满天下	táolǐmǎntiānxià	(of well-known teachers) to have pupils everywhere, to have students all over the world	18
	淘气	（形）táoqì	naughty, mischievous	18
tè	特级	（形）tèjí	special grade (or class)	18
	特快	tè kuài	express (train)	16

	特意	（副） tèyì	for a special purpose, specially	25
téng	疼痛	（形） téngtòng	painful, ache	28
tí	提	（动） tí	to carry in one's hand	21
	提倡	（动） tíchàng	to advocate, to recommend, to promote	21
	提供	（动） tígōng	to provide, to supply, to furnish	25
	题目	（名） tímù	subject, theme	30
tǐ	体裁	（名） tǐcái	type or form of literature	26
	体会	（名、动） tǐhuì	understanding, experience	18
tiān	天	（名） tiān	God	17
	天宫	（名） tiāngōng	heavenly palace	25
	天空	（名） tiānkōng	sky	21
tián	田	（名） tián	field	19
tiáo	条约	（名） tiáoyuē	treaty, pact	21
tiě	铁路	（名） tiělù	railway	16
tīng	听力	（名） tīnglì	listening ability, aural comprehension	18
tíng	停泊	（动） tíngbó	to anchor, to berth	27
	停止	（动） tíngzhǐ	to stop	23
tōng	通车	tōng chē	(of a railway, etc.) to be open to traffic	16
tóng	同伴	（名） tóngbàn	companion	18
	童年	（名） tóngnián	childhood	18
	同情	（动） tóngqíng	to sympathize, to show	

				sympathy for	23
同时	（名）	tóngshí	meanwhile, at the same time, in the meantime	24
同样	（形）	tóngyàng	same, equal, similar	27
tǒng	捅	（动）	tǒng	to poke, to stab	28
统一	（动）	tǒngyī	to unify, to integrate	24
统治	（动）	tǒngzhì	to rule, to dominate	22
tòng	痛	（动）	tòng	to hurt, to ache	28
痛恨	（动）	tònghèn	to bitterly hate, to utterly detest	26
tū	突出	（动、形）	tūchū	to project; outstanding, prominent	18
tú	图画	（名）	túhuà	picture, painting, drawing	26
tuán	团结	（动）	tuánjié	to unite	21
团体	（名）	tuántǐ	organization, group	30
tuī	推翻		tuī fān	to overthrow	22
推广	（动）	tuīguǎng	to popularize, to spread	19
推销	（动）	tuīxiāo	to promote sales, to market	20
推销员	（名）	tuīxiāoyuán	salesman	20
tuì	退	（动）	tuì	to return (merchandise)	20
tūn	吞并	（动）	tūnbìng	to annex, to globe up, to swallow up	26
tuō	托	（动）	tuō	to hold in the palm, etc.	23
拖拉机	（名）	tuōlājī	tractor	19
脱逃	（动）	tuōtáo	to escape, to flee, to run away	23

托运	（动）	tuōyùn	to check, to consign	16
托运处	（名）	tuōyùnchù	(baggage) check office, consignation office	16
tuǒ 妥协	（动）	tuǒxié	to compromise	26

W

wài 外朝	（名）	wàicháo	the outer court of the Forbidden City, consisting of the "Three Great Halls" where the emperor carried on his official duties	23
wán 玩物	（名）	wánwù	plaything, toy	28
完整	（形）	wánzhěng	complete, intact	23
wǎn 挽	（动）	wǎn	to pull, to draw	29
挽救	（动）	wǎnjiù	to save, to rescue	23
wàn 万分	（副）	wànfēn	extremely, exceedingly, very much	26
wáng 王	（名）	wáng	king	24
王朝	（名）	wángcháo	dynasty	22
wǎng 往返	（动）	wǎngfǎn	(of a train, etc.) to travel to and fro, to journey to and fro, to go there and back	16
往来	（动）	wǎnglái	to come and go, to contact, to exchange	25
往事	（名）	wǎngshì	past events, the past	29

341

wàng	望	（动）	wàng	to look over, to gaze into the distance	24
	旺盛	（形）	wàngshèng	vigorous, exuberant	30
wēi	危机	（名）	wēijī	crisis	26
	微微	（副）	wēiwēi	slightly, faintly	29
	威胁	（动）	wēixié	to threaten, to menace	26
wéi	维新	（名、动）	wéixīn	modernization; to modernize	23
wěi	尾巴	（名）	wěiba	tail	28
	委托	（动）	wěituō	to entrust, to trust	17
wèi	为了	（介）	wèile	for, for the sake of, in order to	17
wēn	温和	（形）	wēnhé	mild, temperate, moderate, gentle	17
	温柔	（形）	wēnróu	gentle and soft	29
wén	文字	（名）	wénzì	writing system, written language, character	24
wěn	稳产		wěn chǎn	stable yield (or production)	19
	稳定	（形、动）	wěndìng	stable, steady; to stabilize	19
wò	卧铺	（名）	wòpù	sleeping berth, sleeper	16
	握手		wò shǒu	to shake hands	16
wú	无	（动）	wú	to have not, there is not	26
	无法	（副）	wúfǎ	unable, incapable	26
wǔ	武装	（动、名）	wǔzhuāng	to arm; arms	22
wù	物美价廉		wùměijiàlián	(of commodities) good and cheap	20

X

xī	西方	（名）	xīfāng	the West	21
	牺牲	（动）	xīshēng	to lay down one's life, to die a martyr's death	22
xì	细	（形）	xì	thin, slender, fine	27
	细腻	（形）	xìnì	minute, exquisite	30
xià	吓	（动）	xià	to frighten, to intimidate, to scare	28
xiān	鲜花	（名）	xiānhuā	fresh flower	18
	先觉者	（名）	xiānjuézhě	a person of foresight	22
xián	嫌疑	（名）	xiányí	suspicion	29
xiǎn	显得	（动）	xiǎndé	to appear, to look, to seem	30
	险要	（形）	xiǎnyào	strategically located and difficult to reach	24
xiàn	献	（动）	xiàn	to present, to offer, to dedicate	23
	县官	（名）	xiànguān	county magistrate	28
	现实主义	（名）	xiànshízhǔyì	realism	27
	线索	（名）	xiànsuǒ	thread, clue	30
	现象	（名）	xiànxiàng	phenomenon	19
	限制	（动、名）	xiànzhì	to restrict; limit	26
xiāng	相传	（动）	xiāngchuán	tradition has it that··· according to legend	26
	相见	（动）	xiāngjiàn	to meet each ether	29
	相同	（形）	xiāngtóng	same, alike, identical	27

xiǎng	响彻		xiǎng chè	to resound through, to reverberate through	21
	想念	(动)	xiǎngniàn	to miss	24
	想象力	(名)	xiǎngxiànglì	imaginative power, imagination	26
	响应	(动)	xiǎngyìng	to respond, to answer	22
xiàng	项	(量)	xiàng	*a measure word*	17
	象征	(动、名)	xiàngzhēng	to symbolize, to emblem	26
xiāo	销售	(动)	xiāoshòu	to sell, to market	17
xiǎo	小麦	(名)	xiǎomài	wheat	19
xiào	效率	(名)	xiàolǜ	efficiency	17
	校长	(名)	xiàozhǎng	headmaster, principal	18
xiè	谢绝	(动)	xièjué	to politely refuse, to politely decline	25
xīn	心理	(名)	xīnlǐ	psychology, mentality	20
	心乱如麻		xīnluànrúmá	to have one's mind as confused as a tangled skein, to be utterly confused and disconcerted	29
	辛勤	(形)	xīnqín	industrious, hardworking	18
	心情	(名)	xīnqíng	state of mind, frame of mind, mood	21
	心事	(名)	xīnshì	something weighing on one's mind, a load on one's mind	29
	新鲜	(形)	xīnxiān	fresh	19

	心血	（名）	xīnxuè	painstaking care (effort or labour)	18
	心脏病	（名）	xīnzàngbìng	heart disease	17
	心醉	（形）	xīnzuì	to be charmed (or enchanted or fascinated)	29
xīn	信服	（动）	xìnfú	to be convinced, to completely accept	25
	信任	（动）	xìnrèn	to trust, to have confidence in	26
	信托	（动）	xìntuō	to trust	30
xīng	星	（名）	xīng	star	21
	兴奋	（形）	xīngfèn	exciting, excited	17
xíng	行	（动）	xíng	to leave	25
	行车		xíng chē	to drive	16
	行礼		xíng lǐ	to salute	16
	形势	（名）	xíngshì	situation, circumstances	22
	形象	（名、形）	xíngxiàng	image, figure	28
xiōng	凶	（形）	xiōng	fierce, ferocious, violent	28
	胸膛	（名）	xiōngtáng	chest	29
xióng	雄伟	（形）	xióngwěi	grand, imposing, magnificent	23
xiū	修整	（动）	xiūzhěng	to repair and maintain	24
	修筑	（动）	xiūzhù	to build, to construct	24
xiù	秀才	（名）	xiùcai	*xiucai*, one who passed the imperial examination at the county level in the Ming and Qing Dynasties	30

	袖子	（名）	xiùzi	sleeve	28
xū	虚构	（动）	xūgòu	to fabricate, to make up	25
xuān	宣布	（动）	xuānbù	to announce, to proclaim, to declare	23
	宣传	（动）	xuānchuán	to propagate, to conduct propaganda	20
	宣读	（动）	xuāndú	to read out (in public)	25
	宣告	（动）	xuāngào	to proclaim	21
xué	学派	（名）	xuépài	school of thought	25
	学者	（名）	xuézhě	scholar	18
xuè	血汗	（名）	xuèhàn	blood and sweat, sweat and toil	24
xún	寻	（动）	xún	to look for, to search, to seek	24
xùn	训练	（动）	xùnliàn	to train	22

Y

yán	沿（着）	（介）	yán(zhe)	along	23
	严寒	（形）	yánhán	severe cold, bitter cold	21
	盐水鸭	（名）	yánshuǐyā	pickled duck	16
	言行	（名）	yánxíng	words and deeds, statements and actions	30
	沿用	（动）	yányòng	to continue to use (the pen name)	30
yǎn	眼光	（名）	yǎnguāng	eye, sight	29
	演说	（动、名）	yǎnshuō	to deliver a speech, to make an address; speech	21

yàng	样机	（名）	yàngjī	prototype, sample	20
yāo	要求	（名、动）	yāoqiú	demand, requirement; to demand, to require	17
yáo	摇	（动）	yáo	to shake	28
yǎo	咬	（动）	yǎo	to bite, to snap at	28
yào	要命		yào mìng	to drive sb. to his death, to kill oneself	28
yě	野心勃勃		yěxīn bóbó	to be overweeningly ambitious, to be obssessed with ambition	30
yè	业务	（名）	yèwù	business, vocational work	17
yī	依旧	（形）	yījiù	as before, still	29
yí	一带	（名）	yídài	area, surroundings	27
	疑难	（形）	yínàn	knotty, difficult	20
	仪器	（名）	yíqì	instrument, apparatus	20
yǐ	以及	（连）	yǐjí	and, as well as	25
	…以来		…yǐlái	since	16
	以身殉国		yǐshēnxùnguó	to die for one's country, to give one's life for one's country	26
	以为	（动）	yǐwéi	to consider, to think	17
	以致	（连）	yǐzhì	so that, with the result that, as a result	23
yì	译本	（名）	yìběn	translation, version	26
	异口同声		yìkǒutóngshēng	with one voice, in unison	18

	屹立	（动）yìlì	to stand erect, to stand towering like a giant	24
	一时	（名）yìshí	a short time (or while)	29
	意味深长	yìwèi shēncháng	to have deep or profound meaning, significant	16
	一心	（副、形）yìxīn	with one heart and one mind, heart and soul, to have at heart	26
	意义	（名）yìyì	meaning, significance	17
yīn	因此	（连）yīncǐ	therefore, so, consequently	23
yǐn	饮	（动）yǐn	to drink	17
	饮料	（名）yǐnliào	drink, beverage	17
yìn	印	（动）yìn	to print	20
yīng	英雄	（名）yīngxióng	hero, heroine	21
	英勇	（形）yīngyǒng	heroic	22
yìng	硬卧	yìng wò	hard berth	16
yōng	拥护	（动）yōnghù	to uphold, to support	21
yǒng	永垂不朽	yǒngchuíbùxiǔ	eternal glory to, to be immortal	21
	勇敢	（形）yǒnggǎn	brave, courageous	28
yōu	忧	（动、名）yōu	to worry, to be worried; sorrow, anxiety	27
	忧国忧民	yōuguóyōumín	to be concerned about one's country and people	27

	悠久	（形） yōujiǔ	long long standing, age-old	27
	忧伤	（形） yōushāng	distressed	27
	优异	（形） yōuyì	excellent, outstanding, exceedingly good	25
yóu	游击队	（名） yóujīduì	guerrilla forces	21
	游击战	（名） yóujīzhàn	guerrilla warfare	21
	游行	（动） yóuxíng	to parade, to march	21
yǒu	有机肥	（名） yǒujīféi	organic fertilizer (or manure)	19
	友人	（名） yǒurén	friend	25
yú	于	（介） yú	in, at	26
yǔ	与	（介、连） yǔ	with, and	22
	宇航员	（名） yǔhángyuán	astronaut, spaceman	24
	语文	（名） yǔwén	Chinese (as a subject of study)	18
yù	预科	（名） yùkē	preparatory course (in a university or college)	30
	遇难	yù nàn	to die (or be killed) in an accident	25
yuán	园地	（名） yuándì	garden blot, field, scope	18
	园丁	（名） yuándīng	gardener	18
	员工	（名） yuángōng	staff, personnel	16
	源流	（名） yuánliú	origin and development, source and course	26
	原名	（名） yuánmíng	original name, former name	30
	原则	（名） yuánzé	principle	30

	原著	（名）	yuánzhù	original work; original	30
	原子	（名）	yuánzǐ	atom	17
	原子弹	（名）	yuánzǐdàn	atom bomb	17
yuǎn	远见	（名）	yuǎnjiàn	foresight, vision	20
	远途	（形）	yuǎntú	long-distance	16
yuàn	怨	（动、名）	yuàn	to blame, to complain; resentment, enmity	29
yuè	乐府	（名）	yuèfǔ	(poetic *genre* of) folk songs and ballads in the Han style	27
	乐曲	（名）	yuèqǔ	musical composition. music	25
yùn	运	（动）	yùn	to transport, to carry	16
	运动	（名）	yùndòng	movement	30
	运用	（动）	yùnyòng	to use, to utilize, to make use of	30
	运载	（动）	yùnzài	to transport, to carry	16

Z

zāi	栽培	（动）	zāipéi	to cultivate, to grow	19
zàng	葬	（动）	zàng	to bury, to inter	25
zāo	遭	（动）	zāo	to meet with, to suffer	26
	遭受	（动）	zāoshòu	to suffer	26
	遭遇	（名、动）	zāoyù	bitter experience, hard lot; to meet with, to run up against, to encounter	27
zào	造成	（动）	zàochéng	to cause	28

zēng	增产	（动）	zēngchǎn	to increase production	19
	增进	（动）	zēngjìn	to promote, to enhance, to further	25
zhǎn	盏	（量）	zhǎn	*a measure word*	29
	展销	（动）	zhǎnxiāo	to exhibit and sell	17
	展销会		zhǎnxiāo huì	exhibition	17
zhàn	站台	（名）	zhàntái	platform	16
	站长	（名）	zhànzhǎng	stationmaster, manager or head of a station	16
zhǎng	掌声	（名）	zhǎngshēng	applause	16
	掌握	（动）	zhǎngwò	to have in hand, to take into one's hands, to control, to master	23
zhàng	障碍	（名）	zhàng'ài	barrier, obstacle	27
zhāo	招生		zhāo shēng	to enrol new students, to recruit students	18
zhào	召集	（动）	zhàojí	to call together, to convene	20
	召见	（动）	zhàojiàn	to call in (a subordinate), to summon (an envoy, etc.)	23
	照看	（动）	zhàokàn	to look after, to take care of	28
zhēn	珍宝	（名）	zhēnbǎo	treasure, jewellery	24
zhèn	阵	（量）	zhèn	*a measure word;* burst (of applause)	16
	震撼	（动）	zhènhàn	to shake, to shock, to vibrate	21

zhēng	争取	（动）	zhēngqǔ	to win over, to strive for	20
	征收	（动）	zhēngshōu	to levy, to collect	28
	挣扎	（动）	zhēngzhá	to struggle	28
zhèng	政变	（动、名）	zhèngbiàn	coup d'état	23
	政策	（名）	zhèngcè	policy	23
	政府	（名）	zhèngfǔ	government	21
	政权	（名）	zhèngquán	political (or state) power	23
	政治	（名）	zhèngzhì	polictics	21
zhī	枝	（名）	zhī	branch, twig	27
zhí	值班		zhí bān	to be on duty	20
	直到	（介、动）	zhídào	up to	22
	职工	（名）	zhígōng	staff and workers. workers and staff members	20
	直接	（形）	zhíjiē	direct. immediate	20
	执行	（动）	zhíxíng	to carry out, to perform to implement	23
zhǐ	指挥	（动、名）	zhǐhuī	to command, to direct, to conduct	22
zhì	制定	（动）	zhìdìng	to formulate, to make, to lay down	24
	制度	（名）	zhìdù	system	29
	制服	（名）	zhìfú	uniform	16
	至今	（副）	zhìjīn	up to now, to this day, so far	18
zhōng	中年	（名）	zhōngnián	middle age	18
	终年	（名）	zhōngnián	all the year round, throughout the year	27
	中心	（名）	zhōngxīn	centre	21

zhǒng	种子	（名）	zhǒngzi	seed	19
zhòng	重大	（形）	zhòngdà	great, mighty, major	30
	重点	（名）	zhòngdiǎn	key, priority, main	20
	重视	（动）	zhòngshì	to pay great attention to, to attach great importance to, to set great store by	25
zhū	猪	（名）	zhū	pig	19
	朱门	（名）	zhūmén	vermilion gate or red-lacquered doors (or wealthy homes)	27
zhǔ	主编	（名、动）	zhǔbiān	editor-in-chief, chief editor	30
	主题	（名）	zhǔtí	theme, subject	25
zhù	筑	（动）	zhù	to build, to construct	24
	著作	（名）	zhùzuò	works, writings	19
zhuā	抓	（动）	zhuā	to pay special attention to, to take charge of, to grab, to seize	20
zhuān	专制	（名）	zhuānzhì	autocracy	29
zhuāng	装饰	（动）	zhuāngshì	to decorate, to adorn, to ornament	25
	庄严	（形）	zhuāngyán	solemn	21
zhuàng	壮	（形）	zhuàng	strong	19
zhuī	追	（动）	zhuī	to persue, to run after	22
	追求	（动）	zhuīqiú	to seek, to pursue, to be after	22
zhuō	捉	（动）	zhuō	to catch	28
zhuó	啄	（动）	zhuó	to peck	28

zī	资本家	（名）	zīběnjiā	capitalist	30
	资产阶级		zīchǎn jiējí	the bourgeoisie; the capitalist class	22
zì	自	（介）	zì	from, since	16
	自动	（形）	zìdòng	automatic	20
	自动化	（动）	zìdònghuà	to automate	20
	自觉	（形、动）	zìjué	to be (or become) conscious (or aware) of	29
	自留地	（名）	zìliúdì	family plot, private plot	19
	字母	（名）	zìmǔ	letter	21
	自然	（名、形）	zìrán	nature; natural	19
	自由	（名、形）	zìyóu	freedom; free	21
zǒng	总结	（动、名）	zǒngjié	to summarize, to sum up	19
zòng	粽子	（名）	zòngzi	a pyramid-shaped dumpling made of glutinous rice wrapped in bamboo or reed leaves (eaten during the Dragon Boat Festival)	26
zǔ	组成	（动）	zǔchéng	to form, to compose, to make up	17
	祖父	（名）	zǔfù	grandfather	22
	祖国	（名）	zǔguó	motherland	22
	组织	（名、动）	zǔzhī	organization; to organize	22
zuān	钻研	（动）	zuānyán	to intensively study, to make an assiduous study of	18
zuǐ	嘴唇	（名）	zuǐchún	lip	29

zuì	罪恶	（名）	zuì'è	crime, sin	28
zūn	尊敬	（动）	zūnjìng	to respect, to show respect for, to esteem	25
zuò	座谈	（动）	zuòtán	to have an informal discussion	26
	作为	（动）	zuòwéi	to act as, to serve as, as	30
	作文	（名）	zuòwén	composition	18
	作物	（名）	zuòwù	crop	19
	作主		zuò zhǔ	(to do sth.) on one's own responsibility, to take the responsibility for a decision	29

专　　名

A

阿倍仲麻吕　　Ābèi Zhòngmálü *name of a Japanese*　　25

B

八达岭　　Bādá Lǐng　　Badaling Hill, north-west
of Beijing　　24

八国联军　　Bāguó Liánjūn　　the Eight-Power Allied
Forces　　23

巴金　　Bā Jīn　　Ba Jin　　29

八路军　　Bālùjūn　　the Eighth Route Army　　21

白居易　　Bái Jūyì　　Bai Juyi (772-846), one of
the great poets of the Tang
Dynasty　　25

北京师范大学 Běijīng Shīfàn Dàxué

Beijing Teachers' University 18

骠国　　Biāoguó　　*the State of Biao, an ancient
country (now eastern Burma)*　　25

兵马俑　　Bīngmǎyǒng　　the wood or clay figures of
warriors and horses buried
with the dead　　24

| 渤海 | Bó Hǎi | the Bohai Sea | 24 |

C

彩绘铜车马	Cǎihuì Tóngchēmǎ		
		Painted Bronze Horse-drawn Carriage	24
曹汝霖	Cáo Rǔlín	Cao Rulin, the then Minister of Communications and Vice Minister of Foreign Affairs who was to sign the traitorous "Twenty-One Articles Treaty"	21
长安	Cháng'ān	Changan, now Xian, capital of China in the Han and Tang Dynasties	25
长崎	Chángqí	Nagasaki	17
长征	Chángzhēng	the Long March	30
晁衡	Cháo Héng	*Chinese name of the Japanese*	25
朝鲜	Cháoxiǎn	Korea	25
成名	Chéng Míng	*a personal name*	28
楚	Chǔ	the State of Chu	24
《楚辞》	《Chǔcí》	"the Songs of Chu"	27
楚怀王	Chǔ Huáiwáng	King Huai of the Chu State	26
春秋	Chūnqiū	the Spring and Autumn Period (770-476 B.C.)	27
慈禧	Cíxǐ	Empress Dowager Cixi(1835-	

1908), the real ruler of the
Qing Dynasty during the
reigns of Tongzhi and
Guangxu(1861-1908)   23

D

《大唐西域记》《Dà Táng Xīyù Jì》
                        title of the book by Xuan
                        Zang   25
大通学堂   Dàtōng Xuétáng *name of a school*   22
第二次世界大战
                Dì'èrcì Shìjiè Dà Zhàn
                        the Second World War   **17**
东京   Dōngjīng   Tokyo   22
东吴   Dōngwú   the Eastern Wu State;
                        another name for the Wu
                        Dynasty   27
《窦娥冤》   《Dòu'éyuān》   "The Wrongly Accused
                        Dou E"   27
杜甫   Dù Fǔ   Du Fu   27
杜甫草堂   Dù Fǔ Cǎotáng   Du Fu's Straw-roofed
                        House   27

F

梵文   Fánwén   Sanskrit   25

G

高培南	Gāo Péinán	*a personal name*	19
关汉卿	Guān Hànqīng	*a personal name*	27
光绪	Guāngxù	Guangxu, short for Emperor Guangxu (1870-1908) of the Qing Dynasty	23
广岛	Guǎngdǎo	Hiroshima	17
国民党	Guómíndǎng	the Kuomintang	21

H

哈尔滨	Hā'ěrbīn	Harbin	16
韩	Hán	the State of Han	24
汉	Hàn	the Han (nationality)	28
汉朝	Hàn Cháo	the Han Dynasty	17
汉武帝	Hàn Wǔdì	*name of the sixth Emperor Liu Che (156-87 B.C.) of the Han Dynasty*	17
花木兰	Huā Mùlán	Hua Mulan, a well-known literary character and heroine in China's literature, who disguised herself as a boy and enlisted in the army for her aged father	22
华阴县	Huàyīn Xiàn	Huayin County	28
黄兴	Huáng Xīng	Huang Xing (1874-1916),	

a bourgeois-democratic
revolutionary in China's
modern times 22

J

金水桥   Jīnshuǐ Qiáo   the Golden Water Bridge 22

竞雄   Jìngxióng   *another name of Qiu Jin* 22

居庸关   Jūyōngguān   the Juyongguan Pass, one
of the major passes, located
north-west of Beijing 24

觉慧   Juéhuì   *a personal name* 29

觉新   Juéxīn   *a personal name* 29

L

《离骚》   《Lísāo》   "Li Sao" 26

李白   Lǐ Bái   Li Bai (701-762), one of
the great poets of the Tang
Dynasty 25

李文   Lǐ Wén   *a personal name* 20

两广   Liǎng Guǎng   short for Guangdong
Province and Guangxi
Province 22

《聊斋志异》   《Liáozhāizhìyì》   "Strange Tales of Liaozhai" 26

《林家铺子》   《Línjiāpùzi》   "The Lin Family Shop" 30

刘思业   Liú Sīyè   *a personal name* 21

陇西   Lǒngxī   *name of a prefecture in*

| | | ancient China (now in present-day Gansu Province) | 17 |
| 洛阳 | Luòyáng | Luoyang | 27 |

M

茅盾	Máo Dùn	Mao Dun	30
梅	Méi	*a personal name*	29
孟姜女	Mèng Jiāng Nǚ	Meng Jiang Nu, a literary character in ancient China's literature	24
汨罗江	Mìluó Jiāng	*name of a river*	26
缅甸	Miǎndiàn	Burma	25
岷山	Mín Shān	Minshan Mountain	27
《牡丹亭》	《Mǔdāntíng》	"The Peony Pavilion"	27

P

| 蒲松龄 | Pú Sōnglíng | *a personal name* | 28 |

Q

齐	Qí	the State of Qi	24
秦	Qín	the State of Qin	24
秦始皇	Qín Shǐhuáng	the First Emperor of the Qin Dynasty	24
秦王	Qín Wáng	King of the Qin State	24
清	Qīng	the Qing Dynasty (1644-1911)	22

| 秋瑾 | Qiū Jǐn | Qiu Jin, an outstanding bourgeois revolutionary towards the end of the Qing Dynasty | 22 |
| 屈原 | Qū Yuán | Qu Yuan | 26 |

S

山海关	Shānhǎiguān	the Shanhaiguan Pass, starting point of the Great Wall in present-day Hebei Province	24
陕北	Shǎnběi	short for the North of Shaanxi Province	30
商务印书馆	Shāngwù Yìnshūguǎn	"Commercial Press"	30
沈雁冰	Shěn Yànbīng	a personal name	30
《诗经》	《Shījīng》	"The Book of Songs"	26
《蚀》	《Shí》	"Eclipse"	30
《史记》	《Shǐjì》	"The Book of History"	26
司马迁	Sīmǎ Qiān	Sima Qian	26
四川	Sìchuān	Sichuan Province	25
宋	Sòng	the Song Dynasty	27
孙悟空	Sūn Wùkōng	the Monkey	25
孙中山	Sūn Zhōngshān	Sun Yat-sen (1866-1925), a native of Xiangshan County, Guangdong Province, China's great revolutionary	

T

唐僧　　　　Tángsēng　　　*another name of Xuan Zang (602-664), an eminent monk of the Tang Dynasty* 25

唐太宗　　　Táng Tàizōng　Li Shimin(599-649), one of the emperors of the Tang Dynasty 25

天竺　　　　Tiānzhú　　　*ancient name of India* 25

同盟会　　　Tóngménghuì　*Tongmenghui, China's revolutionary party founded by Dr. Sun Yat-sen in 1905, which became Kuomintang in 1912* 22

桐乡　　　　Tóngxiāng　　*name of a county* 30

W

魏　　　　　Wèi　　　　　the State of Wei 24

文学研究会　Wénxué Yánjiūhuì

　　　　　　　　　　　　"Literary Society" 30

吴荪甫　　　Wú Sūnfǔ　　*a personal name* 30

五四运动　　Wǔ-Sì Yùndòng　the May 4th Movement of 1919 21

戊戌变法　　Wùxū Biànfǎ　　the Reform Movement of 1898 23

X

西长安街	Xīcháng'ān Jiē	the West Changan Avenue	21
《西厢记》	《Xīxiāngjì》	"A Story of the West Chamber"	27
西亚	Xīyà	the West Asia	25
西域	Xīyù	the Western Regions (a Han Dynasty term for the area west of Yumenguan, including what is now Xinjiang and parts of Central Asia)	25
厦门	Xiàmén	Xiamen	22
《小说月报》	《Xiǎoshuōyuèbào》	"Story Monthly"	30
辛亥革命	Xīnhài Gémìng	the Revolution of 1911	22
兴华仪器厂	Xīnghuá Yíqì Chǎng	Xinghua Instrument Plant	20
兴庆公园	Xīngqìng Gōngyuán	name of a park in Xian	25
玄奘	Xuánzàng	Xuan Zang	25

Y

燕	Yān	the State of Yan	24
叶圣陶	Yè Shèngtáo	a personal name	30
一二·九运动	Yī'èr-Jiǔ Yùndòng	the December 9th Movement	

		of 1935	21
印度	Yìndù	India	25
印度半岛	Yìndù Bàndǎo	the Indian Peninsula	25
郢	Yǐng	*Ying, capital of the Chu State*	26
御花园	Yùhuāyuán	the Imperial Garden	23
元	Yuán	the Yuan Dynasty	27
袁世凯	Yuán Shìkǎi	Yuan Shikai (1859-1916), chieftain of the Northern Warlords	23

Z

战国	Zhànguó	the Warring States (475-221 B.C.)	24
赵	Zhào	the State of Zhao	24
赵伯韬	Zhào Bótāo	*a personal name*	30
赵家楼	Zhàojiālóu	*name of a lane in the eastern part of Beijing*	21
浙江	Zhèjiāng	Zhejiang Province	22
珍宝馆	Zhēnbǎoguǎn	the Treasures Hall	23
珍妃	Zhēn Fēi	Imperial Concubine Zhen (1876-1900), Emperor Guangxu's favourite concubine	23
中国工农红军	Zhōngguó Gōngnóng Hóngjūn	the Chinese Workers' and Peasants' Red Army	30

365

中国粮油食品
进出口公司　　　Zhōngguó Liáng Yóu Shípǐn Jìn Chū Kǒu Gōngsī
　　　　　　　　China National Cereals, Oil
　　　　　　　　and Foodstuffs Import and
　　　　　　　　Export Corporation　　17
《中国女报》　　《Zhōngguó Nǚ Bào》
　　　　　　　　name of a newspaper run
　　　　　　　　by Qiu Jin in 1905　　22
中国左翼作家联盟　Zhōngguó Zuǒyì Zuòjiā Liánméng
　　　　　　　　the China Left-Wing League　30
中国作家协会　Zhōngguó Zuòjiā Xiéhuì
　　　　　　　　the Chinese Writers' Union　30
中华民国　　　Zhōnghuá Mínguó
　　　　　　　　the Republic of China　　22
中南海　　　　Zhōngnánhǎi　　Zhongnanhai　　23
中日战争　　　Zhōng Rì Zhànzhēng
　　　　　　　　the Sino-Japanese War
　　　　　　　　(1894-1895)　　23
朱德　　　　　Zhū Dé　　　Zhu De　　27
紫禁城　　　　Zǐjìnchéng　　the Forbidden City　23
《子夜》　　　《Zǐyè》　　　"Midnight"　　30

词语例解索引
Index to the Notes

词　语	课数	词　语	课数
B		这句话不是没有道理的	4
		不是…而是…	16
把…叫做（称做）…	27	不是…就是…	20
半辈子	4	不幸	26
保留	17	女儿就不用说了	6
保证	20	补	7
本	13	补充	18
这儿江面比上午经过的宽		不得不	13
多了	3	部分	23
女婿简直比亲儿子还好	6	买不起	28
变　改变	5	还不如早死的好	29
表达　表示	22	不知道用了多少心血	19
表示	15	不知道说什么（才）好	9
别看	11		
别忙	8	**C**	
并	20	差不多	29
不必	22	趁	28
不过	14	充分	30
不禁	3	出来	4
不论…都（也）	10	出现	3

词　语	课数	词　语	课数
除非	5	等麻药作用过去，就会醒	
传	12	来	12
从…起	2	低	7
从…中	19	斗争	22
从此	21	杜甫的诗流传到今天的有	
从来	7	一千四百多首	27
从事	18	端	8
从一开始	30	断续　连续	29
		对了	8
D		贡献是多方面的	30
打不过	10	多少	14
打算	1	躲	5
打下很好的基础	13		
三大饮料	17	**E**	
带	10	而（一）	18
倒	18	而（二）	19
听到这里	17		
里面写到用茶水漱口	17	**F**	
布朗夫人要求道："刘教授		反而	20
就要去南方了…"	21	反映	27
到处	1	非	24
得	7	分	17
好吃的	2	分析	22
以后要用的	2	…分之…	4
成名愁得要死	28	附近	7
等	15	富于	13

词　　语	课数
G	
咱们该走了	11
干了一天工作	6
感激　感谢	20
刚才	15
举得高高的	16
搞	20
个人	27
他要找她问个明白	29
根本	23
根据　按照	22
公开	25
贡献	6
够	29
鼓舞	22
只顾自己说了	6
关系	4
关于	3
管	7
果然	12
昏死过去	5
H	
这还是第一次	11
那还能不看	11

词　　语	课数
你和人家有面子，还这样办事……	20
还不到一百米	3
我还给你们带回一点儿好吃的呢	2
最后他们俩还是作出了决定	1
最好还是现在就作手术	12
好几	24
好吃	2
我别工作了，给你当阿姨好了	7
……好好研究一下京剧的表演艺术	11
好容易才	24
好象	13
后三年学专业	11
朋友们在一起写诗互赠	25
恢复	10
怀疑	5
或死或活	29
J	
基本	20
几乎	27
及时	15
即使…也…	26

词 语	课数	词 语	课数
挤	4	决定	1
既…又…	14	决心	7
计划	1	**K**	
记录	30		
夹	15	靠	20
加上	10	看法	9
坚持	10	看来	10
坚定　坚决	26	你看上去瘦多了	12
坚决	23	可	2
简直	4	可见	14
建议	8	可惜	3
结果	17	肯	23
借…机会	28	恐怕	24
借口	23	垮	30
尽	28	**L**	
近百年历史的见证	21		
禁不住	29	几千年来	14
进行	9	向西北走六十来公里	24
经过	3	来不及	3
经历	25	…来…去	19
竟	7	翻来复去	28
家里要是就我们老两口	6	联系	7
……有贸易关系的，就有		有一段两公里长的小铁路	16
四十多个国家	25	临	23
就是没看人家怎么煮的	8	另	14
具有	20	另外　另　别的	27

词　语	课数	词　语	课数
露	24	盼啊盼	6
旅行　旅游　游览	1	配	12
		偏偏	9
M		片	23
		复制品	13
冒	21	平均	18
没想到	2		
每到放假的时候	6	**Q**	
没等我问姓名，他就走了	9		
免得	29	其实	8
名句	27	其中	24
明明	20	想起（来）	5
		起来	2
N		关了起来	5
		包饺子看起来麻烦	8
拿…来说	18	春节的前一天	9
哪里有什么秘诀	18	亲身	12
火车开到哪里，哪里就响		全面	15
起一阵……	16	却	2
哪怕（是）…也…	15		
难道	29	**R**	
难说	5		
你一句，我一句	15	热热闹闹地过个节吧	6
宁愿	4	人次	16
弄	13	人家	9
		任何	30
P		认为　以为	26
		仍然	13
开始小蛐蛐趴着不动	28		

词　语	课数	词　语	课数
日子	6	收集	11
		谁也说服不了谁	1
S		顺便	19
有上百万亩小麦	19	说不定	27
历史上	12	说服	1
当上	9	说着就……	23
烧	21	死死地	28
他走到碑身南面	21	算	24
可总觉得生活里少点儿什		所	26
么	6		
当时没有什么机械设备	24	**T**	
愁有什么用	28	他这个人说话就是这样	20
什么的	18	古波他们	15
甚至	20	他们俩	7
时候　时间	8	谈不上	14
实际	20	特别是……	13
实在	16	特意	25
式	22	提供	25
是不太理想	11	提前	1
你是说电视剧《武松》吧	11	体验	12
是啊	10	贴	20
是的	13	同时	24
长江三峡的壮丽景色是世		痛苦	7
界闻名的	3		
今天我是到这儿来告别的	21	**W**	
你是不肯饶恕我了	29	回家晚了一个多小时	7

词 语	课数	词 语	课数
开往西北	15	眼看	3
往常	1	要是…多好	2
更为	25	高培南都热情而认真地一	
为…而…	22	一作了问答	19
为…所…	25	一次又一次	9
为的是	26	一带	27
我女儿丁云	6	一时	29
		一下子	3
X		一座座文化艺术的宝库	1
一直决定不下来	1	以	10
前者大多数活下来了	17	以…而	23
嫌	4	以…为	17
显得	30	以及	25
羡慕	5	以来	16
响	15	以为	17
奔向天安门广场	21	以致	23
象是在对它们低声说着什		一边…一边…	2
么	21	一方面…另一方面…	17
象…似的	28	一蹲就是一个多小时	19
象征	26	议论	9
信任　相信	26	一心	20
行	10	一直	1
大型	30	一左一右	3
综合性	11	引起	2
		影响	13
Y		用…来…	17

词　语	课数	词　语	课数
用来	14	这是怎么回事呢	18
由　被（让　叫）	2	怎么也…不	28
由于　因为	7	占	4
有三分深	14	者	1
刻有	14	作这作那让我吃	6
镇江的金山寺有一个和尚		这时	9
叫法海	5	这一下儿	7
有…有…还有…	18	这样一来	30
有着	14	说着说着	9
又觉得象看见了云一样	6	阵	16
他出生于公元前三四〇年	26	争取	20
于是	12	整（天）	9
原来	2	整个	8
远望窗外的景色	27	黄浦江正是一条到海上去	
越…越…	9	的通道	4
越来越	3	正好	8
		在十年之内	24
Z		…之一	3
亲家老两口都在	6	直	7
在…下	5	直到	22
赞美	5	只不过（是）……	30
我们早就希望来这里看看了	4	只好	5
早在三十年代	11	只见	5
早知道…就…	11	只怕	8
造成	28	只是低着头拼命地吸烟	7
你想我心上怎么过得去	29	终于	9

词　　语	课数	词　　语	课数
主动	9		
主张	14		
准备	1		
仔细	12		
总的看来	30		
组织	22		
最后	1		
尊重	7		
给大家作介绍	17		
作为	30		
作用	10		

词语例解词汇表
Vocabulary for the Notes

第 十 六 课

1.	数量词	（名）	shùliàngcí	numeral-measure word
2.	形容词	（名）	xíngróngcí	adjective
3.	程度	（名）	chéngdù	degree, extent
4.	结构	（名）	jiégòu	construction
5.	定语	（名）	dìngyǔ	attributive, attribute
6.	宾语	（名）	bīnyǔ	object
7.	谓语	（名）	wèiyǔ	predicate
8.	度量衡	（名）	dùliànghéng	weights and measures
9.	某	（代）	mǒu	certain, some
10.	状语	（名）	zhuàngyǔ	adverbial adjunct, adverbial
11.	时间名词		shíjiān míngcí	noun denoting time
12.	动词	（名）	dòngcí	verb
13.	动词结构		dòngcí jiégòu	verbal construction
14.	主谓结构		zhǔ wèi jiégòu	subject-predicate construction
15.	词组	（名）	cízǔ	word group
16.	名词	（名）	míngcí	noun
17.	疑问代词		yíwèn dàicí	interrogative pronoun
18.	特定	（形）	tèdìng	specific, specified, given
19.	事物	（名）	shìwù	thing

20. 分句　（名）fēnjù　clause

21. 动量词　（名）dòngliàngcí　verbal-measure word

22. 延续　（动）yánxù　to last, to continue

23. 名量词　（名）míngliàngcí　nominal-measure word

24. 重叠　（动）chóngdié　to reduplicate

25. 补语　（名）bǔyǔ　complement

26. 状态　（名）zhuàngtài　state, condition, state of affairs

第十七课

1. 双音节　shuāng yīnjié　disyllable

2. 实际　（名）shíjì　reality

3. 形容词结构　xíngróngcí jiégòu　adjectival construction

4. 书面语　（名）shūmiànyǔ　written (or literary) language

5. 连动句　（名）liándòngjù　sentence with verbal constructions in series

6. 目的　（名）mùdì　aim, end, goal

7. 主语　（名）zhǔyǔ　subject

8. 用途　（名）yòngtú　use, usage

9. 被动句　（名）bèidòngjù　passive sentence

10. 结果补语　jiéguǒ bǔyǔ　resultative complement

11. 处所　（名）chùsuǒ　location, place

12. 动宾结构　dòngbīn jiégòu　verb-object construction

13. 持续　（动）chíxù　to continue, to go on

14. 副词　（名）fùcí　adverb

15. 复合趋向补语 fùhé qūxiàng bǔyǔ　complex directional

complement

16. 继续 （动） jìxù　to continue, to go on

第 十 八 课

1. 连用 （动） liányòng　(two words, etc.) to go together or be used together
2. 词语 （名） cíyǔ　words and expressions, terms, phrases
3. 单音节　dān yīnjié　monosyllable
4. 反问 （动） fǎnwèn　to ask in retort
5. 句尾　jù wěi　end of a sentence or clause
6. 语气助词　yǔqì zhùcí　modal particle
7. 反问句 （名） fǎnwènjù　rhetorical question
8. 强调 （动） qiángdiào　to stress, to emphasize
9. 否定 （动） fǒudìng　to negate
10. 相反 （形） xiāngfǎn　opposite, contrary
11. 具体 （形） jùtǐ　concrete
12. 连词 （名） liáncí　conjunction
13. 连接 （动） liánjiē　to join, to link, to connect
14. 转折 （动） zhuǎnzhé　adversative
15. 轻视 （动） qīngshì　to despise, to look down upon, to underestimate

第 十 九 课

1. 并列 （动） bìngliè　to coordinate, to juxtapose
2. 名词结构　míngcí jiégòu　nominal construction
3. 过程 （名） guòchéng　course, process
4. 反复 （动） fǎnfù　to repeat, repeated
5. 数目 （名） shùmù　number, amount
6. 计算 （动） jìsuàn　to count, to compute, to

378

calculate

第 二 十 课

1. 上下文　（名）shàngxiàwén　context
2. 人称代词（名）rénchēngdàicí　personal pronoun
3. 评论　（动）pínglùn　to comment, to make comments on
4. 感情色彩　gǎnqíng sècǎi　emotional colouring
5. 语气　（名）yǔqì　tone, manner of speaking, mood
6. 尚且　（连）shàngqiě　if, even
7. 推论　（名）tuīlùn　to infer, to deduct
8. 进一层　jìn yì céng　to go a step further, further
9. 以至　（连）yǐzhì　to such an extent or a degree, so…that…
10. 反驳　（动）fǎnbó　to refute, to retort
11. 一般　（形）yìbān　general, ordinary, common
12. 谢意　（名）xièyì　gratitude, thankfulness

第二十一课

1. 接近　（动）jiējìn　to approach, to be close to

第二十二课

1. 构成　gòu chéng　to form, to be composed of
2. 词尾　（名）cíwěi　suffix
3. 介词结构　jiècí jiégòu　prepositional construction
4. 手段　（名）shǒuduàn　means
5. 单独　（副）dāndú　alone, by oneself
6. 介词　（名）jiècí　preposition
7. 文字　（名）wénzì　written language, character,

script

第二十三课

1. 能愿动词（名） néngyuàndòngcí　optative verb
2. 付出 （动） fùchū　to pay
3. 代价 （名） dàijià　price, cost
4. 尽让 （动） jǐnràng　to modestly decline
5. 造成 （动） zàochéng　to cause, to bring about

第二十四课

1. 复指 （动） fùzhǐ　anaphora
2. 词头 （名） cítóu　prefix
3. 认为 （动） rènwéi　to consider, to think
4. 缓和 （动） huǎnhé　to relax, to mitigate

第二十五课

1. 被动 （动） bèidòng　to be passive, to be thrown into passivity
2. 施事 （名） shīshì　the doer of an action, agent
3. 省略 （动） shěnglüè　to omit, to leave out
4. 轻读 （动） qīngdú　unstressed
5. 重读 （动） zhòngdú　stressed
6. 范围 （名） fànwéi　scope, range
7. 成分 （名） chéngfèn　element
8. 紧缩 （动） jǐnsuō　to reduce, to cut down, to tighten

第二十六课

1. 中心语 （名） zhōngxīnyǔ　head word
2. 受事 （名） shòushì　the object of an action, receiver
3. 指示 （动） zhǐshì　to indicate, to instruct

4. 抽象	（形）	chōuxiàng	abstract
5. 立场	（名）	lìchǎng	stand, point, standpoint
6. 褒义	（名）	bāoyì	commendatory

第二十七课

1. 动补结构	dòngbǔ jiégòu	verb-complement construction

第二十八课

1. 程度补语		chéngdù bǔyǔ	complement of degree
2. 相近	（形）	xiāngjìn	similar, close, near
3. 前置宾语		qiánzhì bīnyǔ	preposed object
4. 可能补语		kě'néng bǔyǔ	potential complement

第二十九课

1. 修饰	（动）	xiūshì	to modify, to qualify
2. 加强	（动）	jiāqiáng	to strengthen, to enhance
3. 中断	（动）	zhōngduàn	to suspend, to break off

第 三 十 课

1. 固定词组		gùdìng cízǔ	set phrase
2. 性质	（名）	xìngzhì	nature
3. 代替	（动）	dàitì	to replace, to take the place of